조선 팔도를 웃긴 이야기판

리야기책

김영준 譯註

어문학사

머리말

이야기판은 사람들의 지적 호기심을 충족시켜 주거나 사람들을 흥겹게 만들어 주는 가운데 판에 참가하는 이들에게 휴식을 주고, 무거운 생활의 부담으로부터 그들을 해방시켜 주는 기능을 갖는다.

이런 기능을 갖는 '판'이 오직 이야기판에만 국한될 리는 만무하다. 그러나 인간의 사회적인 특질과 호모로퀜스(Homo loquens)적인 특질에 가장 잘 부합하는 이 이야기판이야말로 역사적으로 그러한 휴식과 해방 기능의 한 중심점에 있어 왔던 것이 아닐까?

『리야기책(利野耆册)』은 17~18세기 초에 조선시대 사대부들이 이야기판에서 주고받던 얘기들을 필자가 노년에 관직생활의 한가한 틈을 타서 글로 엮어 놓은 책이다. 무명씨의 작품이긴 하지만 문면을 통해 필자의 폭넓은 지식과 교양도 엿볼 수 있으며 사대부적인 치밀함도 엿보인다.

모두 80개의 이야기를 담고 있는 이 책은 크게 전반부와 후반부로 나뉜다. 전반부의 내용은, 유명 사대부들의 숨은 일화를 중심으로 하는 20개의 사대부 일화들로 채워져 있다. 주로 16, 17세기에 활동

한 유명 사대부들의 숨은 일화가 중심이 되고 있다. 하지만 개중에는 틈틈이 백거추(白居秋)와 같은 무명의 무인(武人)도 들어 있고, 장도 령과 같은 도자류(道者流)도 들어 있다.

후반부에는 맨 앞에다 고금(古今) 소화(笑話)의 역사를 일별하는 서문을 붙인 뒤 모두 60개의 소화를 집중적으로 실었다. 소화의 내용 은 크게 인물 중심의 유명씨의 소화들과 사건 중심의 무명씨의 소화 들이 골고루 섞여 나타난다. 또 15세기에서 17세기까지의 소화집들 에 실린 소화를 전기(前期) 소화라고 하고, 18세기에서 19세기까지 의 소화집에 실린 소화들을 후기(後期) 소화라고 할 때, 이 책에 실 린 소화들은 후기 소화집에 실린 후기 소화들의 초창기적인 모습을 보이는 소화들이 많이 등장한다는 점도 주목된다.

한편 本〈리야기책(利野耆册)〉의 사적(史的) 위상과 관련하여, 최 근 발굴된 성균관대 소장본 〈민속총담(民俗叢談)〉은 매우 중요한 의 미를 갖는다. '권지일(卷之一)'이라고 한 것으로 보아 후속편이 있을 것으로 보이나 아무튼 문제의 〈민속총담(民俗叢談)〉 권지일(卷之一)

에는 총 92화의 소화가 수록되어 있다. 수록된 92화의 이야기 중에서 37화는 〈어수록(禦睡錄)〉에서, 12화는 〈고금소총(古今笑叢)〉에서, 9화는 〈명엽지해(蓂葉志諧)〉에서, 11화는 〈파수록(破睡錄)〉에서, 그리고 23화는 〈리야기책(利野耆册)〉에서 각각 발췌 수록한 소화들이다. 수록된 이야기의 발췌 순서는 몇몇 예외적인 경우들을 제외하면 철저하게 원화(原話)에 수록되어 있는 순서를 따르고 있다. 이는 〈민속총담(民俗叢談)〉을 만들 때 사용한 저본(底本)의 모습이 현전하는 문제의 서적들의 모습과 일치하고 있음을 보여주는 것이다.

또 한 가지 흥미로운 것은, 〈민속총담(民俗叢談)〉의 매 장마다 '약파만록(藥坡漫錄)'이라는 이름이 찍혀 있는 사실이다. 이로써 볼 것 같으면 〈민속총담(民俗叢談)〉은 애초에 〈약파만록(藥坡漫錄)〉의 한 부분이 되는 책이었음을 알 수 있다.

〈약파만록(藥坡漫錄)〉은 조선왕조 시기의 역사적 사실을 각종 야사류 및 제반 기록들을 널리 수집하여 체계적으로 편술(編述)한 책으로, 영조 때의 재야 학자 이희령(李希齡, 1697-1776; 호 藥坡)에 의해 처음 저술 작업이 이루어졌고, 그의 손자 이한종(李漢宗, 1765-1843)에게로 불후의 사업이 승계되어 편제가 갖추어지고 경종조와 영종조의 기사가 보충되어 드디어 60冊에 이르는 거질(巨帙)로 완성을 본 책이다.

이와 같은 〈민속총담(民俗叢談)〉에 1805년에 이루어진 장한종의 〈어수록(禦睡錄)〉의 이름이 들어 있음을 보면, 이 책은 대략 이희령(李希齡)의 손자 이한종(李漢宗)의 손에 의해 후대에 보충된 책임

을 알 수가 있고, 동시에 이한종(李漢宗) 당시에는 〈리야기책(利野耆
冊)〉이 〈어수록(禦睡錄)〉, 〈고금소총(古今笑叢)〉, 〈명엽지해(蓂葉志
諧)〉, 〈파수록(破睡錄)〉 등과 함께 식자층 사이에 널리 애독되던 이
름있는 책이었음을 살펴 알 수 있다고 하겠다.

2013년 4월, 草巖書室에서 김영준 識

차례

● 소화(笑話)류 이야기 201

비소화(非笑話)류 이야기*

* 여기 수록된 20개의 야담은 원저자의 치밀한 구성법에 따라, 맨 앞쪽에는 재상급
  유명 인물들의 일화들이 집중 배치되었고, 순차적으로 선유(仙遊) 모티프를 가진
  이야기, 이인적(異人的)인 풍모를 가진 사람들의 이야기, 그리고 시감(詩鑑) 모티
  프를 가진 이야기들의 순서로 배치되어 있다.

一. 홍상국전 洪相國傳

중종 임금 때 영의정을 지냈으며 시호(諡號)[1]는 문희공(文僖公)이다.
인종(仁宗)의 묘정(廟廷)[2]에 배향(配享)[3]되었다. 아들은 섬(暹)[4]으로 호
를 인재(忍齋)라고 한다.

묵재(默齋) 홍언필(洪彦弼)[5]은 어려서 부친을 여의고 홀어머니와

---

1 시호(諡號)란, 벼슬한 사람이나 관직에 있던 선비들이 죽은 뒤에 그 행적에 따라 왕으
  로부터 받은 이름을 말한다.
2 임금과 왕비의 위패를 모시던 왕실의 사당. 종묘(宗廟).
3 묘정(廟庭)에 배향(配享)한다는 말은, 공로 있는 신하가 죽은 뒤 종묘(宗廟) 제사에
  부제(祔祭)하는 일을 말한다. 참고로 부제(祔祭)란, 삼년상을 마친 뒤에 그 신주를 조
  상의 신주 곁에 모실 때 지내는 제사를 말한다.
4 홍섬〔洪暹, 1504~1585년〕: 본관 남양(南陽). 자 퇴지(退之). 호 인재(忍齋). 시호 경
  헌(景憲). 조광조(趙光祖) 문하에서 수학. 1528년(중종 23년) 생원이 되고, 1531년 식년
  문과에 병과로 급제, 정언(正言)을 지냈다. 1535년 이조좌랑으로 김안로(金安老)의 전
  횡을 탄핵하다가 그 일당인 허항(許沆)의 무고로 흥양(興陽)에 유배, 1537년 김안로가
  사사(賜死)된 뒤 풀려나왔다. 그 후 좌찬성 겸 이조판서, 대제학을 겸임하게 되자 삼
  대임(三大任)이 과중하다 하여 좌찬성을 사임하였다. 우의정, 좌의정을 거쳐 영의정
  을 세 번에 걸쳐 중임하였다.
5 홍언필〔洪彦弼, 1476~1549년〕: 본관 남양(南陽). 자 자미(子美). 호 묵재(默齋). 시
  호 문희(文僖). 사마시(司馬試)에 합격했으나 1504년(연산군 10년) 갑자사화(甲子士禍)
  로 진도(珍島)에 유배되었다가 1506년 중종반정(中宗反正)으로 풀려나와 이듬해 중

함께 은성부(恩城府) 앞에서 살았다. 어려서부터 호방하여 잗다란 예절에 얽매이지 않았다. 대사동(大寺洞)에 사는 영의정 송질(宋軼)[6]의 계집종을 건드려 그 집을 가끔씩 왕래하는데, 행랑채에서 나오는 총각의 생김새가 범상치 않음을 본 송 재상이 그를 불러서 물었다.

"넌 어느 집 아이길래 이곳 행랑에서 잠을 자느냐."

"저는 홍 아무개의 아들입니다. 불행히 일찍이 아비를 여의고 어미를 모시고 살고 있사온데, 집안이 가난한 까닭으로 어쩌다가 이곳에 드나들게 되었습니다."

송 재상이 재차 물었다.

"집이 어디냐."

"은성부 앞에서 살고 있습니다."

"사대부집 아이가 시서(詩書)[7]는 익히지 않고 남의 집 종의 집에나 드나들면 되겠느냐?"

공(公)이 고개만 숙이고 말이 없자, 송 재상이 물었다.

광문과에 을과로 급제하고 저작(著作)·지평을 지냈다. 기묘사화(己卯士禍) 때 조광조 일파로 몰려 투옥되었다가 풀려났다. 대사헌을 여섯 번 역임하고 우찬성(右贊成)이 되었다가 김안로의 모함으로 파직, 김안로 실각 후 우의정, 좌의정을 거쳐 영의정에 이르렀다.

6 송질〔宋軼, 1454~1520년〕: 본관(本貫)은 여산(礪山). 자(字)는 가중(可仲). 시호(諡號)는 숙정(肅靖). 1476년(성종 7년) 생원시와 진사시에, 1478년 알성문과(謁聖文科)에, 1482년 진현시(進賢試)에 합격하였다. 형조참판·경기도관찰사를 거쳐 우찬성(右贊成)·이조판서 등을 지내고, 1506년 중종반정 때 정국공신(靖國功臣) 3등에 책록되고 여원부원군(礪原府院君)에 봉해졌다. 1513년(중종 8년) 우의정에, 이어 영의정에 이르렀으나 양사(兩司)로부터 탐욕스럽고 무능하다고 하여 탄핵받았다.

7 시와 글씨.

"글 공부는 어디까지 했느냐."

"사서(四書)와 통감(痛鑑)과 시(詩)를 배웠습니다."

"시는 지을 줄 아느냐?"

"조금 알 뿐으로 썩 잘하지는 못합니다."

재상이 불러주는 운자(韻字)에 따라 시를 짓게 했더니, 공(公)이 거침없이 다음과 같이 시를 지어 올렸다.

聞道東君九十薨　　듣자하니, 동군(東君)이 90에 훙(薨)하면[8]

惜春兒女淚盈升　　봄을 아쉬워하는 아녀자의 눈물이 되박으로 하나라네.

探花狂傑何須責　　호방한 사내가 꽃을 좀 좇았기로서니 뭐가 어떠랴?

相國風流小似藤　　재상의 풍류가 등(藤)나라보다도 더 작네.[9]

---

8 동군(東君)은 원래 중국 고대 초(楚)나라 신화에 나오는 신(神)이다. 그래서 초나라 시인 굴원(屈原)의 시편(詩篇) 〈구가(九歌)〉 속의 제7편의 편명은 〈동군(東君)〉이다. 동군의 신격(神格)에 대해서는 설이 많지만 일반적으로 동군은 '태양신(日神)'을 가리키는 것으로 본다. 태양이 동쪽에서 뜨기 때문에 동군이라고 불렸다는 것이다. 그러나 후대에 와서는 '봄의 신[春神]'을 가리키는 말로 굳어졌다. 또 윗글에서 90이라고 한 것은 90일, 즉 석 달을 뜻한 것이며, 훙(薨)이라고 한 것은 동군을 제후에 비견하여 그렇게 표현한 것이다. 옛 중국에서는 똑같은 죽음이라 하더라도 계급에 따라서 그것을 달리 표현했다. 즉, 천자의 죽음은 붕(崩), 제후의 죽음은 훙(薨), 대부의 죽음은 졸(卒), 선비의 죽음은 불록(不祿), 서민의 죽음은 사(死)라는 단어를 써서 표현하였다.

9 '너무 작아서 보잘것없다'는 뜻이다. 등(藤)나라는 중국 춘추전국시대(春秋戰國時代)에 제나라와 초나라 사이에 끼어 있었던 면적이 매우 작은 나라를 말한다. 두 강대국 사이에서 위협을 받았던 등나라는 제나라와 친밀하게 지낼 수도 없고, 초나라와 가까이하기도 어려웠다. 제나라와 초나라 가운데 한쪽과 친하게 지내면 서로 트집을 잡았기 때문에 등나라는 이럴 수도 없고 저럴 수도 없는 딱한 처지였던 것이다. 그리하여 일찍이 맹자가 등나라의 왕 문공(文公)을 찾아왔을 때, 문공은 맹자에게 다음과 같이

매우 기특하게 생각한 재상이 이렇게 말했다.

"비상한 골격을 보아 하니 가히 흑두재상(黑頭宰相)[10]감이로다. 열심히 공부해서 큰 사람이 되도록 해라. 나에게 딸이 하나 있는데 널 사위로 맞아들일 테니 이제부턴 이 행랑채엔 얼씬도 하지 말거라. 내일 내가 너희 집에 가서 사돈관계를 맺을 것이다. 어서 돌아가서 자친(慈親)께 이 사실을 알려드리거라."

"따끔한 교훈에다 혼사까지 논하심이 실로 예사롭지 않은데, 어찌 따르지 않겠습니까?"

공(公)이 집에 돌아가서 어머니에게 그 말씀을 드렸더니 모 부인(母夫人)이 이렇게 말했다.

"과부의 자식에다 행실도 보잘것없고 또 집안마저 가난한데 현직 재상집에서 뭘 보고 결혼을 하겠다더냐? 있을 수 없는 일이로다."

이튿날 과연 송 재상이 찾아와 혼인 단자(單子)를 청하고 아울러 가는 베 30필과 안팎의 비단 각 4단씩[11]을 준 뒤, 돌아갈 적에 사람들을 물리치고는 그에게 가만히 이렇게 말했다.

"혼인하는 날, 자네 얼굴을 잘 알고 있는 우리 집 행랑채 하인들이 깜짝 놀라 반드시 내당(內堂)에다 고자질을 하게 될걸세. 그렇게

질문한 적이 있었다고 한다. "제나라와 초나라의 사이에 위치한 작은 나라인 우리 등 나라는 제나라와 초나라 중 어느 나라를 섬겨야 합니까?〔滕小國也 間於齊楚 事齊乎 事楚乎〕." 《맹자》 양혜왕 장구편에 나온다.

10 나이 어린 재상.
11 여기서 안팎이라고 한 것은 바깥사돈과 안사돈을 의미한 것인가? 무엇을 말하는지 정확하지 않다.

되면 우리 집사람의 성격이 까다로워 채단(采緞)[12]을 무르려고 할 게야. 그러면 내가 그걸 임시변통으로 어떻게든 막아보겠네. 하지만 혼례가 끝나고 나면 보나마나 신부를 신방에 들여보내지 않게 될 터이니, 그때 가서 자네는 여차여차하게 행동을 하도록 하게. 참고로 우리 딸 아이는 성깔이 있어서 좀 꺾어놓아야 할 게야."

"말씀하신 대로 하겠습니다."

송 재상이 오래도록 즐겁게 얘기를 나누다가 돌아간 뒤, 모 부인(母夫人)은 크게 기뻐하며 이렇게 말했다.

"사람이 잘 되고 못 되는 건 다 타고난다고 하더니, 사람의 힘으로는 정말 어쩔 도리가 없구나!"

동네 사람들과 일가친척들도 모두 깜짝 놀라고 기이하게 생각했다.

납폐(納幣)하는 날이 되자, 과연 송 재상집 노비들은 웃음을 터뜨리면서 서로 이렇게 수군댔다.

"저 신랑, 반노비(班奴婢)[13] 아무개네 서방 아냐?"

그 소문을 들은 송 재상 부인은 부랴부랴 상공(相公)[14]을 불러서 말했다.

"아랫것들이 이러저러하게 말을 하던데 이게 대체 어찌 된 노릇

---

12 혼인 때에 신랑 집에서 신부 집으로 미리 보내는 푸른색과 붉은색의 비단. 치마나 저고릿감으로 쓴다. 채단을 물린다는 말은 혼인을 취소한다는 말이다.

13 양반(兩班)에 딸린 사노비(私奴婢).

14 '재상(宰相)'의 높임말.

입니까? 세상에 비부(婢夫)[15]를 사위로 맞아들이시다니요!"

부인은 채단(采緞)을 당장 물리라고 언성을 높였다. 일이 필경 이렇게 되리라고 예측하고 있었던 송 재상은 예식을 그대로 진행하라고 지시했다. 신랑은 지시에 따라 신혼방에 들어가 자리를 정하였다. 부아가 치민 부인은 재상이 있는 곳으로 쫓아갔다.

"상공(相公)! 대체 뭐가 부족해서 우리 딸을 비부(婢夫) 놈에게 주려는 겁니까? 이대로 늙어 죽게 내버려 둘지언정, 내 눈에 흙이 들어가기 전에는 우리 딸을 그놈과 얼굴 마주치게 하는 일은 절대로 없을 겁니다."

재상은 허공을 물끄러미 바라보며 이렇게 중얼거렸다.

"보나마나 신랑이 화가 나서 가버릴 텐데, 어린 딸만 한평생 한을 품고 살겠구면……. 뒷날 내가 앉은 자리에 앉을지도 모르는데, 쯧쯧! 일이 이 지경이 되고 말았으니 이를 어쩌면 좋담?"

그러나 화가 난 부인은 울고불고하면서 끝내 풀릴 줄을 몰랐다. 일이 이렇게 될 줄 미리 짐작하고 있었던 신랑은 별로 대수롭지도 않다는 듯이,

"내 비록 예전에 비부(婢夫)이긴 했지만 이제는 그래도 명색이 사위인데, 사대부집 사위 대접이 이래도 되는 건가요?"

라고 하며 하인을 불러서 돌아가자고 재촉했다. 그러자 재상이 말리면서 말했다.

"날도 저물고 말과 하인도 이미 돌려보냈으니 내일 아침에 채비

---

15 계집종의 남편.

를 갖춰 보내줌세. 오늘 밤엔 그냥 여기서 묵게나."

"오장육부(五臟六腑)[16]가 있는 사람이라면 어찌 촌각(寸刻)인들 머물러 있을 수 있겠습니까만, 어르신께서 거듭거듭 상황을 강조하시니 내일 아침까지 앉아서 기다리도록 하겠습니다."

재상이 고개를 끄덕이고 나간 뒤에도 부인은 끝까지 신부를 들여보내지 않았다. 홀로 앉아 있다가 파루(罷漏)[17]가 되자 공(公)은 집으로 돌아왔다. 그리고 돌아온 뒤 일체의 소식을 끊어버리고 말았다.

달포쯤 지나자, 노여움이 다소 풀리고 딸이 불쌍하다는 생각이 든 부인이, 상공(相公)에게 요청하여 신랑을 다시 맞아오게끔 인마를 보냈다. 그러자 공(公)은 말 한 마디 없이 그들을 두들겨서 그냥 쫓아보내고 말았다. 이 모든 것은 상공(相公)의 지시에 따른 일들이었다. 이런 일이 있은 뒤부터 부인 모녀의 얼굴엔 눈물 마를 날이 없었다.

세월은 흐르고 흘러 어느덧 3년이 되었다. 그 사이 상공(相公)은 가끔씩 신랑을 찾아가보곤 했지만 부인은 이런 사실을 전혀 눈치채지 못하고 있었다. 그러는 동안에 공(公)은 목표를 세워 글공부에 매진했고, 그 결과, 문장 실력이 장족(長足)의 발전을 거듭하였다. 그때 마침 인재를 뽑는 알성과(謁聖科)[18]가 있었다. 공(公)은 거기에서

---

16 내장(內臟)의 총칭(總稱). 여기에서는 분노(憤怒) 따위의 심리(心理) 상태(狀態)가 일어나는 몸 안의 기관이란 뜻으로 쓰인다.
17 조선시대에 서울에서 통행금지를 해제하기 위하여 종각의 종을 서른세 번 치던 일. 오경 삼점(五更三點)에 쳤다.
18 조선시대에 임금이 문묘에 참배한 뒤 실시하던 비정규적인 과거 시험. 알성시라고도

으뜸으로 뽑혀 당일에 창방(唱榜)[19]을 하니 때는 바야흐로 9월이었다. 과거 시험이 끝난 뒤, 상공(相公)이 집에 돌아와서 크게 한숨을 쉬며 혼잣말로 이렇게 말했다.

"정말 애석하기 짝이 없구먼!"

부인이 이유를 묻자 상공(相公)이 이렇게 말했다.

"글쎄, 홍 서방이 알성시에서 장원급제를 했지 뭔가!"

상공(相公)은 딸이 들으라고 일부러 큰 소리로,

"그런데 당신 때문에 길거리에서 만난 사람처럼 돼 버렸으니 어찌 아깝지 않겠소?"

하였다. 부인은 크게 후회하였고 몰래 엿듣고 있던 신부 또한 기쁨과 슬픔이 교차하였다.

이튿날 유가(遊街)[20]를 할 적에 공(公)이 일부러 상공(相公)집 문 앞을 지나쳤다. 그러자 하인들이 다투어 나와 구경을 했다. 앞에다

하였다. 알성시는 왕이 친히 참가한 친림과(親臨科)였고 알성문과는 당일에 합격자를 발표하였다.

19 방목(榜目)에 적힌 과거 급제자의 이름을 부르던 일.

20 조선시대에 새로 과거에 급제한 사람들이 풍악을 잡히고 거리를 돌며 시관(試官)·선배·친척 등을 찾아보며 벌이던 거리 행진. 과거에 합격한 사람을 영예롭게 하기 위한 축하행사로서 합격자 발표[放榜]가 끝나고 보통 3일 동안 도성 안에서 치러졌다. 행렬의 맨 앞에는 통행인을 금하는 가갈(呵喝)이 위치하였고, 그 뒤 한 명이 과거 합격증인 홍패(紅牌)를 들고 앞에 서서 길을 인도하며, 악대가 뒤를 따랐다. 과거 급제자는 공복(公服)을 입고 어사화를 머리에 꽂고서 일산을 쓰고 안장을 갖춘 말을 타고서 천동(天童)을 앞세우고 행렬을 따라갔다.

는 쌍개(双蓋)를 받쳐들고[21] 천동(天童)[22]들이 앞에 늘어섰으며, 머리에는 천파(天葩)[23]를 꽂고 손에다는 상간(象簡)[24]을 틀어쥐고 있는 그 늠름한 풍채가, 평범한 부류와는 아예 비교의 대상도 되질 않았다. 소싯적에 가까이 지내던 계집종도 구경꾼들 틈에 끼어 있었다. 그녀는 수레가 일으키는 흙먼지를 서글픈 눈으로 바라볼 뿐이었다. 마루에 앉아서 먼발치로 구경을 하던 부인은 상공(相公)에게 신래(新來)[25]를 맞아들이자고 간청했다. 그러자 상공(相公)이 이렇게 말했다.

"출중(出衆)한 인품과 뛰어난 글솜씨로 보아 저 사람이 소년(少

---

21 두 개의 개(蓋)를 받쳐 썼음을 말한 것이다. 개(蓋)는 문무과에 장원한 사람이 햇볕을 가리기 위해 수레 위에 받쳐 쓰는 양산(陽傘)을 말한다. 안에 붉은 비단[絳羅]을 대고 겉에 푸른 비단[靑羅]으로 덮은 것을 청개(靑蓋)라고 하며, 그와 반대로 된 것을 홍개(紅蓋)라고 하였다. 여기서는 문과 급제자의 개(蓋)를 말한 것이므로 홍개(紅蓋)일 가능성이 크다. 빛깔에 따라 청개(靑蓋)·황개(黃蓋)·홍개(紅蓋)가 있었다.
22 천동(天童)이란 불법(佛法)을 지키는 신(神)의 하나로 호위(護衛)를 맡은 신을 일컬으며 천인(天人)이 동자의 모습으로 인간계에 나타난 신이라고 한다. 여기서는 천동(天童)으로 분장한 동자를 말한다.
23 어사화(御賜花)를 말한다. 어사화는 조선시대 문무과에(文武科) 급제한 사람에게 임금이 하사(下賜)하는 꽃을 말한다. 새로운 과거 급제자는 창방의(唱牓儀)를 거행할 때 홍패(紅牌)·개(蓋)와 더불어 이것을 하사받았다. 가는 참대[竹] 오리 둘을 푸른 종이로 감고 꼬아서 군데군데에 청·홍·황 3색의 가화(假花)를 달아, 한쪽 끝을 복두(幞頭) 뒤에 꽂고 한쪽 끝을 붉은 명주실로 잡아 매어, 머리 위로 휘어 넘겨서 입에 물고 3일유가(游街: 市街行進)를 하였다.
24 원래 간(簡)이란 종이가 발명되기 전에 중국에서 문자를 기록하기 위하여 사용한 대쪽 또는 나뭇조각을 의미하는 것으로, 기록용으로 쓰인 대쪽은 죽간(竹簡)이라고 했고, 나뭇조각일 경우에는 목간(木簡)이라고 불렀다. 여기서 상간(象簡)이란 글자를 새겨 넣은 상아를 말한다.
25 과거에 급제한 사람. 신은(新恩)이라고도 한다.

年)등과(登科)[26]는 물론, 후에 공보지기(公輔之器)[27]로도 손색이 없을 것 같아서, 내가 몇 가지 단점에도 불구하고 사위로 삼았던 것이오. 그런데 당신은 그런 줄도 모르고 경솔하게 창피를 주고 쫓아냈으니 이젠 후회해도 소용이 없지 않겠소? 신래(新來)를 불러들인다 한들 이제와서 뭘 어쩌겠소? 게다가 저 사람이 형편이 좋지 않았을 때도 오지 않았는데 하물며 지금 뜻을 이뤄서 득의양양한 마당에 화가 풀릴 리 있겠소?"

그래도 부인이 계속해서 부탁을 하자 상공(相公)이 그제서야 사람을 시켜 불러오게 했다. 신은(新恩)은 마지못해 들어오긴 했지만, 또다시 승강이질을 몇 번 한 뒤에야 대청 위로 맞아들일 수가 있었다. 승상이 말했다.

"자네 사람이 왜 그렇게 매정한가. 우리 집 앞을 지나치면서도 안 들어오려고 하다니······."

말이 채 끝나기도 전에 부인이 사람들을 물리치고 나와 앉으며 말했다.

"나야 그렇다 치더라도 사내 대장부가 왜 그렇게 속이 좁은가?"

공(公)이 대꾸도 하지 않고 일어서자 부인이 눈물을 흘리며 손이 발이 되도록 사과하면서 말렸다. 상공(相公)도 머물다 가라고 간청을 하고 해서 공(公)은 할 수 없이 잠시 머물다 가기로 했다. 그러자 부인은 기뻐하며 서둘러 차와 먹을 것을 내왔다. 그리고 신방(新房)

---

26 젊은 나이에 과거에 급제하던 일.
27 임금을 보필할 재상(宰相)이 될 만한 그릇. 또는 그런 인물.

에 불을 밝히고 신부를 들여보냈다. 이렇게 해서 그날이 곧 신혼날이 되었다. 온 집안이 떠들썩하게 즐거워했고 노비들 또한 군말없이 모두 그를 정중하게 대접했다. 달포 후 우례(于禮)²⁸를 치른 다음, 신부는 시어머니를 지극한 효성으로 섬겼으며 남편을 지성으로 떠받들게 되었다. 상공(相公)의 계책이 맞아떨어진 것이었다.

송 재상이 평안감사가 되었을 적에, 부인은 처자(處子)²⁹의 몸으로 평양에 갔다. 그리고 공(公)이 평안감사가 되었을 때는 부인의 신분으로 재차 평양에 갔으며 인재(忍齋)³⁰가 평안감사가 되었을 때는 대부인(大夫人)의 몸으로 평양에 따라갔다. 친척 중 한 사람이 부인에게 이렇게 물었다.

"평양에 세 번 가신 것 중에서 언제가 제일 좋으셨습니까?"

"부인의 신분으로 갔을 때가 가장 좋았고, 처자(處子)의 몸으로 갔을 때가 그 다음이며, 대부인(大夫人) 신분으로 갔을 때가 맨 마지막이었지. 부부 간에는 매사를 상의해서 의사를 결정하므로 으뜸이고, 처자(處子) 때는 근심 걱정도 없고 호의호식(好衣好食)을 하긴 하지만 어른들께 함부로 할 수 없으므로 그 다음이며, 대부인(大夫人) 시절에는 모든 관서지방(關西地方)의 맛있는 음식들을 다 갖다 바쳐도 질리기만 할 뿐이고, 깨끗이 목욕한 뒤에 비단옷을 두르고 있

---

28 신부가 처음 시집으로 들어가는 예식.
29 처녀를 일컫는다.
30 홍섬(洪暹, 1504~1585년)을 말한다. 앞 주(注) 참조.

어도 마음이 도무지 편칠 않으므로 맨 마지막이다."

그 말을 들은 사람들이 모두 그 말에 승복했다.

일개 아녀자의 몸으로 평안감사의 딸이자, 평안감사의 아내며, 평안감사의 어머니였던 사실 역시 전무후무(前無後無)한 일이라 하겠지만, 황차는 영의정의 딸이자, 영의정의 부인이며, 영의정의 대부인이었던 사실에 와서는 더 말할 나위도 없다고 하겠다. 이는 실로 자고로 매우 보기 드문 일이었다. 그래서 노소재(盧蘇齋)[31]는 부인의 만사(輓詞)[32]에서 이렇게 말했다.

恭惟貞敬大夫人　삼가 생각하건대, 정경대부인(貞敬大夫人)[33]께선

天外難知世末聞　이 세상에선 듣지도 보지도 못한 분일세.

一德從三上台峻　순일(純一)한 덕(德)은 3상태(上台)[34]를 좇아서
　　　　　　　　우뚝하고,

百年除六老星尊　100년 세월은 6노성(老星)[35]을 제수(除授) 받아

31　소재(蘇齋)는 노수신(盧守愼)의 호(號). 노수신〔盧守愼, 1515~1590년〕: 조선 중기의 문신·학자. 을사사화 때 이조좌랑에서 파직되어 귀향살이를 하였다. 선조 즉위 후에는 우의정, 좌의정을 거쳐 영의정에 올랐다. 문집에 《소재집》이 있다.

32　죽은 이를 슬퍼하여 지은 글. 또는 그 글을 비단이나 종이에 적어 기(旗)처럼 만든 것. 주검을 산소로 옮길 때 상여 뒤에 들고 따라간다.

33　정경부인(貞敬夫人)은 외명부(外命婦)의 하나로, 정(正)·종(從) 1품 문·무관의 처에게 주던 칭호로, 공주·옹주·부부인(府夫人)·봉보부인(奉保夫人, 임금의 유모)과 동격의 대우를 받았다.

34　영의정(領議政)을 달리 부르는 말.

35　노성(老星)이 무엇을 가리키는지 자세하지 않다. 혹 평안감사, 영의정 등을 포괄적으로 가리킴인가?

존귀하네.

恩加賵賻逾常典 임금님이 내려주시는 부의(賻儀)는 상궤(常軌)를
　　　　　　　넘고,
孝俯衰麻掩古文 효부(孝俯)[36]의 최마(衰麻)[37]는 옛글을 덮었네.
安得當時大手筆 어디에서 당대 큰 문필가(文筆家) 얻어다가
却將詮載照乾坤 상세한 기록 남겨 온 세상 밝게 비추게 할꼬.

　연산군 시절, 홍 재상이 붙들려 대여섯 달을 갇혀 지내다가, 왕옥
(王獄)[38]에서 곧바로 육진(六鎭)[39]의 유배소로 가게 됐다. 그 소식을
전해들은 부인은 미리 동곽문(東郭門)[40] 밖에 가 있다가 작별을 고했
다. 공(公)이 금오랑(金吾郎)[41]에게 부인과 상면시켜달라고 부탁하자
금오랑(金吾郎)이 허락해 주었다. 공(公)이 부인에게 이렇게 말했다.

---

36 뜻이 분명하지 않다. '孝俯'는 '孝府'의 오류인 듯. 혹 자손들 혹은 자손들의 거처를
　의미함인가?
37 부모, 증조부모, 고조부모의 상중(喪中)에 아들이 입는 상복(喪服)인 베옷. 여기서는
　상복을 입은 아들을 의미한다.
38 임금의 명령(命令)을 받아 죄인(罪人)을 다스리는 일을 맡아보던 관아(官衙). 의금부
　(義禁府).
39 조선 왕조 세종(世宗) 때 북변(北邊)에 설치한 여섯 진(鎭). 곧 함경도 경원, 경흥, 부
　령, 온성, 종성, 회령.
40 어디인지 자세하지 않으나, 李德弘의 문집인 《艮齋集》 卷二에 "與趙月川遊道峯
　書院 歸路 踏靑於東郭門外 以近體一篇記其事 次得四首"라고 한 것을 보면 道
　峯書院에서 가장 가까운 문인 동대문(東大門)을 지칭하는 듯하다.
41 의금부도사(義禁府都事)의 별칭(別稱). 의금부도사(義禁府都事)는 조선시대에 왕명
　을 받들어 죄인을 추국(推鞫)하던 의금부의 5~6품 관리를 말한다.

"이번에 천리 먼길을 떠나면 살아올지 죽어올지 알 수가 없소. 죽는 거야 슬프지 않지만 우리 집 후사(後嗣)가 끊길까봐 걱정이오."

그런 뒤 부인과 잠자리를 함께 하는데 목에 길게 드리운 쇠사슬이 짤랑짤랑 소리를 냈다. 그 후 부인은 임신을 해서 아들을 낳게 되었다. 그 아들이 바로 인재(忍齋) 섬(暹)이다. 이 때문에 인재(忍齋)는 소싯적에 이름을 '짤랑쇠'라고 했다.(세간에서 말하기를, 공이 유배지에 있을 적에 부인이 임신을 하자 집안사람들이 이상하게 생각하고 있는데, 공이 유배지에서 부인에게 편지를 보내 말하기를, '아들을 낳으면 짤랑쇠라고 하고, 딸을 낳으면 짤랑녀라고 하라'고 했다고 한다.)

명종 임금 때, 인재(忍齋)가 영의정으로 있을 때 임금의 몸이 불편했다. 당시에 내의원(內醫院)[42] 제조(提調)[43]를 겸하고 있던 인재(忍齋)는 오랫동안 모친을 찾아뵙지 못하였다. 하루는 와서 대부인(大夫人)을 찾아뵙자 부인이 반색을 하며 축하했다.

---

42 조선시대 궁중의 의약(醫藥)을 맡은 관청. 내국(內局)이라고도 한다. 관원은 도제조(都提調)·제조(提調)·부제조(副提調)를 각 1명씩 두었고, 부제조는 승지(承旨)가 겸임하였다.

43 조선시대에 잡무와 기술 계통 기관에 겸직으로 임명되었던 고위 관직. 각 사(司)·원(院)의 관제상(官制上) 우두머리가 아닌 종1품, 또는 2품의 품계(品階)를 가진 사람이 겸직으로 임명되고, 그 관청의 일을 지휘·감독한 관직이다. 제조 위에 도제조(都提調)를 둘 때에는 정1품으로 임명하고, 제조 밑에 부제조(副提調)를 둘 때에는 정3품 당상관(堂上官)으로 임명하였다. 또 나라에 큰일이 있을 때 임시로 설치한 기구에도 도제조·제조 및 부제조를 두어 그 일을 총괄하게 하였다.

"주상(主上)⁴⁴의 환후(患候)⁴⁵가 쾌차(快差)하심은 백성과 신하의 큰 경사(慶事)로다."

그러자 공(公)이 이렇게 대답했다.

"아직 미령(靡寧)⁴⁶하시오나, 오랫동안 찾아뵙지 못한 까닭으로 잠시 짬을 내서 온 것입니다."

그러자 대부인이 크게 꾸짖으며 이렇게 말했다.

"그대가 비록 내 자식이긴 하지만 지금은 주상(主上) 전하의 대신(大臣)이오. 군부(君父)⁴⁷의 병환을 돌보고 있는 막중한 대신(大臣)의 몸으로 어찌 감히 잠시(暫時)인들 자리를 비워 자신의 부모를 찾는단 말씀이오. 성현(聖賢)⁴⁸의 글을 읽은 사람이 이처럼 무지하기 짝이 없으니 이따위 재상을 어디에다 쓰겠소!"

황공하고 부끄러운 마음으로 물러나온 공(公)은 아내가 내온 율무죽조차 감히 입에 대지 못한 채 물러나고 말았다. 부인의 이와 같은 엄격한 자식교육으로 끝내 인재(忍齋)가 유명한 재상이 된 것이니, 그 어머니는 참으로 현명(賢明)한 분이라 하겠다. 부부가 70살이 넘도록 해로하였고, 영의정의 대부인으로서도 십오륙 년 가까이 부귀를 누렸다. 세상 사람들은 부인(婦人)들의 수복(壽福)⁴⁹을 논할 때

---

44 '임금'을 달리 이르는 말.
45 웃어른의 병을 높여 이르는 말.
46 어른이 병으로 편하지 못함을 이르는 말.
47 백성의 아버지와 같다는 뜻으로, '임금'을 이르는 말.
48 성인(聖人)과 현인(賢人).
49 오래 살면서 길이 복(福)을 누리다.

면 으레 부인(夫人)을 그 으뜸으로 꼽곤 했다.

송 재상(宰相)의 조감(藻鑑)[50]과 홍 재상(宰相)의 입지(立志)[51]와 인재(忍齋)의 효행(孝行)이 한 집안에 다 모였으니 아아, 좋지 아니한가!

---

50 사람을 고를 때, 겉만 보고서 그 됨됨이나 인품(人品)을 잘 알아보는 식견(識見).
51 '뜻을 세운다'는 뜻이지만, 여기서는 '목표를 세워 그것을 끈기있게 실천에 옮기는 의지'를 말한다.

【洪相國傳】

(中宗朝爲領相謚文僖公 仁宗廟庭配享子運號忍齋)

洪默齋彥弼 早失怙 獨與偏母 居在恩城府前 自兒時 豪放不拘小節 大寺
洞宋領相軼之婢子 有所昵 時時往來 一日 宋相見有一總角 出自行廊 骨相不
凡 招之問曰 汝是誰家子 宿此廊底耶 對曰 我是洪某之子 不幸早孤奉母 家貧
偶遊到此 宋相曰 汝家安在 對曰 家在恩城府前 宋相曰 汝以士夫家兒子 不事
詩書 出入私賤之家 可乎 公低頭無語 宋相曰 汝讀書幾何 曰 四書通鑑與詩家
耳 曰 能知製述耶 曰 粗知而無足觀 相國呼韻製進 公應口對曰 聞道東君九十
齡 惜春兒女淚盈升 探花狂傑何須責 相國風流小似藤 相國大奇之曰 汝之骨
格非常 可作黑頭宰相 汝必專心勤學 立揚一世 可也 吾有一女 以汝爲壻 更勿
來吾行廊也 明日 吾當往尋汝家結親 汝先歸告於慈闈也 公曰 旣蒙訓誨 且承
議親 實出尋常 敢不服膺 公歸告其母夫人 夫人曰 汝是寡婦之子 行已多悖 無
一事可觀 家且貧寠 時任宰相之家 安有結婚之理 是未可信也 其翌 宋相果來
請單 仍給細布三十疋表裡紬各四端 臨別 辟人密言曰 吾家廊奴熟知君面 委
禽之日 必驚怪傳達於內 老妻性嚴 必欲退綵 然吾當彌縫而禮成後 又必不入
送新婦 君其如此如此 且女息性剛勇 要須少挫 可也 公曰 謹奉敎 宋相歡笑移
日而還去 公母夫人大喜曰 人之窮達 莫非賦命 豈容人事於其間乎 隣里親戚
莫不驚怪 果於納幣之日 宋相家婢僕交頭接耳 且笑且言曰 新郎班婢某之夫
也 宋相夫人聞知 急請相公曰 奴輩如此云云 是何言耶 果然則 焉有以婢夫作
婿乎 喝令退綵 宋相已料必然 只促行禮而已 新郎乃入洞房而坐 夫人大發憤
出坐於相國之前曰 相公何心棄吾女出給婢夫漢耶 吾女雖至老死 吾身暝目之
前 誓不令與此漢接面矣 相國仰屋獨語曰 新郎必怒去穉女兒屋棄終身 可恨可恨
安知後日坐吾座也 事已至此 亦復奈何 夫人言淚交發 終未釋然 新郎亦已料

矣 不以爲怪 乃言曰 吾雖前日婢夫 今日則女婿也 士夫家待婿之道 固如是乎
急呼下人促歸 相國固止之曰 日已昏矣 奴馬已還送 明曉當備送矣 少留今夜
可也 公曰 人若有五臟 則豈可頃刻留此 老爺勤敎申重勢將坐而待朝 相國諾
諾連聲而出 夫人竟不入送新婦 公獨坐待漏而歸 歸後斷信 月餘夫人少解 且
憐其女兒 累請於相公 更送人馬邀來到 則公不發一言 毆逐還送 皆是相公之
指敎也 自此之後 夫人母女 淚未嘗乾也 光陰荏苒 居然三年 而相公則有時往
見 而夫人不知也 公立志力學 文詞大進 適有取人調聖科 魁捷壯頭 卽日唱榜
時維九月也 相公罷試歸家 長嘆獨語曰 可惜可惜 夫人問其故 對曰 洪郎爲調
聖壯元及第矣 故令其女聽之曰 以夫人之故 自同路人 不亦惜乎 夫人大悔且
恨 新婦亦竊聽 悲喜交幷 其翌 公遊街 故故歷過相公門前 奴輩顚倒出見 前張
双盖 且列天童 頭戴天葩 手執象簡 風神豪氣 逈出凡流 兒時所眄之婢 亦在其
中 悵望車塵而已 夫人亦坐樓上望見 懇乞相公呼新來邀入 相公曰 吾知其人
之人品出衆 文才卓異 非徒少年登第 可期日後公輔之器 故不避少嫌 取以爲
婿 夫人不知此意 輕易詬逐 悔之晚矣 雖呼新來 有何面目乎 且渠困頓之時 尙
且不來 況今得意之秋 那望釋怒 再三强請 相國始令人呼之 新恩不得不來 再
三進退後 邀入廳上 謂曰 君何薄情之太過也 過我門 而欲不入耶 言未已 夫人
避人出坐 謂曰 吾之所失 無足更提 丈夫性情 何其狹也 公不答而起 夫人力止
之 泣謝無窮 相國亦懇請留止 公不得已暫止 夫人喜幸 催進茶飯 點燭洞房 新
婦入坐 是日正是婚日也 渾室和樂 奴婢無一言 莫不敬重之 月餘 始行于禮 新
婦奉姑至孝 事夫克順 皆中相國之計也 宋相爲關西伯時 夫人以處子隨往平壤
公爲關西伯時 以夫人又往平壤 忍齊爲關西伯時 以大夫人從往平壤 一家之人

問於夫人曰 三往平壤 何時最樂耶 夫人曰 夫人時爲上 處子時爲次 大夫人時又其次也 夫婦之間 凡事相議隨便故 爲上 處子時 無思無慮 美衣好食 而狎尊不得任意故 爲次 大夫人時 奉以關西一道只厭旨 滌身重錦衣 還有未安 是爲下也 聞者咸服 婦人之身 爲西伯之女 爲西伯之妻 爲西伯之母 旣云絶無 而矧乎爲領議政女 爲領議政夫人 爲領議政大夫人者乎 此實振古所無之事也 故盧蘇齋挽夫人詞曰 恭惟貞敬大夫人 天外難知世未聞 一德從三上台峻 百年除六老星尊 恩加賵賻逾常典 孝俯衰麻掩古文 安得當時大手筆 却將詮載照乾坤

洪相於燕山時 拿囚五六朔 自王獄直往六鎭配所 夫人預往東郭門外作別 公請於金吾郎 願與夫人相面 金吾郎許之 公謂夫人曰 吾行千里 生死未分 生死之別 無足悲也 吾家絶嗣 豈不寒心乎 仍與交合 項垂鐵索 鏘鏘鳴矣 果有娠生子卽忍齋暹也 是故 忍齋兒名잘[玆+乙]郎鐵也 (世稱 公在配所時 有娠 家人疑之公自謫所 付書於夫人曰 生子 名之以잘[玆+乙]郎鐵 生女 名之以잘[玆+乙]郎女云云) 明廟朝 忍齋爲首揆 上不豫 忍齋兼內醫提調 久不省覲 一日 來省大夫人 夫人喜賀曰 上候平復 臣民之大慶也 公對曰 尙爾未寧 然久曠定省 故暫來耳 夫人大責曰 君雖吾之子 今則主上之大臣也 以大臣侍君父之病 而何敢暫離 來見私親也 讀聖賢書 而無識至此 將焉用如彼之相乎 公惶懟而退 其夫人進薏苡粥 公不敢對盤而去 夫人之敎子義方如此之嚴 忍齋竟爲名相 賢哉母也夫婦偕老望八 以領相大夫人 安享富貴者 十五六年 世之稱婦人之壽福 必以夫人爲首 宋相之藻鑑 洪相之立志 忍齋之孝行 萃於一家 嗚乎韙哉

二. 장순손전 張順孫傳

　　장순손(張順孫)[1]은 중종 임금 때의 이름난 재상이다. 연산군(燕山君)이 주색(酒色)에 빠져 음탕한 짓을 일삼을 적에 공(公)은 대사헌(大司憲)[2]으로 있었다. 공(公)의 부인은 미색(美色)이 **빼어났다**. 연산군이 듣고 공(公)을 불러 불러들이라고 말했다. 집에 돌아간 공(公)은 이불을 뒤집어 쓴 채 밤에 잠도 자지 않고, 밥도 먹지 않고, 말도 일절 하지 않았다. 부인이 그 까닭을 묻자 공(公)이 이렇게 말했다.

1　장순손〔張順孫, 1457~1534년〕: 본관 인동(仁同). 자 자호(子浩). 시호 문숙(文肅). 1485년(성종 16년) 별시문과에 병과로 급제하였고, 1499년(연산군 5년) 사인(舍人)으로 춘추관편수관(編修官)이 되어《성종실록》편찬에 참여하였다. 1504년 갑자사화(甲子士禍) 때 후원관사(後苑觀射)를 간하였던 일로 원방에 유배되었다가, 1506년 중종반정(中宗反正)으로 풀려 나왔다. 1518년 병조판서로서 과거제도의 폐단을 들어 천거제(薦擧制)로 인재를 등용하자는 조광조(趙光祖)의 주장에 반대하였다. 1530년 이조판서에 이르렀고 김안로의 형 안정(安鼎)과 함께 김안로의 양팔이 되어 활약하고 우의정·좌의정을 거쳐 1533년(중종 28년)에는 영의정에 올라 기로소(耆老所)에 들어갔다.

2　조선시대 사헌부의 장(長)으로, 대헌(大憲)이라고도 한다. 품계(品階)는 종2품이다. 시정(時政)에 대한 탄핵, 백관(百官)에 대한 규찰, 풍속을 바로잡고, 원억(冤抑)을 펴며, 참람허위(僭濫虛僞)의 금지 등의 임무를 맡았다. 그 밑에 있는 집의(執義) 1인, 장령(掌令)·지평(持平) 각 2인, 감찰(監察) 24인의 관원을 감독하고 통솔하였다.

"죽으면 죽었지 차마 당신에겐 말 못하겠소."

공(公)이 마지못해 전후 사정을 자세히 얘기해주자 부인이 코웃음을 치며 이렇게 말했다.

"좀 더 일찍 말씀을 하시지, 별것도 아닌 걸로 쓸데없이 걱정을 하고 그러십니까?"

그러더니 그 길로 방에 들어가 옷을 싸들고 기다렸다. 공(公)은 화가 나서 어쩔 줄을 몰라할 뿐, 대체 왜 그러는지 이해할 수가 없었다. 잠시 후 중사(中使)[3]가 금교자(金轎子)[4]를 가지고 와 발길을 재촉했다. 부인은 군말하지 않고 궁궐로 따라 들어갔다. 그리고는 날도 채 저물기 전에 집으로 돌아왔다. 공(公)이 이상하게 생각해 물었다.

"자고 오지 왜 그냥 왔소?"

남편이 화가 난 걸 눈치챈 부인은 차분한 목소리로 이렇게 대답했다.

"첩(妾)이 갈 적에 옷에다 비수를 싸들고 갔습니다. 궁전에 들어갔더니 그 교활한 사내가 바쁜 마음에 몸에다 속곳만 걸쳐입고 몸을 끌어안고 강겁(强刦)을 하고자 하더군요. 그래서 첩(妾)이 왼손으로는 그의 옷깃을 붙들고 오른손으로는 그의 얼굴을 할퀴면서 이렇

---

3 궁중(宮中)에서 왕의 명령(命令)을 전(傳)하던 내시(內侍).

4 교자(轎子)란 본디 종1품 이상 및 기로소(耆老所)의 당상관이 타던 가마. 앞뒤로 두 사람씩 네 사람이 낮게 어깨에 메고 천천히 다녔다. 여기서 말하는 금교자(金轎子)란 궁중 교자를 의미하는 듯하다.

게 소리를 질렀지요. '주상(主上)[5]이 오시기도 전에 궁노(宮奴)[6]가 몸을 더럽히려고 한다.' 그랬더니 그 교활한 사내가, '자기가 주상(主上)이니까 이러지 말라'고 하며 말리더군요. 그래서 첩(妾)이 다시, '궁노(宮奴)가 주상(主上)을 참칭(僭稱)[7]하니 대역무도(大逆無道)[8]하다'고 말하면서 계속 여기저기 할퀴었지요. 그러자 얼굴이 피범벅이 된 그 교활한 사내는 마침내 화가 나서 가려고 일어서더군요. 그래서 첩(妾)이 못 가게 붙들면서 마구 소리를 질러댔습니다. 그랬더니 안에서 중전(中殿)[9]이 맨발로 뛰쳐나와 이러는 겁니다. '네 어찌 지존(至尊)[10]께 이다지도 무례(無禮)하게 구느냐.' 첩(妾)이 깜짝 놀란 척하면서 말했습니다. '임금의 거조(擧措)란 모름지기 예법(禮法)에 맞는 것인즉, 부름받은 자의 알현(謁見)을 응당 앉아서 기다릴 줄로 생각했지 어찌 속곳 차림으로 천하고 더러운 곳을 억지로 뺏으려는 것이 마치 무뢰한 악소년(惡少年) 무리들과 같을 줄 알았겠습니까. 그래서 내심 궁노(宮奴)가 간악한 꾀를 부려 범접(犯接)을 하는 줄로만 여겼습니다.' 연산군(燕山君)은 좀 부끄러워하는가 싶더니 여전히 겁탈할 생각을 버리지 못하여 중전(中殿)을 쫓아보냈습니다.

---

5 신하가 임금을 높여 이르는 말.

6 궁방(宮房)에 딸린 사내종. 궁방(宮房)은, 왕실의 일부인 궁실(宮室)과 왕실에서 분가하여 독립한 대군(大君)·왕자군(王子君)·공주·옹주가 살던 집을 통틀어 이르던 말. 늑궁(宮).

7 자기의 신분(身分)에 넘치는 칭호(稱號)를 스스로 이르다.

8 대역으로 인도(人道)에 몹시 어그러짐. 또는 그러한 행위.

9 '왕비(王妃)'를 높여 이르던 말.

10 더할 수 없이 존귀(尊貴)하다는 뜻으로 임금을 공경(恭敬)하여 이르는 말.

그래서 첩(妾)이 즉시 품고 있던 칼을 뽑아들고, '죽으면 죽었지 절대로 명(命)에 따르지 못하겠다'고 하며 연산군이 겁탈하려고 할 때마다 자결하려고 칼을 들이댔더니 연산군도 마침내 포기하고 가버렸습니다."

공이 말했다.

"부인의 절개가 높은 것은 사실이지만 이제 내 명(命)도 다한 듯싶으오."

이튿날 과연 정령(政令)[11]으로 공(公)을 거제도(巨濟島)로 유배보냈다. 부인이 홀로 집에 남게 되자 연산군은 다시금 중사(中使)를 보내서 부인을 불러들이게 했다. 부인이 죽기를 맹세하고 부름에 응하지 않자 연산군은 몹시 화가 나서,

"지아비가 살아 있으니 내 말을 듣지 않는 것이다. 즉시 금오랑(金吾郞)을 보내서 잡아들이도록 하라."

고 명령을 내렸다가 10일쯤 지난 뒤 다시 생각을 이렇게 고쳤다.

'붙들어다가 서울에 놔두면 대신(大臣)들하고 대간(臺諫)[12]들이 필시 시비(是非)를 다툴 것이니 차라리 중도(中途)에서 죽여버리는

---

11 정치(政治) 상(上)의 명령(命令), 또는 법령.
12 사헌부(司憲府)의 관원인 대관(臺官)과 사간원(司諫院)의 관원인 간관(諫官)을 통틀어 일컫는 말. 대관(臺官)은 종2품의 대사헌(大司憲) 1명, 종3품의 중승(中丞) 및 겸중승(兼中丞) 각 1명, 정4품의 시사(侍史) 2명, 정5품의 잡단 2명, 정6품의 감찰(監察) 20명으로 되어 있었고, 간관(諫官)은 정3품의 좌우산기상시 각 1명, 종3품의 좌우간의대부 각 1명, 정4품의 내사사인(內史舍人) 1명, 정5품의 기거주 1명과 좌우보궐 각 1명, 정6품의 좌우습유 각 1명으로 되어 있었다. 연산군 때에는 일시적으로 폐지되기도 하였다.

게 낫겠다.'

그래서 또다시 금오랑(金吾郎)에게 독약을 들려 내려보냈다. 첫 번째로 파견된 금오랑(金吾郎)이 그를 압송(押送)하여 중간쯤 왔는데, 길이 두 갈래로 갈라져 있고 그 두 길 가운데에 둥그스름한 언덕이 가로놓여 있었다. 그런데 그중 한 쪽 길에서 큰 고양이가 크게 울고 있는 것이었다. 이를 본 공(公)은 금오랑에게 이렇게 부탁했다.

"평소 길을 가로지르는 고양이를 볼 때마다 꼭 좋은 일이 생기곤 했네. 과거를 볼 때도 그랬고 관작을 받을 때도 그랬었지. 곧 죽을 사람에게 무슨 희망이 있겠냐만 그래도 사람이 살지 않는 이런 곳에서 고양이가 큰 소리로 울다니 정말 이상허이. 고양이 우는 길 쪽으로 가도록 해주게나."

압송하는 자는 그 부탁을 들어주기로 했다. 그러나 두 번째 파견된 금오랑이 고양이 없는 길 쪽을 택해 되돌아오리라고는 그 누구도 예측하지 못하였다. 공(公)의 일행이 한강에 도달하자 나루를 지키는 병사가 이렇게 말했다.

"며칠 전에 반정(反正)[13]이 일어났습니다."

금오랑은 공수(拱手)[14]를 하며 축하를 드렸다.

"상공(相公), 댁으로 돌아가십시오. 전 이만 물러가겠습니다."

공(公)이 안 된다고 하면서,

"임금의 명(命)으로 붙들려 온 몸이 임금이 바뀌었다고 해서 어찌

---

13 나쁜 임금을 폐하고 새 임금을 대신(代身) 세우는 일.
14 왼손을 오른손 위에 놓고 두 손을 마주 잡아 공경(恭敬)의 뜻을 나타내는 예.

집으로 돌아가겠나."

라고 말한 뒤, 그 길로 의금부(義禁府)[15]로 가서 자신을 가두어 달라고 말했다. 공(公)에게 이미 대사헌(大司憲)의 벼슬을 제수한 조정(朝廷)에서는 공에게 즉시 숙사(肅謝)[16]케 했다. 그러나 공(公)이 들어가지 않고 의금부 문밖에서 엎드려 있자 임금이 패초(牌招)[17]하여 공(公)더러 들어와 사죄케 했다. 그로부터 공(公)의 명성(名聲)이 더욱 떨쳐져서 높은 지위를 두루 거쳐 벼슬이 영의정에 이르렀다.

그 후, 홍(洪) 인재(忍齋)[18]가 홍문관(弘文館)[19] 수찬(修撰)[20] 벼슬을 지낼 때, 모부인(母夫人)을 모시고 친척집 혼인 잔치에 가고 있는데 어떤 놈이 가마 앞으로 썩 다가오더니 계집종에게 집적거리기도 하고, 가마 속을 들여다보기도 하고 하면서 그 막된 행동거지를 차마 두 눈을 뜨고 볼 수가 없었다. 분통이 터진 인재(忍齋)가 말했다.

"웬 놈이 이렇듯 무례하냐!"

그놈이 호통을 치면서 말했다.

"나 장 승상(丞相)댁 하인인데 왜 물으시오?"

---

15 조선시대 때 임금의 명령을 받들어 죄인을 추국(推鞫)하는 일을 맡아보던 관아(官衙).

16 숙배(肅拜, 백성들이 왕이나 왕족에게 하던 절. 받은 은혜에 대하여 감사히 여겨 사례함)와 사은(謝恩)을 아울러 이르는 말로서, 새 벼슬에 임명되어 처음으로 출근할 때 먼저 대궐에 들어가서 임금에게 숙배하고 사은함으로써 인사하는 일을 말한다.

17 왕명(王命)을 받아 승지가 신하(臣下)를 부르던 일. '命'자를 쓴 목패(木牌)에 부르는 신하(臣下)의 이름을 써서 원례(院隷)를 시켜 보냈다.

18 홍섬(洪暹, 1504~1585년)을 말한다.

19 조선시대 삼사(三司) 가운데 궁중의 경서, 문서 따위를 관리하고 임금의 자문에 응하는 일을 맡아보던 관아. 늑옥당(玉堂)·옥서(玉署).

20 조선시대 홍문관에 둔 정육품 벼슬.

인재(忍齋)는 돌아가자마자 장 승상댁을 찾아가서 봉변당한 일을 낱낱이 이야기한 뒤 그 하인을 치죄(治罪)해달라고 청했다. 장 승상(丞相)은 그 말에는 아무런 대꾸도 하지 않은 채, 시비(侍婢)를 불러서 나지막한 목소리로 몇 마디 말을 나눈 뒤 그뿐이었다. 인재(忍齋)는 분한 생각이 들었으나 분해도 어찌해볼 도리가 없었다. 그래서 가겠다고 말을 했더니 장 승상이 '좀 기다리라'고 했다. 얼마쯤 후에 또 가겠다고 말을 했더니 장 승상이 또 잠시만 기다리라고 했다. 이러기를 세 번. 비자(婢子)가 다가와서 다시 뭐라고 뭐라고 말을 하는데 너무 멀어서 무슨 말인지 잘 들리지 않았다. 이윽고 장 승상이 인재(忍齋)를 돌아다보며 '가라'고 했다. 인재(忍齋)는 화가 나서 꼭 죽고만 싶었다. 길가에서 그놈을 때려죽이지 못한 것이 후회스러울 뿐이었다. 나오는 길에 보니까 섬돌 앞에 거적을 덮은 무슨 물건이 놓여 있는데 상국(相國)집의 하인이 무릎을 꿇고 이렇게 아뢰었다.

"대감의 명(命)을 받들어 죄지은 놈을 처치했습니다."

인재(忍齋)는 몸이 오싹해짐을 느끼며 탄복해서 말했다.

"재상감은 역시 뭐가 달라도 다르구나. 쥐도 새도 모르게 하인 하나를 간단히 처치해버리다니……."

칼로 자르는 듯한 분명함과 어떤 상황 속에서도 흔들리지 않는 의연함이 일세(一世)를 눌러 압도한다고 해도 아무도 토(吐)를 달지 못할 것임에 분명하다.

【張順孫傳】

張順孫 中廟朝名相也 當燕山君荒淫之時 公爲大司憲 公之夫人 極有姿色 燕山聞之 召謂公入送 公歸家蒙被 不臥不食不語 夫人問其故 公曰 有死而已 不忍爲君道也 夫人强問之 公不得已細言之 夫人冷笑曰 此易事也 何不早言 而枉自煩惱也 卽入深閨 裹衣而待 公只懷忿恨 不知其意也 少頃 中使持金轎來到趣行 夫人無一言入闕 未暮卽還家 公怪問曰 何不留宿而還耶 夫人知其忿語 徐對曰 妾臨行時 裹衣者潛佩利刀也 及入闕 彼狡童兮 狂心忙迫 身着短衣挽而摟之 欲爲强劫 故妾左手把其襟 右手爬其面 而大聲呼曰 未現主上之前 宮奴將欲污辱 狡童止之曰 我是主上也 君勿如是也 妾又大聲呼曰 官奴僭稱主上 大逆不道也 一直亂爬 鮮血滿面 狡童怒 欲起去 妾不放之 大叫不已 自內中殿徒跣出來謂曰 君何待至尊 如是無禮也 妾佯驚曰 人主擧措 必遵禮法 當坐待承召者入侍 而安有短衣行劫於淺陋之所 有若無賴惡少者然哉 意謂宮奴作奸 故犯手耳 燕山頗有慙色 而猶欲怵之 出送中殿 妾卽拔所佩刀曰 有死而已 矢不從命矣 燕山累度欲狎 輒擬制刀 燕山知其無奈何 出去云云 公曰 夫人之節 高則高矣 老夫之命 死則死矣 翌日政 果流公於巨濟 夫人獨在家 燕山又送中使召夫人 夫人以死自誓 終不就召 燕山大怒曰 其夫生存 故不從我言 卽發金吾郎拿來 過十餘日後 又思曰 若拿致京中 則大臣與垆諫必爭之 不如中路殺之 又使金吾郎持毒藥下送 初去金吾已拿來 來到中路 路分兩岐 中有圓阜 一邊路有大猫大嘩 公請於金吾郎曰 吾平生見猫越路 則必有吉事 科第官爵 皆有其應 將死之人 固無所希 然如此無人之境 有猫大嘩 甚可異也 願從猫嘩之路 領行者許之 誰意後去金烏 馳返無猫之路乎 公至漢江則 津卒曰 數日前有反正之擧矣 金烏拱賀曰 相公宜還家 小生自此去矣 公不可曰 君命

拿來 雖已易位 豈宜歸家 直往禁府請囚 朝廷已除公大憲矣 卽令肅謝 公不往
伏在禁府門外 自上牌招公入謝 公之聲名益彰 歷敭崇班 竟至大拜 其後 洪忍
齋弘文舘修撰時 陪母夫人 將赴親戚家婚姻 路有一漢 直犯轎前 玩弄婢子 窺
見轎內 頑悖之狀 罔有紀極 忍齋不勝忿痛曰 汝是何等漢 無法如此 厥漢咆喝
作威曰 我是張政丞宅奴也 君問何爲 忍齋還去 卽往張相家 一一面陳逢變事
乞治其奴 張相無答 只呼侍婢 低聲數語而已 忍齋心懷忿 忿而亦無奈何 仍告
退則 張相曰 姑留之 有頃又辭退 張相又姑留之 如是者三 婢子來復數語 而忍
齋遠莫之聞也 張相顧謂忍齋曰 去矣 忍齋忿欲死 恨不於中路搏殺其漢矣 出
至路 坮石前有覆苦之物 相國家蒼頭跪白曰 奉大監命 已殺作罪漢矣 忍齋悚
然歎服曰 眞宰相材也 不見聲色 而已除頑奴 截然剛直 毅然威嚴 鎭服一世 人
無異議 宜矣

三. 손순효전 孫舜孝傳

　이상(貳相)[1] 손순효(孫舜孝)는 평해(平海)[2] 사람으로 그 아버지는 본군(本郡, 평해군)의 교생(校生)[3]이었다. 공(公)은 천성(天性)이 영오(穎悟)[4]하여 아는 것도 많고 글솜씨 또한 뛰어났다. 그러나 집안이 가난해서 나이 열여덟이 되도록 장가를 가지 못했다. 그때 마침 증광시(增廣試)[5]가 있게 되자 그 고을 사또가 그 부친을 불러서 이렇게 말했다.

　"당신 아들이 글을 잘한다고 하니 우리 아들 두 놈이 과거 시험

1　원래 삼정승(三政丞) 다음 가는 벼슬이란 뜻으로, 좌우 찬성(左右贊成)을 이르는 말이다. 찬성(贊成)은 조선시대 의정부(議政府)에 속해 있던 종1품 벼슬.

2　평해(平海)는 경상북도 울진군에 속해 있는 지명. 조선시대 때에는 평해군(平海郡)이었으나 1913년 울진군에 병합된 후 지금은 울진군에 속한 평해면으로 남아 있다.

3　향교생도(鄕校生徒)의 준말로, 조선시대 향교(鄕校)의 유생(儒生)을 말한다. 이들은 대개 기초 교육을 마친 양반과 양인의 자제로서, 향교에 설치된 기숙사에 기숙하면서 공부했다. 수령(守令)과 관찰사가 학업을 평가하여 향시(鄕試)를 면제하고 바로 복시(覆試)에 응시하는 혜택을 주거나 성적 우수자에게 호역(戶役)을 면제해 주기도 하였고, 서리(書吏), 역관직(譯官職), 훈도(訓導)로 채용하기도 하였다.

4　남보다 뛰어나게 영리하고 슬기로움.

5　조선시대에 나라에 큰 경사가 있을 때 실시하던 임시 과거 시험. 태종 1년(1401년)에 처음 실시하였으며 생진과의 초시와 복시, 문과의 초시·복시·전시 5단계로 나누었다.

보러 갈 때 동접(同接)[6]을 삼아주면 어떨까? 명지(名紙)[7]와 노자(路資)[8]는 대주겠소."

그런 뒤 그를 불러들이게 했다. 공(公)이 명(命)을 받들어 들어가 뵙자, 사또는 그의 풍채와 골격이 훤칠하고 미목(眉目)[9]이 수려(秀麗)함을 보고 기꺼워하며 그 재주를 시험해 볼 양으로 시제(詩題)[10]를 주고 운자(韻字)[11]를 불러주었다. 운(韻)을 부르는 족족 글이 술술 나올 뿐만 아니라 시(詩) 또한 맑고 씩씩했다. 그래서 공관(公館)에 머물면서 사또의 아들들과 함께 거처하게 했다. 얼마 후 향시(鄉試)[12]에 함께 참가하게 되었는데 공(公)이 양장(兩場)[13]에서 혼자서 모두 3

---

6 같은 곳에서 함께 공부하다. 또는 그러한 사람. 과거 시험과 관련된 동접(同接)의 폐단에 대해서는 〈왕조실록〉 선조 37년 조에 실린 다음과 같은 내용을 참고할 수 있다. 「예조에서 아뢰기를, "근래 선비의 습속이 너무나도 패악스럽게 되어 과거 시험장 안에서 차술하는 폐습이 공공연히 자행되고 있으니 지극히 놀랍습니다. ……이제는 상습이 되어 태연히 부끄러워 하지 않고 동접들끼리 공공연히 약속을 해 한 편을 지어 내면 온 접이 다같이 베껴쓰는가 하면, 심한 경우 떼거리로 몰려와 남의 작품을 빼앗으려고 서로 밀치면서 왁자지껄 싸움이 벌어져 시험장이 전장을 방불케 하니 말하기도 부끄럽습니다……" 하였다.」

7 과거 시험에 쓰는 종이. 또는 답안을 써 놓은 종이.

8 먼 길을 떠나 오가는 데 드는 비용.

9 얼굴 모습을 이르는 말. 눈썹과 눈이 얼굴 모습을 좌우한다고 하여 이르는 말이다.

10 시의 제목이나 제재(題材).

11 한시의 운(韻)으로 다는 글자. 늑운(韻).

12 초시(初試)로서 각 도(道)에서 보이던 1차 시험. 과거(科擧)의 1단계 시험인 초시(初試)에는 성균관(成均館) 유생(儒生)들에게 보이는 관시(館試)와 서울에서 보이는 한성시(漢城試), 그리고 각 도(道)에서 보이는 향시(鄉試) 등 셋으로 나뉘어 있었다. 지방에서 치르는 시험으로서의 향시(鄉試)의 경우, 경기도 10, 강원도 15, 황해도 10, 충청도 25, 경상도 30, 전라도 25, 평안도 15, 함길(함경)도 10명으로 모두 140명을 뽑았다.

13 초장(初場)은 경강시(經講試)라고 해서 경서(經書)를 외우는 시험이었으므로, 여기

편의 글을 지어 사또의 아들 두 명이 모두 하나씩 합격하게 되었다. 그리고 공(公)은 초장(初場)[14]과 종장(終場)[15]에서 모두 장원(壯元)을 차지했다. 또 문과(文科)[16] 시험을 치를 때는 사또의 아들 중 한 명은 합격하고 한 명은 불합격하였다. 공(公)은 이번에도 장원(壯元)을 했다. 사또가 매우 기뻐하면서 사또의 아들과 함께 회시(會試)[17]에 참가하게 했다.

과거를 보러 가는 길에 충주(忠州)에 이르자, 날이 저물어 한 시골집에 투숙(投宿)하게 되었다. 그 집 주인은 곧 충주(忠州)의 호장(戶長)[18]으로서 집안은 부유하였으나 아들이 없었으며 혼기(婚期)가

서의 양장(兩場)은 중장(中場)과 종장(終場)을 가리키는 것으로 볼 수 있다. 조선시대의 과거 시험은 1차 시험이나 2차 시험이나 모두 초장, 중장, 종장의 세 단계로 나누어 치러졌는데, 초장(初場)에서는 경전에 대한 암기와 이해를 평가했고, 중장(中場)에서는 문장력을 평가했으며, 마지막 종장(終場)에서는 조정 현안에 대한 논술 시험, 즉 시무책(時務策)을 치렀다. 그리고 초장(初場)에 합격한 사람만이 중장(中場)과 종장(終場)에 나아갈 수 있었다.

14 경전에 대한 암기와 이해를 평가하는 시험.
15 조정 현안에 대한 논술 시험.
16 문반(文班)의 관리를 선발하던 2단계 시험. 대과(大科)·동당시(東堂試)라고도 한다.
17 문·무과(文武科) 과거(科擧)의 초시(初試) 급제자가 서울에 모여 제2차로 보는 시험. 복시(覆試)라고도 한다. 문과 복시는 초장(初場)·중장(中場)·종장(終場)의 3단계로 시험을 보았는데, 초장에서는 사서삼경(四書三經)을 고시하여 이 시험에 통과한 자에 한하여 중·종장에 응시하게 하였다. 편의상 초장(初場)을 경강시(經講試), 중·종장을 회시(會試)라고 하였다. 회시는 첫날에 중장(中場)으로 부(賦) 1편, 표(表)·전(箋) 중 1편을 고시하고, 하루 쉰 다음 종장(終場)으로 책(策) 1편을 고시하여 초·중·종장의 종합, 분수(分數)에 의하여 33명을 뽑았다.
18 향리(鄕吏)의 우두머리. 향리(鄕吏)란 지방의 수령(守令)을 보좌하여 지방 행정의 말단 기능을 담당했던 그 지방의 토착 세력을 말한다.

다 찬 두 딸만을 두고 있었다. 사또의 아들은 하처(下處)¹⁹에서 여장을 풀었고, 공(公)은 방앗간에서 피곤한 몸을 뉘였다가 잠이 들었다. 사또의 아들 또한 굳이 찾으려고 하지 않았다. 그런데 호장(戶長)이 밤에 꿈을 꾸는데, 방앗간에 누런 용이 똬리를 틀고 있는 것이었다. 깜짝 놀라서 잠에서 깨어났는데 호장(戶長)의 장녀 또한 가위에 눌려 소리를 지르는 것이었다. 딸을 흔들어 깨운 뒤, 딸이 꾼 꿈 얘기를 들어보았더니 두 사람의 꿈 내용이 마치 한 사람이 꾼 것처럼 서로 일치하였다.

또다시 잠을 자는데 이번에는 처(妻)와 작은 딸도 똑같은 꿈을 꾸었다. 심히 이상해서 아내와 관솔불을 밝혀 들고 나가보았더니 과연 한 총각이 누워서 잠을 자고 있는 것이었다. 그가 비범한 인물임을 눈치챈 호장(戶長)은 안방으로 맞아들인 뒤 불을 켜고 앉아 물었다.

"그대는 어떤 사람이고, 지금 어디로 가고 있는 중인가?"

"저는 평해(平海)에 사는 글공부하는 선비²⁰로서, 고을 사또의 자제분과 함께 초시(初試)에 합격한 뒤 지금 회시(會試)를 보러 가는 중입니다."

"수재(秀才)²¹는 지금 나이가 어떻게 되는가?"

"열여덟입니다."

"왜 아직 장가를 들지 않았나?"

---

19 사적(私的)으로 머무는 숙소, 또는 임시로 머무는 곳을 말한다.
20 본문에 '仗生'으로 되어 있으나 뜻이 불분명함. 문맥상 '문생(文生, 글공부하는 선비)'으로 보는 것이 옳을 듯하다.
21 장가를 들지 않은 남자를 높여 이르는 말.

"집이 가난해서 못 갔습니다."

"우리 집은 가산(家産)은 넉넉하지만 아들은 없고 딸만 둘이 있네. 지금 사윗감을 고르고 있는데 혹시 내 사위가 될 생각은 없나?"

"귀댁(貴宅)의 따님을 처(妻)로 맞아들이게 되면 부모님의 허락도 없이 혼인을 하는 것이 되므로 예의에서 벗어납니다. 또 첩(妾)으로 삼자니 저희 집안이 워낙에 한미(寒微)해서 주인집과 별반 높낮이 차이가 없는지라 가망(可望)이 없을 듯합니다."

"내 나이도 이미 적지 않네. 그런데 아내는 병을 끼고 살지, 집안이 비록 부유하다지만 뒤를 이을 자손도 없지. 그래서 사위라도 얻어서 몸이나 의탁해볼까 생각 중인데, 아직까지 적절한 사람을 만나지 못하고 있다네. 지금 수재(秀才)의 용모를 보니까 내 맘에 쏙 드는군. 자네만 허락한다면 처(妻)가 됐든 첩(妾)이 됐든 마음대로 해도 좋네. 기왕에 첩(妾)을 삼을 바에는 날짜 같은 건 잡을 필요도 없네. 그냥 오늘 밤에 천침(薦枕)[22]시키도록 함세."

그러더니 처(妻)를 시켜 큰딸을 불러와 공(公)에게 인사를 시켰다. 공(公)은 할 수 없이 시키는 대로 따랐다. 주석(酒席)을 마련하고 자리를 깐 뒤 한바탕 잔치가 벌어졌다.

그러자 사또의 아들이 하인을 불러서 물었다.

"주인집 안방에 불빛이 환하게 켜져 있고, 웃고 떠드는 소리가 나는데 무슨 일이 있는지 한번 살펴보고 오너라."

하인이 대답하고 나간 뒤 다시 돌아와서 이렇게 말했다.

---

22 첩이나 시녀 등이 잠자리에서 모심을 뜻한다.

"정말 이상합니다. 손(孫) 도련님이 주인집 안방에 들어가 있는데 그 곁에 아리따운 아가씨가 있고 머리를 얹은 계집종이 술을 따라 올리는 모습이 마치 혼례식을 치르는 듯합니다."

사또 아들이 가서 다시 자세히 살펴보니 과연 하인이 말한 그대로였다. 화가 치민 사또 아들은,

"아직 치포관(緇布冠)[23]도 안 쓴 풋내기 녀석이 어쩐지 함께 잠을 안 잔다 싶었더니 원래 이런 음모(陰謀)가 숨어 있었구먼. 과거(科擧) 시험장(試驗場)에 함께 가고 싶지 않은 게 뻔하다."

라고 말하면서 하인에게 갈 채비를 하라고 명령했다. 그리고는 새벽 닭이 울자마자 몰래 떠나버렸다.

손공(孫公)은 비가 오는 우중충한 날씨 때문에 날이 밝은 줄도 모르고 있다가 잠에서 놀라 깨어나 나가보니 사또 아들은 이미 떠난 지 오래였다. 민망해서 어쩔 줄 모르고 있는데 호장(戶長)이 이렇게 말했다.

"일이 이렇게 된 게 자네 잘못은 아니지 않은가? 그리고 과거 날짜도 아직 멀었고 하니 며칠 더 묵었다 가게나. 과거 시험에 드는 비용은 내가 대줌세."

공(公)이 다시 생각을 해보니 상황이 어쩔 수가 없었다. 그리고 뒤쫓아 간다 하더라도 따라잡을 수도 없을 뿐더러 주인의 말에도 일리가 있었다. 그래서 사흘을 더 묵은 뒤 다시 길을 떠났다.

서울에 도착해서 사또 아들이 있는 곳을 찾아갔다. 사또 아들이

---

23 관례(冠禮)를 행하기 전에 잠시 쓰는 유생(儒生)의 관(冠).

마침 손님과 이야기를 나누고 있다가 공(公)이 오는 걸 보고는 숨어버리면서 만나려고 하지 않았다. 공(公)은 하릴없이 숙소(宿所)로 돌아왔다.

과연 회시(會試) 양장(兩場)[24]에서도 모두 장원을 하게 되었다. 그러자 주무(主務) 부서(府署)의 책임자가 입시(入侍)하여 임금께 이렇게 아뢰었다.

"한 사람이 양장(兩場)에서 모두 장원으로 뽑혔는데 어찌 하면 좋으리까?"

임금이 하교(下敎)하기를,

"쓸만한 사람을 얻어서 마음이 기쁘구나. 겸(兼)하게 하라. 그리고 방방(放榜)[25]하는 날에 어로(御路)[26]를 이용케 하라."

라고 하였다. 이때는 성종(成宗) 초년(初年)이었다. 이런 까닭으로 방(榜)의 원칙이 아직 분명하지 못해서 정시(庭試)에서 공(公)이 또다

---

24 부(賦) 1편, 표(表)·전(箋) 등 문장력을 평가하는 중장(中場)과, 조정 현안에 대한 논술 시험-시무책(時務策)-을 시험하는 종장(終場)을 말한다.

25 과거 합격자를 발표하는 절차. 대체로 봄에 과거를 실시하고 가을이나 겨울에 방방(放榜)하였다. 방방의(放榜儀), 또는 창방의(唱榜儀)라는 방방 의식이 따로 마련되어 있었다. 소과(小科)인 생원·진사시의 방방의에서는 생원방방관이 근정전(勤政殿)의 계단 아래 동쪽에, 진사방방관이 계단 서쪽에 위치하여 합격자를 각각 호명하면, 합격자는 동쪽과 서쪽에 각각 서서 부복(俯伏)하여 사배례(四拜禮)를 마친 후 예조정랑이 백패(白牌)를 나누어 주고 임금이 술과 음식을 나누어 주었다. 대과인 문·무과의 경우도 역시 근정전에서 치러지며 이 의식에는 국왕과 종친, 문무백관이 참석한 아래 거행된다. 과거 급제자들의 부모·친척들도 참관할 수 있다. 의식의 절차는 생원·진사시와 동일하였다. 다만 과거합격증인 홍패(紅牌)를 지급하는 관리가 문과급제자에게는 이조정랑이, 무과급제자에게는 병조정랑이 나누어 주었다.

26 임금의 거동(擧動)하는 길.

시 장원 급제를 하자 바로 당일날 창방(唱榜)[27]을 했다.

공(公)이 아직 관례(冠禮)[28]를 치르지 않은 것에 대해 예관(禮官)[29]이 이렇게 아뢰었다.

"장원 급제한 신(臣) 손순효는 총각(總角) 복두(幞頭)[30]로서 선례(先例)가 없사온데 어찌하오리까."

그러자 임금이 즉시 예조(禮曹)[31]에 지시하여 가관(加冠)[32]을 하게 했다. 그리고 신은(新恩)[33] 정령(政令)을 통해서 특별히 정언(正言)[34] 벼슬을 하사한 뒤, 유가(遊街)를 하게 했다. 앞에다 갈도(喝導)[35]하는

---

27 국가에서 문·무과(文武科)와 생원·진사과(生員進士科) 등 과거 시험을 치른 후 합격자를 발표하는 것. 조선시대의 경우 보통 시험을 치른 후 1주일을 전후하여 하였으며, 약식(略式) 과거 시험이나 지방에서 과거를 치렀을 경우에는 당일 하였다.

28 성인식의 일종으로 남자가 성년에 이르면 어른이 된다는 의미로 상투를 틀고 갓을 쓰게 하던 예식. 조선시대 주자(朱子)《가례(家禮)》의 유입과 함께 보편화되었는데, 이에 의하면 남자는 15세에서 20세 사이에 관례를 올리도록 되어 있다. 남자의 관례가 상투를 틀어 갓을 씌우는 의식을 중심으로 한 삼가례(三加禮) 등의 절차로 진행된 반면, 여자는 계례(笄禮)라 하여 쪽을 찌고 비녀를 꽂아 주었다. 관례 의식은 상중(喪中)을 피해 가장을 비롯한 일가 친척이 참석하여 장로(長老)의 인도로 가관 착복(加冠着服)의 형태로 행해졌다. 예가 끝나면 자(字)가 수여되고, 사당에 고한 뒤 참석자들에게 절을 하였다.

29 고려 초기에 둔 육관의 하나로 예의·제향·교빙·과거 따위의 일을 맡아보던 관아. 성종 14년(995년)에 상서예부(尙書禮部)로 고쳤다.

30 과거에 급제한 사람이 홍패를 받을 때 쓰던 관(冠). 사모(紗帽)같이 두 단(段)으로 되어 있으며, 위가 모지고 뒤쪽의 좌우에 날개가 달려 있다.

31 육조 가운데 예악, 제사, 연향, 조빙, 학교, 과거 따위에 대한 일을 맡아보던 관아.

32 관례를 행하고 갓을 쓰던 일.

33 과거에 급제한 사람.

34 사간원(司諫院)의 정6품(正六品) 벼슬. 사간원은 조선시대 때 삼사(三司)의 하나로, 임금에게 간(諫)하는 일을 맡아 보던 기관.

35 본문에 '謁導'라고 되어 있는 것은 '喝導'의 잘못으로 보인다. '喝導(갈도)'란 고관(高

화동(花童)³⁶을 벌여 세운 공(公)은 머리에다 사모(紗帽)³⁷와 천파(天
葩)³⁸를 쓰고 삼일유가(三日遊街)³⁹를 했다. 그러자 구경꾼들이 구름
처럼 모여들어 너도나도 주렴을 걷어젖힌 채 그 이름을 입에 올렸다.

임금이 이품(二品) 이상의 신료(臣僚)들을 불러들여 이렇게 말
했다.

"손순효에게 아직 실가(室家)⁴⁰가 없다고 하는데 경(卿)들 가운데
혹 가합(可合)한 처자(處子)가 없을까?"

이조판서(吏曹判書) 신공(申公)이 대열에서 나오더니 이렇게 아
뢰었다.

"소신(小臣)에게 딸이 하나 있사옵니다."

그러자 임금이 그와 정혼(定婚)하게 하였다. 신공(申公)은 곧 상

官)이나 특별한 관원이 행차할 때 행차의 위험을 제거하고 위엄을 세우기 위하여 선
두에 서서 인도하는 하인이 큰 소리로 꾸짖으며 잡인(雜人)의 통행을 소리쳐 막는
것을 말한다.

36 나이 어린 기생. 여기서 화(花)는 창기(娼妓)나 기생집을 의미한다.

37 백관(百官)이 관복을 입을 때 착용하던 관모(官帽).

38 어사화(御賜花)를 말한다. 어사화는 조선시대 문무과(文武科)에 급제한 사람에게 임
금이 하사(下賜)하는 꽃을 말한다. 새로운 과거 급제자는 창방의(唱傍儀)를 거행할
때 홍패(紅牌)·개(蓋)와 더불어 이것을 하사받았다. 가는 참대〔竹〕 오리 둘을 푸른
종이로 감고 꼬아서 군데군데에 청·홍·황 3색의 가화(假花)를 달아, 한쪽 끝을 복두
(幞頭) 뒤에 꽂고 한쪽 끝을 붉은 명주실로 잡아 매어, 머리 위로 휘어 넘겨서 입에
물고 3일유가(游街, 市街行進)를 하였다.

39 과거에 급제한 사람이 사흘 동안 광대를 앞세우고 풍악을 울리면서 은문(恩門)과 선
배·친척 등을 방문하는 일.

40 집 또는 가정. 여기서는 처를 일컫는다.

촌(象村)[41] 상국(相國)[42]의 선조(先祖)였다. 임금이 또다시 하교(下教)하기를,

"생원·진사과(生員進士科)의 창방일(唱榜日)을 가장 좋은 길일(吉日)[43]로 택하도록 하고, 그날 혼인을 하게 하라. 삼청동(三清洞) 창방회(唱榜會)를 일찍 끝낸 후 천파(天葩)를 쓰고 화동(花童)들을 벌여 세운 다음, 2백 명의 동방(同榜)[44]들을 거느리고 가게 하라. 그리고 오늘 입시(入侍)[45]한 여러 신하들도 상객(上客)[46]의 자격으로 참가토록 하라."

그러자 상의원(尚衣院)[47]에서는 옷감과 비단을 듬뿍 보내 모든 걸

---

41 신흠 〔申欽, 1566~1628년〕: 본관 평산(平山). 자 경숙(敬叔). 호 현헌(玄軒)·상촌 (象村)·현옹(玄翁)·방옹(放翁). 시호 문정(文貞). 아버지는 개성도사 승서(承緒)이 며, 어머니는 좌참찬 송인수(宋麟壽)의 딸이다. 1585년 진사·생원시에 합격, 이듬해 에는 별시문과에 급제하였다. 1593년 이조좌랑, 1594년 이조정랑. 1599년 선조의 총 애를 받아 장남 익성(翊聖)이 선조의 딸인 정숙옹주(貞淑翁主)의 부마로 간택됨과 함 께 동부승지에 올랐다. 그 후 형조참의·이조참의·예조참의·병조참의·대사간을 역 임. 1613년 계축화옥이 일어나자 선조로부터 영창대군(永昌大君)의 보필을 부탁받은 유교칠신(遺教七臣)의 한 사람이라는 이유로 1616년 춘천에 유배. 1623년 인조 즉위 와 함께 예문관·홍문관대제학에 중용되었고, 같은 해 우의정이 됨. 1627년 정묘호란 때 좌의정으로 세자를 수행하고 전주에 피란하였으며, 9월 영의정에 올랐다가 죽었 다. 정주학자로 이름이 높아, 이정구, 장유, 이식과 함께 한문학의 태두로 일컬어진 다. 1651년에 인조 묘정에 배향되었다.
42 영의정, 좌의정, 우의정을 통틀어 이르는 말.
43 좋은 날. 길한 날.
44 같은 때에 과거에 급제하여 방목(榜目)에 함께 적히던 일. 또는 그런 사람. 늑동년 (同年).
45 대궐에 들어가서 임금을 뵙던 일.
46 혼인 때에 가족 중에서 신랑이나 신부를 데리고 가는 사람.
47 임금의 의복과 궁내의 일용품, 보물 따위의 관리를 맡아보던 관아.

임금이 지시한 대로 시행했다. 아아! 이는 실로 유사(有史) 이래로 그 유례(類例)를 찾아보기 힘든 특별한 예우(禮遇)였다.

공(公)이 상소를 올려서 영친(榮親)[48]을 청하였더니, 임금이 윤허(允許)한 뒤 본도(本道)의 관찰사(觀察使)에게 전지(傳旨)[49]를 내려 마중 나가게 했다. 그리고 그 집안에다가는 술을 하사하게 했다. 권속(眷屬)[50]을 거느리고 고향에 내려간 공(公)은 가는 길에 호장(戶長)의 집을 지나치게 되었다. 그는 그곳에서 하룻밤을 묵으며 신부에게 이렇게 물었다.

"이 집 딸은 내가 과거 보러 갈 때 가까이 지냈던 사람이오. 이번 길에 데리고 가서 솔축(率蓄)[51]하고자 하는데, 그래도 되겠소?"

그는 전날의 신기한 몽조(夢兆)[52]에 대해서 신부에게 빠짐없이 얘기를 해주었다. 그러자 처(妻)가 이렇게 말했다.

"여자가 지아비를 따르는 데에는 귀천(貴賤)이 따로 없는 법입니다. 하물며 저보다도 먼저 길몽(吉夢)이 정(定)해준 사람을 저 때문에 내쳐 두면 되겠습니까?"

---

48 과거(科擧)에 급제하거나 서울에 와 관직(官職)에 임명된 사람이 고향으로 돌아가 부모나 친척들을 뵙고 잔치 따위를 베풀어 그들에게 영광을 돌리는 행사. 새로 급제한 사람이 그가 살던 주에 들어오는 날, 그 주의 지방관은 먼저 장교와 악사들을 가까운 지역까지 보낸 뒤, 지방관도 주의 아전들을 거느리고 5리정까지 나가 관복을 입고 향탁자와 절하는 자리를 갖추었다.
49 임금이 전교(傳敎)하는 것 중에서 세세한 일에 관련된 것을 전지(傳旨)라고 한다.
50 자기 집에 딸린 식구. 여기서는 그의 처를 말한다.
51 예전에 여자 종을 첩으로 맞아 동거하던 일.
52 꿈에 나타나는 길흉의 징조.

말을 마치자 곧바로 그녀를 불러서 만나본 뒤, 그녀를 자신과 똑같은 부인의 신분으로 대접했다. 이윽고 도문(到門)[53]을 하게 되자 관찰사를 비롯하여 지방관(地方官)[54]과 인근 마을의 사또들이 줄줄이 몰려들어 술판과 풍악(風樂)판이 어지럽게 벌어졌다. 두 부모는 기뻐서 어쩔 줄 몰라했고, 구경하는 사람들이 담을 쌓은 듯이 몰려들었다.

얼마 후, 임금이 그에게 홍문관(弘文館) 수찬(修撰) 벼슬을 내린 다음, 두 부모를 모시고 역마(驛馬)[55]를 타고 올라오게 했다. 이에 공(公)은 양친과 처첩을 거느리고 서울로 올라와 숙사(肅謝)[56]를 하였다. 임금이 불러 본 뒤 가상히 여겨, 호조(戶曹)[57]에다 명령을 내려서 공(公)의 부모에게 명주(明紬)[58] 2동(同)과 금단(錦緞)[59] 10필(匹)을 하사(下賜)하게 했으며, 또다시 명령을 내려 집을 사서 하사하도록

---

53 과거에 급제하여 홍패(紅牌)를 받아서 집에 돌아오던 일.

54 각 지방에 주재하면서 일반 행정 사무를 맡아보는 고급 공무원.

55 역(驛)에 비치해둔 말로서, 임금의 명령(命令)을 받은 벼슬아치가 어디 갈 때 잡아타던 말. 역(驛)이란, 주로 중앙 관아의 공문을 지방 관아에 전달하고, 외국 사신의 왕래, 벼슬아치의 여행과 부임 때 마필(馬匹)을 공급하던 곳으로서, 교통, 우체(郵遞), 숙박(宿泊)의 기능을 담당했던 곳이다. 주요 도로에 대개 30리마다 두었다.

56 숙배(肅拜)와 사은(謝恩)을 아울러 이르는 말. 새 벼슬에 임명되어 처음으로 출근할 때 먼저 대궐에 들어가서 임금에게 숙배(肅拜: 정중하게 인사함)하고 사은(謝恩)함으로써 인사하는 일이다.

57 조선시대에 호구(戶口)·공부(貢賦)·전량(錢糧)·식화(食貨) 등의 일을 맡아보던 육조(六曹)의 하나. 고종 31년에 탁지아문으로 고쳤다. ≒탁지(度支).

58 명주실로 무늬 없이 얇게 짠 피륙.

59 무늬 비단을 일컫는다.

하니 묵사동(墨寺洞)[60] 집이 바로 그 집이다.

공(公)은 수년(數年)에 걸쳐 청환(淸宦)[61] 벼슬을 여러 차례 지낸 뒤, 당상관(堂上官)[62]이 되어 은대(銀臺)[63], 국자감(國子監)[64], 이병부 시랑(吏兵部侍郎)[65] 및 대사간(大司諫)[66]을 역임하였다. 그리고 어느 날 갑자기 가선대부(嘉善大夫)[67]로 승진되어 도어사(都御史)[68]와 양

---

60 '먹절골'을 일컫는 말로, 지금의 묵정동(墨井洞), 충무로 4, 5가, 필동 2, 3가에 걸쳐 있던 지역을 일컫는다. 원래 이 일대에 '먹절' 혹은 '묵사'로 부르던 절이 있었던 까닭 으로 '먹절골' 혹은 '먹적골', '묵동(墨洞)', '묵사동' 등으로 불렸다고 한다.

61 학식과 문벌이 높은 사람에게 시키던 규장각(奎章閣), 홍문관(弘文館) 따위의 벼슬. 지위와 봉록은 높지 않으나 뒷날에 높이 될 자리였다.

62 조선시대 관리들의 품계 가운데 정1품부터 정3품까지를 가리키는 말. 동반(東班)의 정3품 통정대부(通政大夫) 이상과 서반(西班)의 정3품 절충장군(折衝將軍) 이상, 종 친(宗親)의 명선대부(明善大夫), 의빈(儀賓)의 봉순대부(奉順大夫) 이상을 당상관이 라 불렀다.

63 승정원(承政院)의 별칭(別稱). 승정원(承政院)은 조선시대 임금의 명령을 전달하고 하부의 보고와 청원 등을 임금에게 전하던 국왕의 비서기관으로서, 오늘날의 대통 령 비서실과 같다. 도승지(都承旨), 승지(承旨) 등을 두었다.

64 성균관(成均館)을 예스럽게 일컫던 말. 성균관(成均館)은 조선시대 유학(儒學)의 교 육을 맡아보던 관아(官衙)이자 중앙에 설치한 최고 교육기관으로서, 공자를 제사하 는 문묘(文廟)와 유학을 강론하는 명륜당(明倫堂) 따위로 이루어져 있었다. 고려시 대의 국학(國學) 또는 국자감(國子監)의 제도를 그대로 답습하면서 태조 7년에 그 이 름을 성균관으로 개칭하였다.

65 이부시랑(吏部侍郎)과 병부시랑(兵部侍郎)을 아우른 말. 이조참판, 병조참판을 나 타낸다. 시랑(侍郎)이란 말은 참판(參判) 벼슬을 일컫는 것인 듯하다. 참판(參判)은 육조(六曹)에 둔 종2품 벼슬로 판서의 다음 서열.

66 사간원(司諫院)의 으뜸 벼슬. 품계는 정3품으로, 임금에게 정사의 잘못을 간(諫)하 는 일을 맡았다.

67 조선시대에 둔 종2품 문무관의 품계. 가의대부(嘉義大夫)의 아래 급으로, 태조 1년 (1392년)에 설치하였으며 고종 2년(1865년)부터 문무관, 종친, 의빈(儀賓)의 품계로도 썼다.

68 원래 중국 명·청 시대에 모든 벼슬아치의 비위(非違)를 규탄하고 지방행정의 감찰

전(兩銓)[69], 아경(亞卿)[70]이 되는가 싶더니 또다시 자헌대부(資憲大夫)[71]로 발탁(拔擢)되어 이조판서(吏曹判書)[72]를 지냈다. 그리고 대사마(大司馬)[73], 대종백(大宗伯)[74], 대사구(大司寇)[75]를 거쳐 호조판서(戶曹判書)를 지낸 다음, 특지(特旨)[76]로 의정부(議政府)[77] 우찬성(右贊成)[78] 벼슬을 지내게 되니, 이 모든 일들이 다 과거에 급제한 뒤 불과 10년 사이에 일어난 일들이었다.

그가 상의원(尙衣院)[79], 전감사(典鑑司)[80], 사복시(司僕寺) 등 8개

을 맡아보던 도찰원(都察院)의 우두머리를 말한다. 여기서는 종2품 벼슬인 사헌부(司憲府) 대사헌(大司憲)의 벼슬을 빗대어 일컫는 말이다.

69 조선시대 때 이조(吏曹)와 병조(兵曹)를 아울러 이르던 말. 이조(吏曹)에서는 문관(文官), 병조(兵曹)에서는 무관(武官)을 전형(銓衡)한 데서 유래한다.

70 조선시대에 종2품 벼슬을 높여 이르던 말. 정2품 벼슬을 이르는 경(卿)에 버금간다는 뜻이다.

71 조선시대에 둔 정2품 문무관의 품계. 초기에는 문무관에게만 썼으나 고종 2년(1865년)부터 종친, 의빈의 품계로도 썼다.

72 이조의 으뜸 벼슬. 정2품의 문관 벼슬이다. 늑총재(冢宰).

73 '병조 판서'를 달리 이르던 말. 중국 주(周)나라 때에 군사와 군대를 맡아보던 벼슬 이름에서 유래한다.

74 '예조 판서'를 달리 이르던 말.

75 '형조 판서'를 달리 이르던 말. 중국 고대의 관직명에 빗대어 그 벼슬을 대우해주던 데에서 유래한다.

76 임금의 특별한 명령.

77 조선시대에 둔 행정부의 최고 기관. 정종 2년(1400년)에 둔 것으로, 영의정·좌의정·우의정이 있어 이들의 합의에 따라 국가 정책을 결정하였으며, 아래에 육조(六曹)를 두어 국가 행정을 집행하도록 하였다.

78 조선시대에 의정부에 속한 종1품 문관 벼슬.

79 조선시대에 임금의 의복(衣服)과 궁중(宮中)에서 쓰이는 일용품 및 보물을 공급(供給)하는 일을 맡아보던 관청(官廳).

80 미상. 혹 전의감(典醫監)의 잘못인가?

의 제조(提調)[81]를 겸하게 되자 임금이 내자시(內資寺)[82]에 명(命)하여 날마다 향온주(香醞酒)[83] 한 병과 대구 2마리씩을 주게 했다. 이 관례는 임진왜란 전까지 준행(遵行)되었다.

임금이 대배(大拜)[84]를 하고자 할 때였다. 임금이 2품 이상의 신하들과 밤에 편전(便殿)[85]에서 술을 마셨는데 상하(上下)가 모두 술에 얼큰하게 취하였다. 취기가 오른 공(公)이 임금의 어탑(御榻)[86]에 기댄 채 가만히 이렇게 아뢰었다.

"이 자리가 아깝사옵니다."

대개 세자(世子)가 명민(明敏)치 못함을 깊이 걱정한 것이었다. 그러자 대관(臺官)[87]이 이렇게 아뢰었다.

"어탑(御榻)은 신하된 자가 앉을 수 없는 자리입니다. 그리고 군부(君父)[88]는 신하된 자가 귀엣말을 할 수 있는 분이 아니옵니다. 이

---

81 각 사(司) 또는 각 청(廳)의 관제(官制) 상(上)의 우두머리가 아닌 사람이 그 관아(官衙)의 일을 다스리게 하던 벼슬로서, 종1품(從一品) 또는 2품(二品)의 품질(品秩)을 가진 사람이 되는 경우(境遇)를 일컫는다. 정1품(正一品)이 되는 때는 도제조(都提調), 정3품(正三品)의 당상(堂上)이 되는 때는 부제조(副提調)라고 한다.

82 조선시대 때 대궐에서 쓰는 여러 가지 식품(食品)과 직조(織造) 및 내연(內宴)에 관한 일을 맡아보던 관청(官廳). 3대 태종(太宗) 1년(1401년)에 내부시(內府寺)를 고친 이름. 26대 고종(高宗) 19년(1882년)에 없앴다.

83 술의 한 가지. 멥쌀과 찹쌀을 쪄서 식힌 것에 보리와 녹두를 섞어 만든 누룩을 넣어 담근 술.

84 조선시대 의정부의 삼정승(三政丞)에 임명되는 일.

85 임금이 평상시에 거처하는 궁전.

86 임금이 앉는 상탑(牀榻).

87 사헌부(司憲府)의 대사헌(大司憲) 이하 지평(持平)까지의 벼슬. 늑대신(臺臣).

88 백성의 아버지와 같다는 뜻으로, '임금'을 이르는 말.

상(貳相)[89] 손순효를 나국(拿鞫)[90]한 뒤 정죄(定罪)하셔야 합니다."

임금이 웃으면서 말했다.

"나는 그를 내 자식처럼 생각하고 그는 날 제 아비처럼 생각하는 지라, 내가 많이 취한 것이 걱정스러워서 취중에 실수를 한 것이니 그냥 내버려 두도록 하라."

이튿날 삼사(三司)[91]가 합동으로 계사(啓辭)[92]를 올리자 임금이 부 득이 한강 상(漢江上)으로 한 달 동안 유배를 보냈다가 뒤에 이상(貳 相)[93]으로 불러들였다. 임금이 지극한 총애를 주면서도 끝내 의정(議 政)[94]을 삼지 않은 것은 이곽(伊霍)의 거조(擧措)[95]를 걱정한 때문이 었다.

임금이 끝내 술 때문에 승하(昇遐)하게 되자 공(公)이 집 뒷산 기

---

89 '우찬성(右贊成)'을 달리 이르던 말.

90 죄인을 잡아다 국청에서 신문하던 일.

91 조선시대 언론을 담당한 사헌부(司憲府)·사간원(司諫院)·홍문관(弘文館)을 가리키 는 말. 이 기관은 독자적으로 언관(言官)의 기능을 담당하기도 하지만, 때로는 사간 원·사헌부가 함께 언론을 펴기도 하였다. 이를 양사합계(兩司合啓)라고 하며, 홍문 관이 합세할 때는 삼사합계라고 한다. 그들은 자신들의 주장을 관철하기 위하여 때 로는 삼사의 전관원이 대궐문 앞에 부복하여 국왕의 허락을 강청하는, 오늘의 연좌 데모와 같은 것이라고 할 수 있는 합사복합(合司伏閤)을 하기도 하였다.

92 논죄(論罪)에 관하여 임금에게 올리는 글.

93 삼정승(三政丞) 다음 가는 벼슬이란 뜻으로, 좌우 찬성(左右贊成)을 이르는 말.

94 의정부(議政府)의 영의정(領議政), 좌의정(左議政), 우의정(右議政)의 총칭(總稱).

95 나라를 위하여 왕을 내쫓거나 맞아들이는 일을 비유적으로 이르는 말. 이곽(伊霍)은 중국 은(殷)나라 이윤(伊尹)과 한(漢)나라의 곽광(霍光)을 함께 이르는 말이다. 중국 은나라의 명상(名相) 이윤(伊尹)이 태갑(太甲)을 동궁(桐宮)에서 내쫓아 악행을 고 치게 하고, 전한(前漢)의 곽광(霍光)이 창읍왕(昌邑王) 하(賀)를 폐하고 효선제(孝宣 帝)를 옹립한 데에서 유래한 말이다.

늙에 올라가 목놓아 울며 데굴데굴 구르고 넘어져, 얼굴과 머리가 깨지고 선혈(鮮血)이 낭자했다. 그는 그런 모습으로 미친 척하며 거리를 이리저리 뛰어다녔다. 그러나 이는 모두 화(禍)를 미연에 예방하기 위한 조치들이었다.

연산군(燕山君)은 즉위하자마자 자신과 감정적으로 조그만 틈만 있어도 이세좌(李世佐)[96]의 무리처럼 모조리 살육(殺戮)을 시키고 말았다. 다만 공(公)에게 있어서만큼은, '내가 평소에 이놈을 꼭 죽이려 했는데 지금은 미치광이가 되었으니 죽이지 않는다'고 했다. 사람들이 모두 공(公)의 지략에 탄복을 했다.

공(公)은 77살까지 살다가 집에서 생을 마감하였다. 자손들이 대(代)를 이어왔는데 지금은 점차 쇠퇴하게 되니 참 애석한 일이다.

공(公)의 외가 쪽 후손인 동래(東萊)[97] 노척보(盧惕甫)[98]가 이야기의 전말(顚末)을 이렇듯 상세히 전해주었다. 그래서 여기 기록해 둔다.

---

96 성종(成宗) 시절, 연산군의 생모인 폐비 윤씨의 사사사건(廢妃尹氏賜死事件)이 터 졌을 때 좌승지를 하던 인물로서 폐비 윤씨의 사사(賜死) 책임을 맡아서 하였다.
97 동래 부사(東萊府使)를 말한다.
98 1644년(인조 22년, 58세) 무렵에 성천부사(成川府使), 그리고 1648년(인조 26년) 경부터, 표류 한인(漢人)의 문제로 외교적인 문제를 일으켜 삭탈관작당하는 1652년(효종 3년, 66세) 무렵까지 동래부사를 지냈던 인물로서, 본명은 노협(盧協). 몰년(沒年)은 자세치 않으나 1587년(선조 20년)에 태어났다.

【孫舜孝傳】

孫貳相舜孝 平海人也 父爲本郡校生 公天性穎悟 博學能文 家貧 年十八 未得冠 時有增廣試 主倅招謂其父曰 汝子能文云 然耶 我有兩子 將欲赴擧 同接可也 名楮行資 當備給矣 仍令招之 公承命入謁 則主倅愛其風骨卓犖 眉目瑩秀 欲試其才 出題呼韻 應口輒對 詩又淸健 仍留公廨 與衙童同處 未幾 偕赴鄕試 公兩場皆一手三作 衙童兩人 各中一事 公則 初終場俱得巍捷 又赴東堂 衙童一利一屈 公則 又居魁 太守甚奇喜 復與衙童 同赴會試 路留忠州 暮投一村舍 主人乃本州戶長也 家計殷富而無子 只有二女 年及笄也 衙童則宿于下處 公則氣疲臥于碓家 仍睡着 衙童亦不推索 戶長夢有黃龍盤紆碓家 驚怕而覺 則其長女夢魘出聲 父攪之使醒 父女說夢雷同 更就睡 則妻與少女亦夢 甚異之 與其妻指松明往視之 果有一總角 偃臥方睡 知其爲非常人 卽邀入內房 點燈而坐 仍問曰 君何許人 而於此行次爲何耶 答云 我是平海仗生 與主倅之子 同發解 方赴會試耳 戶長曰 秀才年今幾何 曰 十八歲也 戶長曰 何不娶妻也 答曰 家貧故也 戶長曰 吾家頗饒而無子 但有二女 擇婿 君其爲我婿否 答曰 貴女以爲妻也 則不告父母而娶 非禮也 以爲妾也 則吾家寒微 與主家別無高下 非可望也 戶長曰 吾已年老 妻亦多病 家饒無嗣 擇婿托身爲計 而不得其人 今見秀才容貌 正合吾意 君若一許 則爲妻爲妾 從心所欲可也 旣欲作妾 則何必涓日 今夜當令薦枕矣 仍使其妻招其長女拜公 公不獲已從之 設酌舖[99]席 一室歡樂 太守子呼僮問曰 主人家內房 明燭笑語 有何事耶 第往覘視 僕如其言 而來復曰 怪事怪事 孫都令入坐主人內房 而旁有一美娥 丫鬟進酌 有若婚禮焉 太守子更詳探知 則果如奴言 大怒曰 渠以未弁小兒 不與我同宿 設此陰計 而不謀於同行入場科事 從可知矣 仍令僕夫促裝 鷄鳴潛發獨行 孫公滯

---

99 '鋪'의 잘못으로 보인다.

兩尤雲 不覺窓明 驚起出視 衙童去已久矣 不勝憫然 戶長曰 事已至此 則非子
之過也 且科日尙遠 姑留數日發行 好矣 科場所入 吾自當之 公更思之 則勢
無奈何 追之不及矣 主人之言 亦自無妨 因留三日後登程 戾洛尋到太守子在
處 則太守子方與客對話 望見公至 隱避諱之 公悵然還寓 果於會試兩場 俱中
壯元 主司入啓曰 一人俱中壯頭 何以爲之 上下敎曰 予嘉得人焉 使之兼之 放
榜之日 令出御路可也 時成廟初年也 故榜則判不 庭試公又捷魁 卽日唱榜 公
尙未冠 禮官奏曰 壯元及第臣孫舜孝 總角幘頭 前無規例 何以爲之 上卽令禮
曹加冠 又新恩政 特拜正言 使之遊街 公前列謁導花童 頭戴紗帽天葩 三日遊
街 觀者嘖舌飛簾誦名 上引見二品以上敎曰 孫舜孝未有室家 諸卿中有可年處
子耶 吏曹判書申公 出班奏曰 小臣有醜女 上命定婚 申卽橡村相國之先祖也
上又敎曰 生進唱榜日 乃極擇之吉辰 是日委禽可也 三淸洞榜會早罷 率二百
同年 戴天葩 列花童而往之 且今日入侍諸臣 又作圍繞亦可 自尙衣院 優給衣
次錦段 一如聖敎 猗歟盛哉 此實曠百代所未有之異數也 公上疏請榮覲[100] 上
依允 仍傳旨 本道監事迎候[101] 賜酒於其家 公挈眷下鄕 歷入戶長家 留一日
問於新婦曰 此家女 乃吾赴京時所眄也 今行欲率畜 君不以爲嫌耶 仍夢兆事
一一說去 妻答曰 女子從夫 貴賤何殊 況又先於我者 吉夢所定 奈何由我而置
之耶 卽地招見 戴與俱婦 及其到門 道伯地方官及隣守齊會 酒絃狼藉 兩堂之
歡喜 閭里之聳瞻 有不可言者 未幾 自上以弘文館修撰陞召 使之陪親乘馹上
來 公遂奉父母 復挈妻妾 到京肅謝 上召見嘉嘆 命戶曹賜公父母紬二同錦段
十疋布十同 又令買第以賜 墨寺洞家卽此也 公歷敭華顯數歲中 爲堂上 出入
於銀臺國子監吏兵部侍郎及大司諫 俄陞嘉善 爲都御史兩銓亞卿 又擢資憲 判
吏曹歷大司馬大宗伯大司冠判度支 以特旨拜議政府右贊成 登第纔過十年矣
兼尙衣院典鑑司司僕寺等八提調 上命內資日給香醞一壺 巨口魚二尾 此規至

100 '榮親'의 訛.
101 '迎候'의 訛.

壬辰亂前 遵行焉 上意欲大拜之際 上與二品以上 夜御便殿飮酒 上下皆醉 公
托醉 而仗上御榻 密白曰 此座可惜 皆深慮世子之不慧也 臺臣啓曰 御榻非人
臣可坐之所 君父非臣子所耳語之人 貳相孫舜孝請命拿鞫定罪 上笑曰 我視渠
如子 渠視我如父 憫我過飮 泥醉之中 不覺失禮 情有所可恕 勿煩 翌朝 三司
合啓 上不得已命配漢江上一月 後以貳相召入 寵遇無比 而卒不爲議政者 慮
有伊霍之擧也 上竟以酒昇遐 公上家後山麓 放聲大哭 轉身顚仆 頭面破傷 鮮
血淋漓 仍陽狂奔走於閭巷街里 出於避禍之計也 燕山君卽位 少有嫌隙如李世
佐諸人 盡戮之 獨於公曰 吾素欲殺此漢 今爲狂者 故不殺云 人服公之智焉 公
享年七十七壽 終于家 子孫奕世 今則漸替 可惜 公之外裔盧東萊惕甫 詳言始
終 故記之云耳

四、안상서전 安尚書傳

만력(萬曆) 말엽(末葉, 17세기 초엽)에, 경숙(敬叔)이란 자(字)를 가진 상서(尙書) 안여식(安汝式)이란 사람과, 화숙(華叔)이란 자(字)를 가진 당강(唐絳)이란 사람이 있었다. 두 사람은 모두 탁군(涿郡) 누상촌(樓桑村) 사람들로서 어려서부터 절친한 사이였다. 모두 글로써 이름을 날렸는데 안(安)은 각로(閣老)[1] 방종철(方從哲)의 사위가 되었고, 당(唐)은 장공주(長公主)[2] 이 황친(李皇親)[3]의 사위가 되었다. 안(安)이 과거 시험에 먼저 합격하여 서길사(庶吉士)[4]가 되고 당(唐)도 뒤이어 급제를 해서 한림원(翰林院)[5] 편수(編修)[6]가 되었다.

---

1 중국 명나라 때에 '재상(宰相)'을 이르던 말.
2 임금의 누이나 누이동생.
3 여기서 황친(皇親)이란 황제의 가까운 친족을 말한다.
4 옛날 한림원(翰林院)의 관명(官名). 진사(進士) 가운데서 문학에 뛰어난 사람을 뽑아 임명하였다.
5 고대 중국에서 궁중의 문학(文學) 시중을 들던 관서(官署). 장원학사(掌院學士)가 그 우두머리가 되었고 그 밑에 시독(侍讀), 시강(侍講), 수찬(修撰), 편수(編修), 검토(檢討) 등이 있었는데 이들을 통칭하여 한림(翰林)이라고 불렀다.
6 중국에서 국사의 편찬에 종사하던 사관(史官).

그즈음에 방 각로(方閣老)가 죽고 황제 또한 죽어 천계(天啓)[7]가 즉위하게 되자, 안(安)은 언사상소(言事上疏)[8]로 황제의 뜻을 거슬러서 지방직(地方職)인 무녕지현(武寧知縣)으로 좌천되고 말았다. 그러나 당(唐)은 황제의 친척이었기 때문에 총애를 얻어 예부(禮部)의 발탁으로 동각 태학사(東閣太學士)[9]가 되었다가 급기야는 온덕전 태학사(溫德殿太學士) 이부상서(吏部尙書)가 되어 그 영화와 총애가 비길 데가 없었다. 그러자 그는 자신의 뜻을 거스르는 자들을 모두 제거하기 시작했다. 임기가 만료되어 집에 돌아온 안(安)은 늘 앙앙불락(怏怏不樂)[10]하고 있다가 늙은 부모를 구실로 외직(外職)을 신청하여 다시금 통주 지주(通州知州)를 제수받은 뒤 얼마 안 가서 파직되고 집에 돌아왔다.

하루는 당(唐)을 찾아가서 산동 포정사(山東布政司)[11] 직(職)을 부탁했더니 당(唐)이 말했다.

"자네 같이 유능한 사람은 들어와서 기무(機務)[12]를 도와야 하니까 조금만 더 기다리도록 하게."

그가 권력을 제멋대로 농단(壟斷)[13]함을 더럽게 여긴 안(安)은 다

---

7 명나라 희종(熹宗)의 연호(年號). (1621~1627년)

8 나랏일에 관한 상소(上疏). 늑언사(言事)·언사소.

9 궁궐에서 문자(文字), 자료 정리(資料 整理) 및 편찬(編纂) 등에 종사하는 최고급 문관 (文官)의 칭호(稱號). 일반적으로 황제(皇帝)가 봉(封)하였다.

10 매우 마음에 차지 아니하거나 야속하게 여겨 즐거워하지 아니함을 뜻한다.

11 포정사(布政司)는 조선시대의 관찰사(觀察使)에 해당되는 관직.

12 밖으로 드러나지 않게 비밀을 지켜야 할 중요한 일.

13 이익이나 권리를 독차지함을 이르는 말.

만 옛친구로서만 간혹 찾아갈 뿐 그를 소원(疏遠)하게 대했다. 그러자 당(唐)은 이를 불쾌하게 생각하고 있었다.

숭정(崇禎)[14] 초(初), 당(唐)이 환관(宦官)들과 밀모(密謀)하여 안팎의 대권(大權)[15]이 모조리 환관(宦官)에게 돌아가게 되었는데 고기잠(高起潛)[16]이 몰래 그의 권력 독점과 농단(壟斷)을 직접 고자질하여 그의 가산(家産)을 적몰(籍沒)[17]하고 관작(官爵)[18]을 삭탈(削奪)시켰다. 그가 이 황친(李皇親)의 사위였던 관계로 비록 유배를 보내거나 죽이지는 못했지만 이 황친에게 아뢰어서 쫓아내게 했다. 예부상서(禮部尙書) 왕태로(王台老)는, 안(安)이 당(唐)에게 아부하지 않았음을 아뢰어 그를 한림학사(翰林學士)로 임명했다. 그러나 안(安)은 상소문을 세 번씩이나 올려서 이를 거절하였다. 그의 강직함을 꺼린 환관들이 그가 문무(文武)를 겸비(兼備)하였음을 이유로 도어사(都御史)[19]로 임명한 뒤, 요녕 지방(遼寧地方)과 광동 지방(廣東地方)으로 나가 군사에 관한 일을 살피게 했다.

명(命)을 받은 안(安)은 즉일(卽日)로 출발을 했다. 행차가 산해

---

14 중국 명나라의 마지막 황제 의종(毅宗) 때의 연호(1628~1644년).

15 국가를 통치하는 권한.

16 숭정(崇禎) 연간(年間)에 전권(專權)을 휘두르던 환관(宦官).

17 중죄인(重罪人)의 재산을 몰수하고 가족까지도 처벌하던 일.

18 관직(官職)과 작위(爵位)를 아울러 이르는 말.

19 중국 명·청나라 때 도찰원(都察院)의 장관. 도찰원은 모든 벼슬아치의 비위(非違)를 규탄하고 지방행정의 감찰을 맡아보던 관청이다. 명나라 홍무(洪武) 14년(1372년) 어사대(御史臺)를 고쳐서 도찰원이라 하고 다음 해에 좌우도어사(左右都御史), 좌우부도어사(左右副都御史) 등을 설치했다. 청나라도 대체로 여기에 따랐다.

관(山海關)[20]에 이르렀을 때, 어떤 사람이 아이 셋을 데리고 길에서 구걸을 하고 있었다. 가만 보니까 바로 당(唐)의 네 부자(父子)였다. 안(安)이 마차에서 내려 그의 손을 붙들고 눈물을 흘리며 말했다.

"화숙(華叔)[21]! 그간 잘 있었나? 대체 어쩌다 이 지경이 됐나."

당(唐)이 부끄러워 얼굴조차 들지를 못하자 안(安)이 금(金) 50냥하고 채단(綵段)[22] 20필을 주면서 말했다.

"행탁(行橐)[23]이 변변치 못해 약소하긴 하네만, 자네의 몇 달분 생활비로는 충분할 걸세. 떠날 때도 다시 이것저것 챙겨주고 싶지만 자네가 당최 어디 사는지를 알아야 말이지."

그러자 당(唐)이 이렇게 대답했다.

"내가 죄를 얻게 되자 황친(皇親)이 아내를 거둬들이고 재산을 몰수했다네. 그러자 친척들에게도 버림을 받고 이웃들에게도 천대를 받아서, 어디서도 환영받지 못하는 신세가 되고 말았지. 생각다 못해 황친(皇親)의 옛 하인이었던 서상(徐祥)이란 자를 찾아갔네. 그리고 그에게서 수백 금(金)을 얻은 다음, 행상(行商)을 할 요량으로 옥전현(玉田縣)에 갔다가 그만 길에서 도적을 만났지. 있는 걸 다 뺏기고 겨우겨우 몸만 빠져나오게 됐다네. 우리 부자(父子)가 구걸로 연명을 한 지도 벌써 달포 가량 지났네. 그런데 뜻밖에도 옛친구가 이

---

20 중국 허베이 성(河北省) 북동쪽 끝, 발해만(渤海灣) 연안(沿岸)에 있는 도시. 만리장성(萬里長城)의 동쪽 끝에 있는 관문(關門)으로, 예로부터 군사 요충지(要衝地)이다.
21 당강(唐絳)의 자(字).
22 혼인 때에 신랑 집에서 신부 집으로 미리 보내는 푸른색과 붉은색의 비단.
23 여행용 전대나 자루. 노자나 행장(行裝)을 넣는다.

렇게 구름 결에 묻어오니, 오늘 자네가 준 이 물건들이, 어찌 '술 한 병과 익힌 음식으로 예상(翳桑)의 배고픔을 구제(救濟)했던 사적'[24]이나, 한 말(斗)의 물로 '수레바퀴 자국에 괸 물에 떠 있는 붕어'를 살리는[25] 정도에서 그치겠는가! 이걸 고향으로 갖고 돌아가서 생계의

---

24 춘추시대 예상(翳桑)이란 곳에서, 길거리에서 굶어 죽어가는 자에게 술과 익힌 음식을 나눠주어 목숨을 구해주었던 조순(趙盾)이란 자가, 뒤에 진(晉) 영공(靈公)에게 죽임을 당할 위기에 처했을 때 그 자의 도움을 받아 목숨을 건졌다는 사적에서 따온 말.

25 장자(莊子)의 외물편(外物篇)에 나오는 말로서, 여기서는 절박한 위기 상황에 직면해 있는 자의 목숨을 구해줄 수 있는 유효적절한 도움을 의미한다. 〈장자〉 원문 내용은 다음과 같다.

어느 날 장자가 굶다 못해 감하후(監河侯)를 찾아가 약간의 식대를 꾸어 달라고 했다. 그러자 감하후는 친구의 부탁을 딱 잘라 거절할 수가 없어 이렇게 핑계를 댔다.

"빌려주지. 2, 3일만 있으면 식읍(食邑)에서 세금이 올라오는데 그때 삼백 금(三百金)쯤 융통해 줄 테니 기다리게."

당장 배가 고파 죽을 지경인데 2, 3일 뒤에 거금(巨金) 삼백 금이 무슨 소용이 있단 말인가. 체면 불구하고 찾아온 자기 자신에게 화가 난 장자는 내뱉듯이 말했다.

"고맙군. 하지만 그땐 아무 소용없네."

그리고 이어 장자 특유의 비아냥조(調)로 이렇게 부연했다.

"내가 여기 오느라고 걷고 있는데 누가 나를 부르지 않겠나. 그래서 주위를 둘러보니 '수레바퀴 자국에 괸 물에 붕어가 한 마리 있더군.' '왜 불렀느냐'고 묻자 붕어는 '당장 말라죽을 지경이니 물 몇 잔만 떠다가 살려 달라'는 거야. 그래서 나는 귀찮은 나머지 이렇게 말해주었지. '그래. 나는 2, 3일 안으로 남쪽 오(嗚)나라와 월(越)나라로 유세를 떠나는데 가는 길에 서강(西江)의 맑은 물을 잔뜩 길어다 줄 테니 그때까지 기다리라'고. 그랬더니 붕어는 화가 나서 '나는 지금 물 몇 잔만 있으면 살 수 있는데 당신이 기다리라고 하니 이젠 틀렸소. 나중에 건어물전(乾魚物廛)으로 내 시체나 찾으러 와 달라'고 하더니 그만 눈을 감고 말더군."

(莊周家貧, 故往貸粟於監河侯. 監河侯曰: "諾. 我將得邑金, 將貸子三百金, 可乎?" 莊周忿然作色曰: "周昨來, 有中道而呼者. 周顧視車轍中, 有鮒魚焉. 周問之曰: '鮒魚來! 子何爲者邪?' 對曰: '我, 東海之波臣也. 君豈有斗升之水而活我哉?' 周曰: '諾. 我且南遊嗚越之土, 激西江之水而迎子, 可乎?' 鮒魚忿然作色曰: '吾失我常與, 我无所處. 吾得斗升之水然活耳, 君乃言此, 曾不如早索我於枯魚之肆!'")

밑전으로 삼도록 하겠네. 자네의 이 은혜는 꼭 갚도록 함세."

그러자 안(安)이 이렇게 말했다.

"요새 나랏일이 무너져 내려 나도 본래는 입산(入山)할 계획이었다네. 하지만 황은(皇恩)이 지중(至重)한지라 지금 또다시 변경(邊境)으로 오게 되었다네. 몇 년 있다가 자네와 같이 돌아갔으면 하는데 그때까지 여기서 날 기다려주겠나?"

당(唐)은 다만 고마워할 뿐이었다.

안(安)은 영원위(寧遠衛)에 다다라 총병(摠兵) 조대수(祖大樹)[26]와 함께 성지(城池)[27]를 수축(修築)하고 군사(軍士)들을 훈련시킨 뒤, 사수(死守)할 계책(計策)들을 세웠다. 그러자 행여 그것이 완성될까 두려워한 환관(宦官)들이 임금에게 아뢰어서 그에게 공부상서(工部尙書)를 제수하게 했다. 안(安)이 나랏일이 날로 그릇돼 감을 보고 상소를 올려서 걸해(乞骸)[28]하자 환관(宦官)들이 그것을 다행스럽게 생각하였다. 임금 또한 허락해주면서 그에게 녹봉(祿俸)을 가지고 돌아가게 했다.

안(安)은 그날로 여정(旅程)에 올랐고 당(唐)도 그즈음에는 서울에 와 있었는데 안(安)을 따라서 돌아갔다. 이윽고 집에 간직하고 있던 물건들을 모두 챙긴 안(安)은, 처자식들을 데리고 다시 업주(業

---

26 중국 명(明)나라 총병(摠兵)으로 금주(錦州)에서 청(淸)에 항복했다.
27 성과 그 주위에 파 놓은 못.
28 원말은 원사해골(願賜骸骨)로서 해골(骸骨)을 빈다는 뜻으로, 늙은 재상(宰相)이 연로하여 조정(朝廷)에 나오지 못하게 될 때에 왕에게 사직(辭職)을 주청(奏請)함을 이르는 말.

州)로 향했다. 그런 뒤 배를 타고 떠날 계획을 세웠다. 안(安)은 당(唐)이 가고 싶어 하지 않는 걸 보고, 자신이 버린 집과 전답(田畓)을 당(唐)에게 주기로 했다. 그러자 안(安)의 친구인 소국진(邵國珍)이 안(安)에게 이렇게 물었다.

"당(唐)은 권력을 멋대로 농단할 당시에 옛친구로서의 의리도 저버린 사람이야. 배척해도 모자랄 판에 뭘 그렇게 챙겨주려고 하나?"

"친구가 날 저버렸다고 해서 나까지 그럴 수는 없지 않나? 그리고 앞으로 10년이 채 못 되어 천하(天下)에 큰 변란(變亂)이 일어나서 생사존망(生死存亡)을 예측(豫測)할 수 없게 된 마당에, 재물(財物)이나 전택(田宅)을 놔두면 뭘 하겠나?"

국진(國珍)이 말했다.

"나도 가고 싶은데 따라가도 되겠나?"

안(安)이 허락한 후, 그와 함께 장백산(長白山)[29]으로 들어갔다.

그 후, 청(淸)나라가 황성(皇城)[30]을 함락시키자 숭정(崇禎)은 불 속에 뛰쳐들어 자살하였고, 홍광(弘光)이 금릉(金陵)[31]에서 즉위하게 되자, 당(唐)은 청(淸)나라에 항복한 뒤 신임(信任)을 얻어 권력을 장악하였다. 조선(朝鮮)의 침략(侵略)도 모두 그가 한 짓이었다. 당(唐)은 섭정왕(攝政王)의 총애를 받았었는데, 왕이 패(敗)하게 되자 당(唐)도 함께 죽임을 당하였다.

---

29 백두산의 중국식 이름.
30 황제가 있는 나라의 서울.
31 중국(中國) 강소성(江蘇省) 남경(南京)의 옛 이름.

안(安)과 소(邵)는 바다 건너 황성도(皇城島)로 가서 몇 년을 살다가 다시 조선(朝鮮)으로 가 태백산(太白山)에 들어가서 살았다.

신묘(辛卯)년 봄에 권칙(權伏)이 공무 차(公務次) 청풍군(淸風郡)에 갔다가 안(安)의 아들인 천명(天命)을 주병원(酒甁院)에서 만났는데 사람됨이 좀 독특한 데가 있었다. 그래서 함께 묵게 되었는데 비로 말미암아 며칠 동안 같이 지낼 적에 그가 권(權)에게 이와 같은 이야기를 해주었다고 한다.

그의 말에 따르면, 지금 82살인 그의 아버지는 소년(少年) 같은 동안(童顏)에다 걸음걸이가 날아갈 듯이 빠른데 늘 다음과 같은 말을 해주곤 했다고 한다.

'조선(朝鮮)은 원래 산수(山水)의 고장이다. 그러나 묘향(妙香)과 칠보(七寶)는 서북(西北)에 근접해 있고 지리산은 병란(兵亂)을 피할 만한 곳이 못 된다. 다만 태백(太白)만큼은 복지(福地) 중의 복지(福地)다. 앞으로 30년 쯤 뒤에 섬서(陝西)[32]에서 진인(眞人)이 나타나 나라를 평정(平定)하고 그걸 잘 지켜나가리라. 그 다음에는 나도 잘 모르겠다. 너희들은 중원(中原)으로 돌아가야 할 것이다.'

안(安)에게는 원명(元命), 진명(眞命), 대명(大命), 신명(信命), 수명(受命), 천명(天命), 보명(保命) 등의 7명의 아들이 있었다. 권(權)이 우리나라가 얼마나 오래 가겠느냐고 물었더니 천명(天命)은 단지 '만만세(萬萬歲)'라고만 대답했다. 또 병란(兵亂)을 피할 만한 곳에 대해서 물어보았더니 이렇게 대답했다.

---

32 중국 중서부에 있는 성(省). 성도(省都)는 시안(西安)이다.

"가친(家親)께서 늘 말씀하시기를, 태백(太白)이 으뜸이고 면양(沔陽)[33]이 그 다음이며 또 그 다음은 예맥(穢貊)[34]이라고 하셨소."

그래서 다시 자신에 관해서도 물어보았더니 그는 모두 모른다고만 대답했다.

이튿날 작별을 고할 적에 권(權)에게 시(詩)를 지어주었는데 그 시(詩)는 이러했다.

日入重冥月未高　날 저물어 어두운데 달은 떠오르질 않고

銀垰金闕隱層儔　은빛 누대(樓垰)와 금빛 궁궐(宮闕)만 짝을 이루며 희미하구나

回頭太白千峯碧　끝없이 펼쳐지는 태백(太白)의 푸른 봉우리 돌아다보며

欲向雲間拂錦袍　구름 위로 솟구치고자 비단 핫옷[35]의 먼지 털어내네

난해한 곳이 많아서 좀 물어보려고 했더니 훌훌 떨치고 일어나서 가 버렸다. 이 또한 기이한 일이라 하겠다.

---

33 면천(沔川)의 옛 이름. 지금의 충청남도 당진군 면천면 일대를 말한다.
34 지금의 강원도 강릉 일대를 말한다.
35 솜옷

【安尙書傳】

　　萬曆末 有安尙書汝式者 字敬叔 唐絳者 字華叔 皆涿郡樓桑村人 二人少相善 以文學名 安爲閣老方從哲女婿 唐爲長公主李皇親女婿 安先登第 爲庶吉士 唐亦登第 爲翰林編修 時方閣老已死 皇帝亦崩 天啓卽位 安言事忤旨 出爲武寧知縣 唐以相親得幸 自禮部擢爲東閣太學士 俄遷溫德殿太學士 吏部尙書 榮寵無比 凡異己者必斥之 安秩滿還家 常怏怏不樂 以親老乞外 又除通州知州 未幾罷歸 一日詣唐 求山東布政司 唐曰 以君之才 當入贊機務 姑徐之 安鄙其貪縱 只以故舊時或往見 亦不數數 唐深啣之 及崇禎初 唐與宦官締結內外大權 一敂與宦官 高起潛身隙訴其專權貪饕 籍其家削其官 以李皇親女婿 不加竄殛 白親放愲(**歸?**) 禮部尙書王台老 以安與唐不相阿附白上 拜翰林學士 安三上書辭之 宦官忌其剛直 以有文武全才 拜都御史 出視遼廣軍事 安卽日謝命登道 至山海關 有一人 與三少年行乞於市 卽唐之四父子也 安下車執手泣曰 華叔固無恙乎 何遽至此 唐慙愧 不能擧顔 安出金五十兩綵段二十疋以贈之曰 行橐不敷 此物雖少 可作吾兄數月之資 出關 當又以若干物助之 而未知兄住在何處 奈何 唐對曰 吾自得罪以來 皇親旣沒妻 亦繼殞田宅籍入 親戚棄之 鄕黨賤之 假貸無所 得投見皇親舊奴徐祥者 得數百金 將出轉賣 行到玉田縣 路逢盜賊劫掠 父子僅以身免 乞食延喘 今已月餘 不意 故人能自致靑雲上 今日之貺 何啻一壺殠捄翳桑之餓 一斗水活沽[36]轍之喁哉 今將還鄕以資生計 故人之恩結草圖報矣 安曰 近日國事已無可爲 吾亦入山爲計 而皇恩至重 今又臨邊 不出數年 當與子同歸 倘留此待之耶 唐稱謝萬萬而已 安至寧遠衛 與摠兵祖大樹修築城池 訓鍊軍士 以爲死守之策 宦官忌其成 方白上爲工部尙書 安知王事日非 上疏乞骸 宦官便之 上亦許之 令帶俸還家 安卽日啓行

---

36 '涸'의 訛.

時唐已到京隨安歸 安遂收拾家藏與其妻子 轉向業州 以爲浮海之計 唐不肯從
安舍其田宅付之唐 安之友邵國珍謂安曰 唐方擅權之日 頓無故舊之誼 恐斥猶
恐不及 公何眷眷如是耶 安曰 彼雖負我 我豈負彼 且不出十年 天下大亂 危亡
可翹足以待 財物田宅置之 何用 國珍曰 吾欲從子 可乎 安許之 遂與入長白山
其後 清陷皇城 崇禎自焚死 弘光卽位於金陵 唐降於清 稍見柄用 侵辱朝鮮 皆
出其所爲 唐爲攝政王所寵 王敗 唐之同就戮 安與邵浮海到皇城島 居數年 仍
向朝鮮 入太白山居焉 辛卯春 權伐以官事 到淸風郡 見安之子天命于酒瓶院
異其爲人 與之同宿 以雨留數日 爲權道之如右 因言 其父年八十二歲 顏如少
年 行步如飛 常言 朝鮮素稱山水鄉 而妙香七寶 近西北智異 非避兵之地 惟太
白第一福地 自今以往 三十餘年 當有眞人起陝西削平海內相守 自此始吾不及
見 汝等當還中原 安有子七人元命眞命大命信命受命天命保命 權問我國歷年
天命只稱萬萬歲 又問避兵處 答曰 家親常言 太白爲首 沔陽次之 穢貊又次之
云 又問他事 皆以不知答之 翌日 告別贈權詩云 日入重冥月未高 銀坮金闕隱
層儔 回頭太白千峯碧 欲向雲間拂錦袍 語多未解 欲問之 拂袖而去 亦異哉

五. 장도령전 蔣都令傳

　　중종(中宗) 임금과 명종(明宗) 임금 시절, 서울 도성(都城) 안에 한 거지가 있었다. 키는 작고 지저분한 데다가 온몸은 부스럼딱지투성이였다. 이곳저곳 기워서 입은 갓옷은 흡사 여기저기에다 매추라기를 매달아 놓은 것과 같았다. 낮에는 저잣거리에서 구걸을 하면서 지냈고, 밤에는 거름더미 속에서 잠을 잤다. 자칭 장 도령(蔣都令)이라고 말했는데 그를 아는 사람은 세상에 아무도 없었다. 사람들은 그의 곁을 지나칠 때마다 그의 몸에서 나는 악취를 견디지 못해 코를 틀어막곤 했다.

　　서울에서 벼슬살이를 하면서 저잣거리 옆에서 더부살이를 하고 있는 어떤 이씨 성(姓)을 가진 자가, 거렁뱅이 장(蔣)을 볼 때마다 측은한 생각이 들어 가끔씩 먹을 것을 주곤 했다. 그러나 거렁뱅이 장(蔣)은 고마워할 줄도 몰랐다.

　　하루는 이(李)가 광통교(廣通橋)를 지나가고 있는데 다리 옆에 추워서 얼어 죽은 시체가 하나 있었다. 가만 살펴보았더니 곧 장 도령(蔣都令)이었다. 참혹하고 불쌍한 생각이 들어 큰 소쿠리를 사다가 시체를 싼 다음, 성문 밖에다 묻어주었다.

몇 년이 흐른 뒤, 이(李)가 일이 있어서 호남에 갔다가 길을 잃게 되었다. 그래서 말에게 몸을 맡겨 말이 인도하는 대로 길을 가고 있는데 문득 저쪽 산 계곡 사이로 나귀를 타고 다가오는 사람이 있었다. 훌륭한 의관(衣冠)이 자못 도가자류(道家者流)[1]를 닮아 있었다. 그는 반갑게 이(李)를 맞이하면서 이렇게 말했다.

"어이, 이 군(李君)! 그동안 잘 지냈나?"

대체 누군가 하고 고개를 들어 자세히 살펴보았지만, 도무지 누군지 생각이 나질 않는 것이었다. 그러자 나귀 등에 탄 사람이 웃으며 말했다.

"나야 나. 장 도령(蔣都令)일세. 벌써 잊어먹었나?"

그가 오래전에 이미 죽었음을 익히 알고 있는 이(李)는, 귀신이 나타난 줄로 착각하고 놀란 얼굴로 한동안 멍청하게 서 있다가 겨우 입을 떼어 이렇게 물었다.

"자네는 몇 년 전에 벌써 죽었을 텐데, 지금 와서 뭘 어쩌겠다는 건가? 산 사람과 죽은 사람은 서로 길이 다르니 남의 길 방해할라 생각 말고 어서 물럿거라."

장(蔣)이 웃으며 말했다.

"난 속세(俗世)의 사람이 아니고 원래 자부(紫府)[2]의 향안리(香案

---

1 도교(道教)를 믿고 그 도(道)를 닦는 사람.
2 도교(道教)에서 말하는 선인(仙人)들이 거처하는 곳.

吏)³였다네. 죄를 짓고 잠시 속세로 귀양을 왔을 뿐인데 세상 사람들이 나의 거렁뱅이 행색과 죽음이 진짜가 아님을 어찌 알겠는가? 자네가 그때 묻어주었던 것은 매미의 허물처럼 한낱 껍데기였을 뿐이야. 하지만 자네의 두터운 인정과 의리에 감복해서 꼭 한번 만나보고 싶었다네. 그래서 아까 일부러 자네가 길을 잃도록 만들었지. 여기서 조금만 더 가면 우리 집일세. 너무 의심만 하지 말고 날 따라오게."

이(李)는 마침내 그를 따라갔다. 그렇게 얼마쯤이나 갔을까. 문득 깊은 산 속에 웅장한 누각(樓閣)과 높은 난간(欄干)이 높이 솟아 있는 것이 눈에 보이고, 바람결에 선인(仙人)들의 음악소리가 은은히 들려왔다. 장(蔣)이 이(李)에게 이렇게 말했다.

"여기서 잠시 쉬고 있게나. 내가 먼저 들어가서 집안 정리를 좀 한 뒤에 다시 부름세."

얼마쯤 지나자, 청의동자(靑衣童子)⁴가 촛불을 들고 나타나 길을 안내하며 이렇게 말했다.

"사부님께서 절더러 선생님을 모시고 오라십니다."

이(李)가 따라 들어갔더니 아름답게 수(繡) 놓은 문(門)과 창문(窓門)들은 금빛과 푸른빛을 발산하며 사람의 혼을 빼놓고, 월패(月佩)⁵를 차고 성관(星冠)⁶을 쓴 도사(道士)들은 양 옆으로 대오(隊

---

3 궁전(宮殿)에서 제왕(帝王)을 모시는 관원(官員). 여기서는 신선(神仙)을 모시는 관원.
4 신선의 시중을 든다는 푸른 옷을 입은 사내아이. 늑청동(靑童).
5 예전에 허리나 가슴에 차던 패옥(佩玉)의 하나.
6 도사(道士)들이 쓰는 모자.

伍)를 지어 늘어서 있는데, 머리에 금실로 짠 원유관(遠遊冠)[7]을 쓰고 몸에 오색 구름으로 장식된 학창의(鶴氅衣)[8]를 두른 장 군(蔣君)이 나타나더니 이(李)의 손을 붙들고 자리를 잡고 앉았다. 두 사람이 앉자 음식이 나오기 시작하는데, 유리잔과 호박(琥珀) 술잔, 백옥(白玉)으로 만든 술 단지와 황금으로 만든 술잔, 푸른 기린(麒麟) 고기를 말린 안주와 붉은 봉황(鳳凰)의 골수(骨髓)로 만든 음식 등등 인간 세상에서는 도저히 볼 수도 없는 진기한 음식들로 가득하였다. 그리고 운화(雲和)의 비파[9]와 동성(董成)[10]의 거문고로 타는 예상우의곡(霓裳羽衣曲)[11]이 구름 끝 저 멀리에 신비롭게 감돌았다. 그 밖에도 투호(投壺)놀이에 여념이 없는 아리따운 선녀(仙女)들이라든지, 학(鶴)을 조련(調練)시키는 선관(仙官)들의 모습과 같은 신기한 볼거리들이 정말 끝이 없었다.

이튿날 돌아가겠다고 말하자 장(蔣)이 만류하며 하룻밤을 더 묵어가게 하였다. 배웅할 때 장(蔣)이 이렇게 말했다.

---

7 임금이 조하(朝賀)에 나올 때 쓰던 관(冠). 조하(朝賀)란 즉위(卽位), 탄일(誕日) 등의 경축일에 신하들이 조정에 나아가 임금에게 하례(賀禮)하던 의식(儀式)을 말한다.

8 소매가 넓고 뒤 솔기가 갈라진 흰옷의 가를 검은 천으로 넓게 댄 웃옷.

9 '운화(雲和)의 나무로 만든 비파(琵琶)'라는 뜻이다. '운화(雲和)'란 중국에 있는 산(山) 이름이다. 이 산에서는 질이 좋은 나무가 났다고 하는데 그 나무로 비파를 만들게 되면 그 소리가 매우 맑고 깨끗하다고 전해진다.

10 중국의 지명을 나타내는 듯한데 어딘지 정확하지 않다.

11 당나라 시대 궁중의 무악곡(舞樂曲)으로, 신선들의 세계인 월궁(月宮)의 음악을 본떠 만들었다고 하는 곡조. 주로 허무하고 아득한 선경(仙境)과 선녀(仙女)의 형상을 묘사하였다고 한다. 처음에는 《바라문곡(婆羅門曲)》이라고 했었는데 뒤에 당 현종(玄宗)이 윤색하고 가사를 붙인 다음 《예상우의곡》이라고 개명하였다고 한다.

"사실은 자네도 인간세계에 귀양 온 신선이야. 그래서 여기까지 오게 된 거네. 다만 자네는 나보다도 더 죄가 무거운 까닭에 앞으로도 500년쯤 뒤에나 나와 같이 십주(十洲)[12]와 삼신산(三神山)[13]에서 노닐 수가 있게 될 거야. 그럼, 잘 가게나."

골짜기를 빠져나오면서 이(李)는 나중에 알 수 있게끔 한 걸음을 뗄 때마다 표시를 해두었다. 그 뒤 다시 찾아가 보았더니, 첩첩이 앞을 가로막고 있는 수많은 산봉우리들과 짙푸른 안개와 흰 구름만이 앞뒤를 분간할 수도 없을 만큼 뭉게뭉게 피어오르고 있을 뿐이었다.

---

12 도교(道教)에서 큰 바다 위에 신선들이 거주한다고 전하는 열 군데 명승지(名勝地)를 말한다. 일찍이 한(漢) 무제(武帝)가 서왕모(西王母)에게서 들은 바에 의하면 그 열 군데 명승지란, 조주(祖洲), 영주(瀛洲), 현주(玄洲), 염주(炎洲), 장주(長洲), 원주(元洲), 유주(流洲), 생주(生洲), 봉린주(鳳麟洲), 취굴주(聚窟洲) 등이라고 전한다.

13 중국 전설에서 발해만(渤海灣) 동쪽에 위치해 있다는 봉래산(蓬萊山), 방장산(方丈山), 영주산(瀛州山)의 세 산.

【蔣都令傳】

中明兩朝間 長安城中 有一丐乞人 形容矮陋 瘡疥滿身 百結皮衣 不啻懸鶉 晝則行乞於市 夜則臥宿於糞堆間 自稱蔣都令 世無知者 人皆惡其陋甚 掩鼻而過 有李姓者 宦遊京洛 僑居於闤闠之旁 每見蔣乞人 心甚矜惻 有時餽遺 而蔣乞人亦不肯謝焉 一日 李行過廣通橋 橋邊有一僵屍 乃蔣都令也 不勝慘憐 貿簞褁尸 瘞於城門外 後數年 李以事往湖南 迷失途 信馬而行 忽於山谷間 有人跨驢而來 衣冠甚偉 有若道流者然 欣然迎李曰 李君別來無恙乎 李舉目諦視 終不覺悟 驢人笑曰 我是蔣道令也 君何不記也 李知其死已久矣 意謂鬼祟 驚怪久立 仍問曰 君之下世已過屢年 今何乃爾 幽顯路殊 無使行客遲滯也 蔣笑曰 我非塵世人 乃紫府香案吏也 以罪謫下塵間 一世之人 渾不識我乞非眞也 死亦非眞 君所收瘞 卽一軀殼也 有似蟬蛻也 感君高義 要與相面 使君迷路 我故爲之 此去咫尺有弊廬 君須勿疑 隨我而來 李如其言從之 而已才過數里 不覺 山深 果有傑閣危欄 歘然高聳 仙樂飄飄入耳 蔣謂李曰 君暫休此 我當先入 洒掃以迎 居無何 靑衣童子 持燭來迎曰 師傅使我陪來先生矣 李隨入 則繡戶門窓 金碧炫耀 月佩星冠 羅列於左右 蔣君頭戴金縷遠遊冠 身着五雲鶴氅衣 携李入座 仍設饌以待 琉璃鍾琥珀盃 白玉樽黃金斝 碧麟之脯 丹鳳之髓 珍羞異味 皆非人世所有 雲和之瑟 董成之琹 霓裳羽衣之曲 縹緲雲際 玉女投壺 仙官調鶴 奇觀勝賞 不可殫記 翌日 告歸 蔣挽止信宿 送別曰 君亦謫仙也 但至於此 但罪重於我 後五百年 可與我同遊於十洲三山矣 好好歸去 李出洞歸來 步步記標 以爲誌 其後重尋 不到東西 但見重峯疊嶂 白雲蒼靄而已云

六. 이도령전 李道令傳

　　가평(加平) 땅에 이도령(李道令)이라는 자가 살고 있었다. 어려서 부친을 여의고 모친과 서로 의지하면서 살고 있었는데 집안에 늘 가난 걱정이 가실 날이 없었다.

　　그래서 숭정(崇禎) 병자(丙子, 1636년) 10월에 노비(奴婢)를 추쇄(推刷)할 생각으로 영동(嶺東) 고성(高城) 땅 어느 골짜기에 다다르게 되었다. 그런데 물동이로 퍼붓는 듯한 큰비를 만나게 되어 그만 하인과 말이 얼어 죽고 말았다. 이럴 수도 없고 저럴 수도 없어서, 할 수 없이 골짜기를 따라서 인가(人家)를 찾고 있는데 문득 앞을 보니, 큰 너럭바위 위에 주역(周易)책 한 권을 쥔 어떤 노인이 말없이 홀로 앉아 있는 것이었다. 생(生)은 구세주를 만난 듯 반가워서, 다가가 인사를 한 뒤 살 수 있는 방도(方途)를 가르쳐달라고 애걸(哀乞)했다. 그러자 노인이 손가락으로 한 쪽을 가리키면서 이렇게 말했다.

　　"이 길을 따라 조금만 가면 인가(人家)가 나올 것이외다."

　　이럴 즈음 어느새 날이 개고 비가 멈추었다. 생(生)은 노인이 말한 대로 길을 찾아갔다. 몇 리쯤 걸어가자 과연 한 마을이 나타나고 마을 안에 높은 누각이 있었는데, 날아갈 듯한 용마루와 높은 난간 기둥이 허공에 우뚝 솟아 있고, 붉은 대문과 화려한 담장은 구름 끝에 아득히 닿아 있었다. 그때 청의동자(靑衣童子) 하나가 문을 열고 나와 그를 안으로 맞아들였다.

"스승님의 명(命)을 받들어 아까부터 기다리고 있었습니다."

그를 따라 안으로 들어갔더니 우뚝우뚝 솟은 휘황찬란한 건물들 사이로 도사(道士)들과 아리따운 여인들이 좌우로 죽 벌여 서 있는데, 황관(黃冠)[1]을 하고 강포(絳袍)[2]를 입은 사람이 전도(前導)를 받으며 들어와서 앉았다. 존선(尊仙)[3]이었다. 존선(尊仙)은,

"여기까지 오느라고 춥고 배 고팠겠구려."

라고 하더니 주위에 명령을 내려 그에게 술을 내리고 융숭한 대접을 하게 했다. 황홀함을 이기지 못한 생(生)이 이렇게 말했다.

"선관(仙官)[4]을 모시고 외람되게 옥액(玉液)[5]을 마시게 되니 뭐라고 감사 말씀을 드려야 할지 모르겠습니다. 다만 오는 길에 하인과 말이 모두 죽음을 당하여 지금 마음이 좀 불편한 까닭으로 이만 가볼까 합니다."

그러자 존선(尊仙)이 이렇게 말했다.

"내 한 가지 부탁이 있으니 그대는 물리치지 말라."

---

1 도사(道士)의 관.
2 임금이 신하들로부터 하례를 받을 때 입던 예복. 빛이 붉고 모양은 관복과 같았다.
3 존귀한 신선이란 뜻으로, 여기서는 신선들의 우두머리를 말하는 듯하다.
4 선경(仙境)에서 벼슬살이를 하는 신선.
5 옥(玉)에서 나는 즙. 마시면 오래 산다고 하여 도가(道家)에서는 선약(仙藥)으로 친다.

"무슨 명령이온지요?"

"내게 혼기(婚期)가 찬 딸이 하나 있는데, 그대는 골상(骨相)[6]도 평범치 않고 또 하늘이 정해준 인연도 있고 하니, 잠시 여기 머물러서 혼인(婚姻)을 맺고 가도록 하라."

이생(李生)은 이렇게 대답했다.

"하계(下界)[7]의 보잘것없는 소생(小生)이 신선(神仙)의 집안과 혼인을 맺는다니 천만 외람될 뿐만 아니오라, 집에 늙으신 어머님이 계신데 말씀도 안 드리고 혼인을 맺는다는 것은 자식의 도리(道理)가 아닐 듯하옵니다."

존선(尊仙)이 말했다.

"만고(萬古) 불변(不變)하는 것을 '상(常)'이라 말하고 그때그때의 형편에 따라 융통성 있게 대처하는 것을 '권(權)'이라고 하느니라. 사람이 좋은 기회를 눈앞에 두고서도 어찌 '상(常)'에 구애되어 '권(權)'을 쓰지 않는단 말인고? 황차 그대는 집이 가난해서 장가도 들지 못하지 않았는가? 모친이 계신다니 하는 말이지만, 대부인(大夫人)께서 아신다 하더라도 필시 허락해주시지 않을 리 만무할 터. 그대는 안심하고 성례(成禮)토록 하라."

이생(李生)은 감히 거절하지 못하고 그날 밤에 혼례식을 치루게 되었다. 시녀들이 화촉(華燭)[8]을 들고 대오(隊伍)를 지어서 생(生)을

---

6 생김새에 나타나는 길흉화복의 상(相).
7 하늘나라에 상대(相對)하여, 사람이 사는 이 세상(世上)을 일컫는 말.
8 색을 들인 호화로운 밀초. 흔히 혼례 의식에 쓴다.

내방(內房)[9]으로 인도했다. 그리고 좀 있으니까 신부가 수십 명의 호위를 받으며 나타났다. 오색찬란한 의상과 금은보화로 만든 화려한 비녀는 보는 이의 눈을 부시게 만들었고, 게다가 폐월수화(閉月羞花)의 자태[10]와 침어낙안(沈魚落雁)의 용모[11]가 사람의 혼백(魂魄)을 송

---

9 안주인이 거처하는 방.

10 '환한 달은 구름 뒤로 모습을 감추고 꽃은 부끄러워 시들었다'는 말로서 주로 여인의 미모를 극찬하는 말로 쓰인다. 특히 침어낙안(沈魚落雁)이라는 말과 함께 중국의 4대 미녀를 지칭하는 말로서 사용된다. 원래 '폐월수화(閉月羞花)'라는 말은 삼국시대 조식(曹植, 조조의 아들)의 '낙신부(洛神賦)'에 나오는 구절 '彷彿兮若輕雲之蔽月'에서 '폐월(閉月)'을, 그리고 이태백의 '서시(西施)'라는 시 '荷花羞玉口'에서 '수화(羞花)'라는 말을 따다가 후인들이 미인을 가리키는 말로 썼다 한다. 흔히 중국의 4대 미녀 중 폐월(閉月)은 초선(貂蟬)에 비유되고, 수화(羞花)는 양귀비(楊貴妃), 침어(浸魚)는 서시(西施)에 비유되며 낙안(落雁)은 왕소군(王昭君)에 비유된다.

11 '물고기는 물 속으로 깊이 숨어버리고 기러기는 넋을 잃고 바라보다가 대열에서 떨어졌다'는 말. 여인의 미모를 극찬한 말. 침어낙안(沈魚落雁), 폐월수화(閉月羞花)의 중국 4대 미녀는 다음과 같다.

서시(西施): 서시는 춘추 말기 월나라의 여인이다. 어느 날 그녀는 강변에 있었는데 맑고 투명한 강물이 그녀의 아름다운 모습을 비추었다. 수중의 물고기가 수영하는 것을 잊고 천천히 강바닥으로 가라앉았다. 그래서 서시는 침어(浸魚)라는 칭호를 얻게 되었다. 서시는 오(吳)나라 부차(夫差)에게 패한 월왕 구천(勾踐)의 충신 범려(範蠡)가 보복을 위해 그녀에게 예능을 가르쳐서 호색가인 오왕 부차(夫差)에게 바친 여자였다. 부차는 서시의 미모에 사로잡혀 정치를 돌보지 않게 되어 마침내 월나라에 패망하였다.

왕소군(王昭君): 한(漢)나라 왕소군은 재주와 용모를 갖춘 미인이다. 한나라 원제는 북쪽의 흉노와 화친을 위해 왕소군을 선발하여 선우와 결혼을 하게 하였다. 집을 떠나가는 도중 그녀는 멀리서 날아가고 있는 기러기를 보고 고향 생각이 나 금(琴)을 연주하자 한 무리의 기러기가 그 소리를 듣고 날개 움직이는 것을 잊고 땅으로 떨어져 내렸다. 이에 왕소군은 낙안(落雁)이라는 칭호를 얻었다.

초선(貂蟬): 초선은 삼국지의 초기에 나오는 인물로 한나라 대신 왕윤(王允)의 양녀인데, 용모가 명월 같았을 뿐 아니라 노래와 춤에 능했다. 어느 날 저녁에 화원에서 달을 보고 있을 때에 구름 한 조각이 달을 가리웠다. 왕윤이 말하기를, "달도 내 딸에

두리째 빼앗아갔다. 꽃 같은 걸음걸이를 사뿐이 옮겨놓을 때마다 옥 부딪히는 소리가 맑게 울려났다.

합근(合졸)[12]하는 술잔을 붙잡는 순간, 붉은 끈[13]이 생(生)을 꽁꽁 묶어서 신혼방으로 끌고 갔다. 방에 들어가보니, 운모병(雲母屛)[14] 안에는 구지등(九枝燈)[15] 불빛이 휘황하고, 푸른 비단 창밖에는 무지개빛 구름의 그림자가 아름답게 드리워져 있었다. 밤이 깊어진 뒤 둘은 속세의 사람들이 하는 것처럼 서로 즐거움을 나누었다.

부부의 정의(情誼)는 날로 두터워지고 부귀와 영화는 날로 치성(熾盛)하여 어느덧 꿈결처럼 3년의 세월이 흘러 지나갔다. 그 사이 둘 사이에 사내아이가 생겨나게 되었고, 아이도 어느덧 몇 살의 나이를 먹게 되었으며, 손자에 대한 존선(尊仙)의 사랑도 날이 갈수록 커

게는 비할 수가 없구나. 달이 부끄러워 구름 뒤로 숨었다"고 하였다. 이때부터 초선은 폐월(閉月)이라고 불리게 되었다. 초선은 왕윤의 뜻을 따라 간신 동탁과 여포를 이간질시키며 동탁을 죽게 만든 후 여포의 부인이 되어 산다. 여포와 살면서 초선은 나약한 아녀자로 변해버리고, 그래서 진궁의 계책도 반대했다가 결국에 여포는 패망하고 만다.

양귀비(楊貴妃): 당대(唐代)의 미녀 양옥환(楊玉環)은 당 명황(唐明皇)에게 간택되어 입궁한 후로 하루 종일 우울했다. 어느 날 그녀가 화원에 가서 꽃을 감상하며 우울함을 달래는데 무의식중에 함수화(含羞花)를 건드렸다. 함수화는 바로 잎을 말아 올렸다. 당 명황이 그녀의 '꽃을 부끄럽게 하는 아름다움'에 찬탄하고는 그녀를 '절대가인(絶對佳人)'이라고 칭했다.

12 전통 혼례에서 신랑 신부가 잔을 주고받는 일. 또는 그런 절차.

13 전설에서 월하노인(月下老人)이 가지고 있다는 주머니의 붉은 끈. 이것으로 남녀의 발을 묶어서 인연을 맺어준다고 한다.

14 운모(雲母)로 만든 병풍.

15 옛날 등(燈)의 하나로, 하나의 몸체에 아홉 개의 촛대가 달려 있어, 초를 꽂게 되어 있는 등(燈).

져만 갔다.

하루는 선녀(仙女)가 생(生)에게 이렇게 말했다.

"집 뒤에 높은 망대(望臺)가 하나 있는데 같이 한번 올라가 보시지 않겠습니까?"

생(生)이 좋다고 하자 선녀는 생(生)을 데리고 뒷문을 빠져나갔다. 나가 보니, 높은 산봉우리가 하나 높이 솟아 있는데, 위에서 아래까지 100여 개에 달하는 계단이 나 있었다. 생(生) 부부가 어깨를 나란히 하고 꼭대기에 올라가니 100여 명이 앉을 수 있는 넓고 평평한 공간이 나타났다. 눈을 들어 살펴보니 십주(十洲) 삼신산(三神山)은 지척(咫尺)에 벌어져 있고, 삼태성(三台星)과 북두칠성은 손에 잡힐 듯이 가까이 있었으며, 상서로운 해와 구름이 선경(仙境)임을 실감케 하였다.

그때 문득 생황(笙簧)[16]으로 연주하는 신선들의 음악소리가 멀리서부터 점점 가까이 다가오고 있었다. 생(生)이 무슨 소리냐고 물었더니 선녀(仙女)가 이렇게 대답했다.

"신선(神仙)들이 태을단(太乙壇)[17]에 조천(朝天)[18]하러 가는 길입니다. 저기 저 맨 앞에 계신 분이 저희 아버지십니다."

---

16 아악(雅樂)에 쓰는 관악기(管樂器)의 하나. 많은 죽관(竹管)을 튼 대로 판 통에 둥글게 돌려 꽂아 놓은 것인데, 끝에 소리를 울리게 하는 혀를 박아서 입김을 불어넣거나 들이마시어 소리를 내게 되어 있다. 음색이 명랑한 유일(唯一)한 화음 악기(樂器)로 중국(中國) 묘족(苗族)들 사이에서 그 원시형을 찾을 수 있다.
17 태일단(太一壇)이라고도 한다. 신선(神仙) 중에서 가장 고귀한 신선이라고 하는 태일신(太一神)에게 제사를 지내는 곳을 말한다.
18 궁궐에 들어가 천자(天子)를 알현하는 일.

이때 선녀(仙女)네 집에서 몇몇 선인(仙人)들이 학과 난새[19]를 타고 그들을 좇아갔다. 높은 곳으로 올라간 생(生)은 고향 쪽을 바라보며 눈물을 펑펑 쏟았다. 그러자 선녀가 물었다.

"왜 그렇게 슬피 우십니까?"

"어머니를 못 뵌 지 3년이 됐으니 의려지망(倚閭之望)[20]과 척기지사(陟屺之思)[21]가 어찌 이와 같지 않겠소?"

"정말 그러시겠군요. 아버지께 말씀드려서 떠날 채비를 갖추도록 하겠습니다."

날이 저물어 집에 돌아온 뒤 그 부친께 말씀을 드리자 존선(尊仙)도 그렇게 하라고 허락을 해주었다.

이튿날, 생(生)이 길 떠날 채비를 갖추자 선녀(仙女)가 자주색 보자기에 옷 네 벌을 싸 주면서 말했다.

"네 계절에 입을 옷들입니다."

생(生)이 작별을 고하고 동구(洞口) 밖을 나서자 문밖에서 말 채비를 하고 기다리는 자가 있었다. 가만 보니 올 때 골짜기에서 얼어 죽은 하인과 말이었다. 생(生)이 깜짝 놀라 물었다.

"네가 어찌 다시 살아났느냐? 그리고 말도 다시 살아나다니, 이게

---

19 봉황(鳳凰)과 비슷한 전설상의 영조(靈鳥).

20 마을 문에 기대어 기다린다는 말로서, '자녀(子女)가 돌아오기를 초조하게 기다리는 어머니의 마음'을 나타내는 말.

21 타향에 있는 자식(子息)이 '고향의 부모를 그리워하여 자주 산에 올라가 고향 쪽을 바라본다'는 말로, '부모를 그리워하는 자식의 마음'을 나타낸다. 척호척기(陟岵陟屺) 라고도 한다.

대체 어찌된 일이냐?"

그러자 하인이 말했다.

"죽다니요? 말도 안 되는 소립니다. 어떤 사람이 소인(小人)과 말을 이 문밖으로 데리고 와서 말한테는 꼴과 콩을 주고, 저한테는 술과 고기를 실컷 가져다 주더군요. 근데 도련님 생각이 나서 '대체 어디다 물어봐야 하나' 하고 망설이고 있는데, 어떤 사람이 와서 도련님이 오늘 이리로 오신다는 거예요. 그래서 말을 끌고 와서 지금 기다리고 있는 중입니다요."

생(生)은 대체 어느 게 꿈이고 어느 게 생시인지 구분하지 못한 채, 말 위에 올라탄 뒤 하인을 데리고 하릴없이 집으로 돌아왔다. 노모(老母)는 별 탈은 없었지만, 그 사이에 한바탕의 난리를 겪은 뒤 다시 옛집으로 돌아와 있었다. 모자(母子)는 서로 만나 부둥켜 안고 목 놓아 울었다. 그러자 이 소문을 듣고 깜짝 놀란 이웃과 친척들이 다투어 찾아와서 안부를 물었다. 생(生)은 신선(神仙)과의 사이에서 일어났던 그간의 일들을 자세히 이야기하고, 그 어머니에게 아내를 얻고 아들을 낳은 얘기를 해주면서 선녀(仙女)가 보낸 옷을 꺼내서 보여드렸다. 머리카락처럼 가느다랗고, 연한 하늘빛을 띤 실로 짠 그 옷은, 꿰맨 흔적이라곤 그 어디에서도 발견할 수가 없었다. 그리고 계절에 따라 몸을 따뜻하게 해주거나 혹은 시원하게 해주었다. 그의 말을 들은 사람들은 한결같이 황당해 하면서 그 말을 믿지 않았다.

이듬해 봄에 생(生)의 아들이 동부(洞府)[22]에서 내려와 찾아뵌 다

22 신선이 사는 곳.

음, 모친의 말을 전했다.

'탈것을 곧 보내드릴 터이니 어머니를 모셔오시기 바랍니다.'

그 아들이 며칠 동안 머물다 돌아간 뒤, 생(生)은 전택(田宅)을 모조리 팔아 술과 고기를 마련해서 날마다 친척들과 옛 친구들을 불러 먹고 마시며 즐겼다.

얼마 후 선동(仙童)이 와 행장(行裝)이 다 갖추어졌노라고 아뢰었다. 그리고 뒤이어 십여 명의 선사(仙使)[23]가 운병(雲軿)[24]과 하차(霞車)[25]를 대동(帶同)하고, 파란 용과 흰 사슴을 타고 나타났다. 생(生)과 그의 어머니가 수레에 올라타 천천히 하늘 위로 올라가자 상서(祥瑞)로운 오색(五色) 구름이 뭉글뭉글 피어나는가 싶더니 나는 듯이 달려 순식간에 동부(洞府)에 가서 닿았다.

수레에서 내리자 수십 명의 선녀(仙女)들이 생(生) 모자(母子)를 중당(中堂)[26] 안으로 모시고 들어갔다. 그러자 신부(新婦)가 나와 시어머니에게 인사를 올렸다. 인사가 끝나자 별당(別堂)에다 거처를 정하였다. 별당(別堂) 앞에는 온갖 기이한 꽃들과 진귀한 동물들이 볼거리를 제공하였다.

갑술년(甲戌年) 가을에 가평(加平) 사람이 우연히 산중(山中)에

---

23 선계(仙界)에서 보낸 사신(使臣).

24 운차(雲車). 전설 속의 신선들이 타는 수레를 일컫는다. 신선들은 구름을 수레로 삼기 때문에 생겨난 말이다. 그리고 여기서 일컫는 병(軿)이란 원래 사방을 가로막아 부녀자들이 탈 수 있게 만든 가벼운 수레를 말한다.

25 불의 신(神)이 타는 수레. 불의 신의 수레가 불처럼 붉은 색깔을 띠고 있다고 해서 생겨난 말이다.

26 옛날 중국에서 재상(宰相)이 정무(政務)를 보던 곳.

서 이생(李生)을 보았는데 흰 사슴을 타고 손에다 새의 깃털로 만든 부채를 들고 지나갔다. 그 사람이 물었다.

"이 군(李君), 그간 잘 지냈나?"

그러자 그가 대답했다.

"잘 있네."

다시 어디 사느냐고 물었더니 아무 말도 하지 않은 채 그새 어디로 갔는지 종적을 감추고 말았다.

이로써 보건대, 그가 신선(神仙)이 됐음을 알 수 있다고 하겠다.

【李道令傳】

加平地 有李道令者 早失怙 母子相依爲生 常患貧婁 崇禎丙子十月 以推奴事往嶺東 行到高城地 峽路中 大雨翻盆 奴馬凍死 進退維谷罔知收爲 只從洞口行 尋人家 忽見磐石上 有一老翁 手持周易一卷 幽然獨坐 生看作活人之佛 進前紋禮 懇乞指示生路 老翁指點曰 此去不遠 當有人家矣 于時雨霽 生如其言往尋則 不過數里 果有一村中 有高閣 飛甍危檻 撑柱半空 朱門粉墻 飄緲雲際 靑衣童子 開門出迎曰 奉師傅命 待子久矣 仍卽延入 行到深處 瓊垳玉樓疊榭層楹之間 月佩星冠之人 粉霞紅袖之女 擺列左右 黃冠絳袍之人前導 入座尊仙謂生曰 君今遠來 得無凍餒乎 命酒款接 生不勝悅惚 乃言曰 叨陪仙官得飮玉液 感謝難量 但奴馬皆死於路中 此心不平 今將辭退 尊仙曰 我有煩君事 君其勿外耶 李曰 願聞命矣 尊仙曰 吾有女息 年已及笄 君非凡人骨相 且有天定因緣 少留結親 好矣 李生對曰 下界微生 結婚仙家 寔是猥越 家有老母不告而娶 非人子之道也 尊仙曰 萬古不易曰常 臨機處變曰權 人於佳期 豈可泥於常 而不用權乎 況君家貧未贅 偏親在堂 雖使大夫人知之 必無不許之理惟君安心成禮 可也 李生不敢固辭 是夜卽設婚禮 侍娥列持花燭 引生入內房俄而 數十侍衛新婦而至 雲錦衣裳 金珠鐺鈿 旣云奪目 況閉月羞花之姿 沈魚落雁之容 令人動魄 輕移蓮步 玉佩鏘鳴 卺盃乍把 赤繩才收引生入洞房 雲母屏中 九枝燈光 碧紗窓外 三色雲影 夜深 交歡一如人間行樂 生情義日洽 榮曜日盛 不覺光陰荏苒 忽及三秋 其間生男 年已數歲 尊仙愛之 愈篤矣 一日仙女謂生曰 家後有高坮 隨我登臨 可乎 生曰 諾 女與生同出後門 則一座高峰 屹立聳翠 自上至上 有層堨百餘級 生之夫婦 聯袂躋上上峯 峯頭平然曠濶 可坐百餘人 擡眼騁眺 則十洲三山 如在七尺 三台七星 以手可捫 瑞日祥雲 眞是仙境 忽聞 笙簧仙樂 自遠而邇 生問之 女曰 群仙朝天於太乙坮 前行者 乃家君

也 又自女家 數三仙人 駕鶴驂鸞而隨矣 生登高望鄉 潛然出涕 女曰 丈夫何庸
悲泣耶 生曰 一別慈闈三年 於此 倚閭之望 陟岵之思 安得不如是耶 女曰 然
矣 當告家親 備送行李 向夕下來 卽告其父 尊仙亦許之 翌日 生治行將發 女
以絳紗袱裹四件衣 贈之曰 此乃四時節服也 生告別出洞 則門外有鞴鞍等候
者 乃來時峽路凍斃之奴馬也 生驚問曰 汝何以甦 馬何以得活耶 奴曰 安有死
也 有一人 率奴馬到此門外 家馬飽蒭豆 人厭酒肉 欲尋主公 無處可問 有人來
言 主公今日到此 故率馬等待耳 生如夢如眞 只自率奴騎馬而還 老母無恙 間
經亂難 重還舊去矣 母子相面 顚倒號哭 隣里親戚 莫不驚異 爭來問之 生以仙
翁事 一一說去 且告其母娶婦生男 出其仙女所贈之衣 視之 其色淡靑 絲細如
髮 又無縫袱處 四時溫凉 隨序適體 聞者莫不以荒唐稱 越明年春 生之子自洞
府下來省覲 傳其母言曰 乘率從當出送 以爲陪來慈母之地 幸矣 其子則留數
日 歸去 於是 生盡賣田宅 多辦酒肉 日與親戚故舊 醉飽懽娛 居無何 仙童來
言 行裝已具 十餘仙使 備雲軿霞車 駕以蒼虬白鹿而來 生與母 將身上車 冉冉
騰空 五雲難披 其行如飛 瞥眼間 至洞府下車 則仙娥數十隊 奉侍生母子 引退
中堂 新婦出拜尊姑 禮畢 處於別堂 堂前有奇花異草 珍禽異獸 可堪慰悅 甲戌
秋 加平人偶於山中見李生 身騎白鹿 手持羽扇而過 其人問曰 李君別來無恙
乎 答曰 好在耳 更問所住 不答而去 不見其處 可知其爲仙人也

七. 최문발전 崔文潑傳

　　원주(原州)의 진사(進士) 최문발(崔文潑)이 아직 과거에 급제하여 벼슬길에 나아가지 않았을 적에, 친구들과 함께 절간에서 글공부를 하고 있었다.

　　하루 저녁에는 그가 화장실에 간 뒤 오래도록 돌아오지를 않았다. 친구들이 승려들을 데리고 나가 찾아보았더니 화장실에 짚신 두 짝만이 덩그렇게 남겨져 있었다. 이튿날 아침에 다시 이곳저곳을 수색해 보았더니, 절간 뒤에 있는 높은 산 위 큰 소나무 가지 위에 꽁꽁 묶인 상태로 꾀꼬리 집처럼 대롱대롱 매달려 있는데 살았는지 죽었는지 확인할 수가 없었다. 그래서 긴 새끼줄을 가지고 올라가 새끼줄을 허리에다 묶은 뒤 아래쪽으로 내려보내 받게 한 다음, 치료를 시작했다.

　　생사(生死)의 길을 오락가락한 지 사흘만에 겨우 정신이 돌아왔다. 그래서 그간의 곡절을 자세히 물어보았더니 그가 이렇게 대답했다.

　　"화장실에 가서 있는데 누런 모자를 쓴 사자(使者) 둘이 나타나서 날 어디론가 데리고 가더라구. 얼만큼 가니까 눈앞이 확 트이면서 높은 누각이 나타나고, 성관(星冠)과 월패(月佩)를 찬 신선(神仙)들이 양 옆으로 죽 늘어서 있더군.

이윽고 진군(眞君)이 주렴(珠簾)을 걷어올리고 나와서 좌정(坐定)을 한 다음, 청의동자(靑衣童子)더러 운자(韻字)를 불러주게 하며 날더러 시를 지으라지 뭐야. 그래서 내가 이렇게 시를 지어 바쳤지.

手拂紫霞裳　놀빛 자주 치마 먼지 털어내고
身登靑鳥翰　푸른 새 날개 위에 몸을 싣고
歸來禮眞君　돌아와서 진군(眞君)께 인사드릴 때
明月玉堦曉　옥 섬돌 가엔 새벽 달빛만 눈부시네

이랬더니 진군(眞君)이 엄청 칭찬을 해주시는 거야.

그러다가 갑자기 진군(眞君)이 어디론가 나가자 여러 신선(神仙)들도 각자 난새와 학(鶴)을 타고 뒤따라 가더구먼. 그래서 나도 따라가봤지. 그랬더니 생황(笙簧)으로 연주하는 선악(仙樂)[1]의 맑은 노랫가락이 퍼지는 가운데, 바닷속 어떤 산에 도착을 하더라구. 보니까 구름 밖 아득한 저쪽에, 진주(眞珠)며 조개 같은 보물들로 호화롭게 장식을 한 궁궐이 그 모습을 드러내는데, 팔창(八窓)[2]을 활짝 열어

---

1 신선들의 음악.
2 옛날 임금이 조회를 받던 정전(正殿)에는 9개의 방이 있었으며, 각 방에는 각각 8개의 창(窓)들이 있었다. 이때 창(窓)이란 들어올리는 창문을 일컫는다.

젖힌 채 큰 잔치판이 벌어져 있더구먼. 맨 윗자리에는 진군(眞君)[3]이 앉아 있고 순서대로 여러 신선들이 줄지어서 앉아 있는데, 운화(雲和山) 나무로 만든 비파(琵琶)[4]와 왕자 진(王子晉)[5]의 퉁소로 예상우의곡(霓裳羽衣曲)을 번갈아 연주하기도 하고, 합주(合奏)를 하기도 하더라구. 차려진 음식들과 술은 모두 인간 세상에서는 보기 어려운 것들이었네.

눈을 들어 이리저리 살펴보니 화려한 용마루에 현판(懸板)들이 즐비하게 걸려 있는데, 거기에서 본 것 중에서 칠언(七言) 근체시(近體詩) 한 수(首)가 아직도 생각나는구먼. 그 첫 번째 연(聯)에 이렇게 써 있더라구.

雲霞四捲乾坤濶 구름, 안개 걷힌 우주에
日月雙懸宇宙空 해와 달만 덩그렇다

---

3 도교에서 신선(神仙)을 높여서 부르는 말. 수행(修行)으로 도(道)를 깨친 사람을 두루 칭하는 말이기도 하다.
4 '운화(雲和)'란 중국에 있는 산(山) 이름이다. 이 산에서는 질이 좋은 나무가 났다고 하는데 그 나무로 비파를 만들게 되면 그 소리가 매우 맑고 깨끗하다고 전해진다.
5 왕자교(王子喬)라고도 한다. 성(姓)은 희(姬)씨로, 주(周)나라 영왕(靈王) 희설심(姬泄心)의 태자(太子)다. 올바른 말로 극간(極諫)을 하다가 미움을 받아서 서인(庶人)으로 폐출(廢黜)되었다. 뒤에 신선술(神仙術)을 공부하여 신선이 되었는데, 백학(白鶴)을 타고 삼산(三山)과 오악(五嶽)을 돌아다녔다고 한다. 그가 퉁소를 불면 마치 봉황이 울음을 우는 듯하였다고 하는데, 전설(傳說)에 따르면 왕자 진(晉)이 소태산(簫台山) 꼭대기에서 퉁소를 불면 학들이 날아와 춤을 추다가 소태산(簫台山) 아래 계곡 물에 퉁소를 씻기 시작하면 학들이 흥이 다해 날아가 버렸다고 전한다.

시(詩)의 격조(格調)가 맑고 높으며 필법(筆法) 또한 오묘하여, 내가 곁에 앉아 있는 신선(神仙)에게 이렇게 물어보았지.

'저 시는 누가 지었습니까?'

그랬더니

'양봉래(楊蓬萊)[6]가 지은 거라네.'

라고 대답을 하더군. 그래서

'봉래(蓬萊)도 이 모임에 와 있나요?'

라고 했더니, '동쪽 줄 맨 끝에 앉아 있는 사람이 그 사람'이라고 하는 거야. 그래서 곁눈질로 자세히 살펴봤지. 그랬더니 미목(眉目)이 청수(淸秀)하고 기개(氣槪)와 도량(度量)이 비범하여 아닌 게 아니라 신선(神仙) 중의 사람은 뭐가 달라도 다르더구먼. 그런데 안타깝게도 나와 봉래는 같은 길을 가는 사람이면서도 백수십 년에 이르는 시대적인 격차를 두고 태어난지라 그 얼굴의 진위(眞僞)는 알 길이 없었네.

내가 또다시 진군(眞君)이 누구냐고 물었더니 감히 이름을 입에 올리기 어렵다더구먼. 그래서 내가 또 물었지.

---

6 양사언〔楊士彦, 1517~1584년〕: 조선시대의 문신·서예가. 자는 응빙(應聘). 호는 봉래(蓬萊)·해객(海客). 안평대군, 김구(金絿), 한호 등과 함께 조선 전기의 사대 서예가로 꼽히며 시에도 능하였다. 저서에 《봉래시집》이 있다.

'옛날의 안기생(安期生)[7], 적송자(赤松子)[8], 여동빈(呂洞賓)[9], 동방삭(東方朔)[10],

---

7 진시황(秦始皇)과 한(漢) 무제(武帝)가 몹시 만나고 싶어 하던 신선(神仙). 안기(安期), 안기생(安其生)이라고도 한다. 안기생(安期生)은 진(秦), 한(漢) 시기의 제(齊)나라 사람이다. 낭야(琅琊) 부향(阜鄕) 사람이라고 한다. 전설(傳說)에 따르면 그는 일찍이 하상장인(河上丈人)으로부터 황제(黃帝)와 노자(老子)의 사상을 공부하면서 중국 동해변(東海邊)에서 약 장수를 하던 사람이었다. 진시황이 우연히 동쪽으로 놀러왔다가 그를 만나서 사흘밤 사흘낮을 이야기한 후 황금과 벽옥(碧玉) 수천만을 하사해주고 갔다. 그러자 그 보답으로 붉은 구슬로 만든 신발 한 쌍을 보내며, '천 년 뒤 봉래산(蓬萊山) 아래서 나를 찾으라'는 편지를 써주었다고 한다. 진시황이 즉시 서불(徐市), 노생(盧生) 등 수백 명을 바다로 보내 그를 찾게 했으나 봉래산 근처에도 가보지 못한 채 풍랑을 만나 되돌아오고 말았다고 한다. 갈홍(葛洪)이 쓴 포박자(抱朴子)에서는 안기생은 수련과 음식, 단약(丹藥) 등에 의지해 장생을 얻었으며 인간 세상에서 1천 년 이상 살았다고 한다.

8 신농(神農) 때 비를 다스리는 우사(雨師)로서, 뒤에 곤륜산(崑崙山)에 들어가, 늙지도 죽지도 않는 선인(仙人)이 되었다고 한다.

9 도교(道敎) 팔선(八仙) 중의 하나. 이름은 암(巖). 자(字)는 동빈(洞賓). 자호(自號)는 순양자(純陽子). 당(唐) 정관(貞觀) 14년 하중(河中) 영락진(永樂鎭)에서 출생. 과거 시험에 합격하여 현령(縣令)을 지낸 바 있다. 노산(盧山)에서 화룡진인(火龍眞人)으로부터 천둔검법(天遁劍法)을 전수받고 64세에 종리권운방(鍾離權雲房)으로부터 10회의 시험을 거친 후 드디어 진선(眞仙)이 되었다고 한다. 여동빈은 후세 사람들에 의해 당팔선(唐八仙)에 포함되었는데 당팔선은 여동빈을 비롯하여 이철괴(李鐵拐), 한종리(漢鍾離), 남채화(藍采和), 장과로(張果老), 하선고(何仙姑), 한상자(韓湘子), 조국구(曹國舅) 등을 꼽고 있다.

10 동방삭〔東方朔, B.C. 154~B.C. 93〕: 자(字) 만천(曼倩). 염차(厭次, 지금의 山東省 平原縣 부근) 사람. 막힘이 없는 유창한 변설과 재치로 한 무제(漢武帝)의 사랑을 받아 측근이 되었다. 그러나 단순한 시중꾼이 아닌, 무제의 사치를 간언하는 등 근엄한 일면도 있었다. '익살의 재사'로 많은 일화가 전해진다. 부국강병책(富國强兵策)을 상주하였으나 받아들여지지 않자 이를 자조(自嘲)한 문장 《객난(客難)》과 《비유선생지론(非有先生之論)》을 비롯하여 약간의 시문을 남겼다. 이미 한나라 때부터 황당무계한 문장을 이 이름으로 가탁(假託)하는 일이 많아 《신이경(神異經)》, 《십주기(十洲記)》 등의 저자라고 전해지나 모두 진(晉)나라 이후의 위작(僞作)으로 추측된다. 속설에 서왕모(西王母)의 복숭아를 훔쳐 먹어 장수하였다 하여 '삼천갑자 동방삭'으로 일컬어졌으며 '오래 사는 사람'이라는 표현으로 그 뜻이 바뀌어 쓰인다.

엄군평(嚴君平)[11], 이군옥(李群玉)[12], 왕자 진(王子晉), 그리고 우리나라의 최고운(崔致遠)[13], 김가기(金可紀)[14]와 같은 여러 신선도 여기 모두 모였냐'고⋯⋯. 그랬더니 '어떤 사람은 오고 어떤 사람은 오지 않았다'고 하더군.

이사람 저사람 더 물으려고 할 때 신선들이 바삐 일어서길래 왜 그러냐고 물었더니, 옥황상제(玉皇上帝)[15]가 진군(眞君)에게 조칙(詔勅)[16]을 내린다는 거야. 좀 있다가 누런 모자에 진홍색 옷을 입은 선

---

11 엄준〔嚴遵, B.C. 86~A.D. 10〕: 서한(西漢)의 도가(道家) 학자(學者). 사상가. 성도 (成都) 사람으로 한(漢) 성제(成帝, B.C. 32~B.C. 7년 재위) 때 성도(成都)에 은거하면서 점복(占卜)으로 업(業)을 삼았다. 노장(老莊)의 학(學)에 정통하였으며 평생 동안 벼슬살이를 하지 않았다. 10만여 글자에 달하는 방대한 저술을 남겨서 당시의 저명한 문학가인 양웅(揚雄)의 존경을 받은 바 있다. 대표적인 저서로는 《老子注》와 《道德眞經指歸》 등이 있다.

12 이군옥〔李群玉, A.D. 813~A.D. 860〕: 당나라 때 시인(詩人)으로 자(字)는 문산(文山). 예주(澧州, 지금의 湖南 澧縣) 사람으로 성정(性情)이 욕심이 없고 깨끗했다. 진사 시험에 한 번 응시한 적이 있으나 낙방한 뒤로 다시는 응시하지 않았다. 비교적 젊은 나이에 시(詩)로 이름을 날렸고 생황을 잘 불었으며 초서(草書)에 능하였다. 두목(杜牧), 단성식(段成式) 등과 두루 왕래를 하였으며 특히 방간(方干)과 가장 많이 시(詩)를 주고 받았다. 그의 시(詩)의 풍격은 맑고 아름다우며 부드러운 사색을 담고 있다. 그러나 대부분의 작품에 심각한 사회적 내용이 결핍되어 있어서 현실을 충실하게 반영하고 있지 못한 점은 큰 약점으로 평가된다. 저서로는 《李群玉詩集》 3권과 《後集》 5권이 있다.

13 통일 신라 말기의 학자·문장가(A.D. 857~?). 자는 고운(孤雲)·해운(海雲). 13세에 중국 당나라에 유학하여 과거에 급제하고 황소(黃巢)의 난이 일어나자 격문(檄文)을 써서 이름을 높였다. 저서에 《계원필경(桂苑筆耕)》, 《사륙집(四六集)》 따위가 있다.

14 신라의 학자(A.D. ?~859). 중국 당나라에 들어가 빈공과(賓貢科)에 급제하여 학식과 문장으로 이름을 떨쳤다. 만년에는 《선경(仙經)》, 《노자도덕경》 따위를 연구하였다.

15 도가(道家)에서 하느님을 일컫는 말.

16 임금의 명령을 적은 문서.

관(仙官)이 옥으로 만든 소반(小盤)에다 조칙을 받들어 나오고 진군(眞君)이 끓어앉더군. 선관(仙官)이 조칙을 다 읽은 뒤, 여러 신선들은 진군을 모시고 하늘로 올라가 버리고 나만 홀로 남았는데, 화관(花冠)[17]을 쓴 어떤 선녀 하나가 가볍고 부드러운 옷자락을 이끌고 다가와 이렇게 인사를 하더라구.

'당신은 신선의 골격을 갖추고 있어 여기까지 오시게 된 겁니다. 저는 전주 사람 이기발(李起勃)[18]이란 사람의 누이동생입니다. 나이 열여덟에 시해(尸解)[19]를 한 뒤 이곳 대라천(大羅天)[20]에 오게 되었는데 부모님과 형제들은 제가 신선이 된 줄도 모르고 아직까지 슬퍼하고 계십니다. 인간 세계로 돌아가게 되면 호남지방에 사는 분을 시켜 저희 오빠들에게 안부 좀 전해주세요. 그리고 우리 오빠 기발(起勃)은 평소에 신선술을 좋아했습니다. 그런데 실마리를 못 풀고 공력(功力)만 낭비하고 있습니다. 이른바 실마리란 기욕(嗜欲)[21]을 끊는 데서부터 시작되는 것이니 이 말도 꼭 좀 전해주시겠습니까?'

---

17 칠보(七寶)로 꾸민 부녀자(婦女子)의 예장용 관(冠)의 하나. 대궐에서는 의식(儀式)이나 정재가 있을 때, 민간에서는 혼례 때나 경사(慶事)가 있을 때 대례복이나 소례복에 병용(倂用)하였다.

18 이기발 [李起渤, ?~?]: 홍주일(洪柱一, 1604~1662년)과 비슷한 시기의 사람. 전주 사람으로서 형 이흥발(李興渤), 아우 이생발(李生渤)과 함께 과거에 급제하였다. 1637년(인조 15년) 이후 형 이흥발(李興渤)과 함께 10여 년 동안 나와서 벼슬하지 않았다. 이로 인해 사람들로부터 기개 있다는 칭송을 얻었다. 효종조에 들어서 태아를 도려내고 잉부(孕婦)를 죽였다는 모함을 받고 관직을 사직하였다.

19 도교에서 몸만 남겨두고 혼백이 빠져나가서 신선이 되다. 또는 그런 일.

20 도교에서 일컫는 36천(天) 중에서 가장 높은 천(天)을 말한다. 선계(仙界)의 별칭.

21 향락을 탐내는 것.

나와 이런 얘기를 나눌 즈음, 진군(眞君)이 내려왔다네. 선녀가 황황히 인사를 여쭙고 나도 덩달아 인사를 올렸지. 누각(樓閣) 위에 앉은 진군(眞君)이 선사(仙使)[22]를 시켜서 날 부르더군. 그래서 급히 올라가 뵈었더니 진군이 가까이 오게 한 뒤 자리를 권하면서 책 한 권을 주며 읽으라지 뭐야. 보니까 외양이 인간 세상의 책과 별반 차이가 없는데, 표지에 '황아생(黃鵝生)'이란 제목이 붙어 있더구먼. 책을 펼쳐보았더니 글씨체가 예서(隸書)와 비슷한 것도 같고 아닌 것도 같은데 한 글자도 알아볼 수가 없는 거야.

그러자 진군(眞君)이,

'글 내용이야 모른다 하더라도 황아생(黃鵝生)이란 제목의 뜻은 알겠지?'

하고 묻더군. 내가 말을 못하자 화가 난 진군(眞君)이 날 쫓아내게 하더라구. 그러자 선사(仙使) 몇 명이 날 붙들고 나와 득달같이 쫓아내는데 어찌나 거칠게 몰아붙이는지 술에 취한 것처럼 몸을 가눌 수가 없었네. 몸이 어디에 걸렸었는지는 고사하고 자네들이 끌어내린 일도 전혀 생각이 안 나는구먼."

이야기가 좀 허탄(虛誕)하기는 하지만 최상사(崔上舍)라는 사람이 내게 자세하게 해준 얘기다.

아아, 신선(神仙)이란 대체 있는 것일까, 없는 것일까? 있는 걸 본 적도 없지만 없음을 본 적도 없으니 어찌 알랴? 허나 이와 같은 사적(事跡)은 예전에도 허다(許多)했고, 또 우리나라의 풍악산, 지리

---

22 신선(神仙)의 사자(使者).

산, 묘향산, 칠보산, 속리산, 한라산, 태백산, 변산 등도 평소에 신선
들이 사는 구역이라고 일컬어지고 있으니, 어찌 영이(靈異)한 사적
(事跡)들이 없겠는가? 그냥 기록해둔다.

【崔文潑傳】

　　原州進士崔文潑 未釋褐時 與友人讀書山房 一日夕 如厠而久不來 友人率僧徒尋之 雙履只留於厠而已 翌朝 又遍索 則寺後高峯上長松枝 綁縛掛懸如鴬巢者 然生死未可知 乃持長索攀上 係腰垂下 取來調治 半生半死 三日後 始省人事 仍細問其由 對曰 方我如厠 有黃冠兩使者 携手而去 行到一處 則洞天開朗 樓坮炎然 星冠月佩 羅列左右 眞君褰簾出座 使靑衣童子呼韻製作詩 我卽對曰 手拂紫霞裳 身登靑鳥翰 歸來禮眞君 明月玉塔曉 眞君大贊之 俄而 眞君將出遊 諸仙驂鸞駕鶴而陪往 余亦隨叅 笙簧仙樂 淸韵流雲 戾止於海中一山 珠宮貝闕 迥出雲表 八窓敞開 大設宴筵 眞君上坐 群仙列侍 雲和之瑟子晉之簫 霓裳羽衣之曲 迭奏齊作 盤設之饌 盃凝之酒 皆非人世間所有也 仍舉目周瞻 則畫棟懸板 魚鱗雜襲 書七言近體一首只記 其一聯有曰 雲霞四捲乾坤濶 日月雙懸宇宙空 詩格淸高 筆法又妙 我問於旁坐仙人曰 此詩誰作也 曰楊蓬萊作也 蓬萊亦在此會耶 曰 東行末坐者是也 仍偸目諦視 則眉目疎朗氣宇軒輊 眞所謂神仙中人 惜哉 我與蓬萊同道人也 而先後生於數十百年間未知其面目之眞否也 又問 眞君誰也 曰 不敢言名 又問曰 古之安期生 赤松子呂洞賓 東方朔 嚴君平 李群玉 王子晉 及我東崔孤雲 金可記 諸仙皆會於此耶曰 其中有來有不來矣 方欲指問某某之際 仙曹蒼黃起立 余問其故曰 上帝降勅眞君矣 俄爾 黃冠絳衣仙官 以瓊盤奉勅而進 眞君跪坐 一仙官讀畢 諸仙陪眞君騰空而去 我獨留在 有一仙娥戴花冠 曳雲裾來揖曰 子有仙骨 故得至此矣 我乃全州李生起勃之妹也 年十八尸解 來在大羅天 父母兄弟不知爲仙 悼亡至今 君還世後 須說與在湖南人 使之傳言於我兄輩 可也 況我兄起勃 平生好道 不解門戶 極費功力 所謂門戶 自斷嗜慾始 此意亦須傳致 如何 仍與余唱酬談話之際 眞君下來 女仙奔遑迎謁 余亦叅拜 眞君坐於樓上 使仙使召余 余

趨進之 則眞君呼之前而賜座 授一卷冊子 使之讀之 其冊粧纜如人間冊子樣
題目曰 黃鶩生 開卷則字體似隸非隸 不解一字 眞君曰 卷中語意 雖不得解 題
目黃鶩生 何意耶 余又不通 眞君怒而黜之 仙使數人擁出 逐之疾行 顚仆如醉
如癡 不知身掛何處 又不知君輩之下來云云 此語雖涉齊諧 而親聞於崔上舍者
細說於余 噫 神仙果有之耶 其無之耶 旣不見其有 亦不見其無 有無之說 何以
卜之也 然如此事自古多有 且我東楓岳智異妙香七寶俗離漢拏太白邊山 素稱
仙區 豈無靈異之事乎 第記之

八. 백거추전 白居秋傳

　　백거추(白居秋)는 조선(朝鮮) 중엽(中葉) 때의 사람이다. 8척 장신(長身)에다가 힘이 장사였는데, 의기(義氣)를 좋아하고 약속을 중시하는 데다 문무(文武)까지 겸하여 세칭(世稱) 걸사(傑士)[1]라고 할 수 있었다.

　　남쪽으로 노비를 추쇄(推刷)하러 가서 마소의 등에 대여섯 짐을 가득 싣고 올라오던 중에 산골짜기에 이르렀다. 어느덧 가을 해도 뉘엿뉘엿 저물었다. 그런데 인가(人家)의 자취라곤 꼴도 찾아볼 수 없었다. 이리저리 길을 헤매고 있을 즈음, 마침 어떤 사람이 말 앞으로 지나가는 것이었다. 백(白)이 그에게 물었다.

　　"넌 누구냐?"

　　"산골에 사는 평범한 백성이온데 일 보러 나갔다가 돌아가는 길입니다."

　　백 생(白生)이, '집이 어디냐?'고 묻자 그 사람이 산골 한 귀퉁이를 가리키면서 '저기에 있다'고 대답했다. 백(白)이 반가워서 이렇게

1　재주와 지략이 걸출한 사람.

말했다.

"길을 잃고 헤매고 있는데, 땅거미도 지고 했으니 너희 집에서 하룻밤 묵어 가도 되겠느냐?"

그 사람이 그러라고 하면서 길을 안내하자 생(生)은 그 뒤를 따라갔다.

구름과 안개를 헤치고, 산을 넘고 물을 건너, 요리조리 깊숙이 들어가다가 보니 과연 웬 시골 농장이 나타났다. 그 사람이 말했다.

"저 중에서 제일 큰 방이 저희 집 주인이 사는 곳인데 손님이 오면 아주 후하게 접대를 하지요."

"'골마다 구세주(救世主)가 있다'더니 바로 이런 걸 두고 하는 말이렷다."

이렇게 생각하며 생(生)은 즐거운 마음으로 그곳을 향해 나아갔다.

그러자 대문 밖에 어떤 건장한 하인이 썩 나와 영접을 하더니 안에다 연락을 취한 뒤 안으로 맞아들였다. 대청마루에는 화문석(花紋席)이 깔려 있고 화려하게 병풍이 둘러쳐져 있었다. 머리에 붉은 종립(騣笠)[2]을 쓴 주인이 무늬 있는 비단옷을 걸치고 나와 인사를 한 후 마주 앉는데, 그 살가움이 마치 오랜 친구를 만난 것만 같았다. 주인은 아랫것들에게 분부를 내려, 데리고 온 하인과 말을 행랑으로 데려가 잘 접대하라고 했다. 그런 뒤 저녁을 내오게 했다. 내온 밥상을 보니 산해진미(山海珍味)가 가득하였다.

---

2 기병이 쓰던 모자. 갓보다 약간 높고 위의 통형(筒形) 옆에 깃털을 붙였다.

다 먹고 난 뒤 백 생(白生)이 물러가 쉬겠다고 했더니 주인이 그러라고 했다. 촛불을 켜 든 심부름꾼이 안내하는 대로 따라가 보니 깔끔하게 차린 방 안의 이부자리와 휘장이 화려하기 짝이 없었다. 또한 시녀 하나가 기다리고 있는데 얼굴이 예쁘기 그지없었다. 생(生)은 마음속으로 덜컥 의심스러운 생각이 들기 시작했다.

"아무리 부잣집이라지만 여기가 궁궐도 아닌데 왜 이다지 손님 접대가 도에 지나친가? 그리고 방까지 오는 길은 왜 그리 구불구불하고 경사가 심한가? 지나가는 인마(人馬)를 불러서 물어봤으면 좋으련만 밤이 너무 깊어서 안 되겠다. 그러나 어차피 날이 밝으면 떠날 몸인데 뭐가 어떠랴?"

이렇게 생각하며 시녀와 잠자리를 같이한 뒤 막 잠이 들려고 하는데, 여자가 갑자기 한숨을 토해내며 '아깝구나, 아까워'라는 말을 연발하는 것이었다. 이상한 생각이 든 백 생(白生)이 뭘 그렇게 애석해 하느냐고 물었더니, 여자가 말할 듯 말 듯하며 무언가를 두려워하는 기색이 있었다. 공(公)이 캐물었더니 여자가 목소리를 낮춰 이렇게 말했다.

"이 집 주인은 좋은 사람이 아니라 대도(大盜)입니다. 이곳 산골에 살면서 지나가는 사람들을 꾀어다가 술을 잔뜩 먹인 다음 밤에 골아 떨어지면 죽여버린 뒤 재물을 뺏는답니다. 그리고 저를 포함해서 이곳에 있는 수백 명의 여인들은, 양갓집 여자들로 이곳에 붙들려온 여인네들입니다. 문밖에 칼을 들고 지키고 서 있는 자가 있어 함부로 입을 놀릴 수는 없었지만, 당신 얼굴을 보니 일반 사람들과는 좀 다른 데가 있더군요. 그래서 화망(禍網)에 잘못 빠진 게 너무 애석하고 해서 그런 말을 했던 거랍니다."

그 내막을 들은 공(公)은 깜짝 놀라 이렇게 말했다.

"나도 힘깨나 쓰는 사람이니 넌 걱정하지 말고 기다리고 있거라. 저놈들을 모조리 죽인 뒤 너희들을 반드시 집에 돌아가게 해주마."

간단한 옷차림에 손에 아무것도 들지 않은 그는, 옷자락을 찢어서 신고 있던 신발 안에다 신발이 벗겨지지 않게끔 단단히 구겨 넣었다. 그런 다음, 구불구불한 길가로 살짝 빠져나갔다. 그런 뒤 몸을 숨기고 기다리고 있었다. 잠시 후 과연 한 놈이 장검(長劍)을 들고 나타났다. 공(公)은 그놈이 지나치도록 내버려 뒀다가 뒤쪽에서 발로 걸어차 땅바닥에 넘어뜨린 뒤 칼을 뺏어서 찔렀다. 불의의 습격을 당한 도적은 소리도 지르지 못한 채 죽고 말았다. 또 한 놈, 그리고 또 다른 놈도, 그렇게 죽임을 당했다.

그런 뒤 몰래 나가서 살펴보았더니 도둑의 무리들이 빙 둘러 있는 가운데 그들의 괴수(魁帥)가 교의(交椅)[3]에 높직하게 기대앉아 있는데 불빛이 마치 백주 대낮처럼 밝았다. 공(公)은 칼을 휘두르면서 쏜살같이 곧장 쳐들어갔다. 그 기세가 어찌나 빠르던지 손쓸 틈도 주지 않았다. 적의 괴수 또한 창졸지간에 칼을 빼어 들긴 했으나 때는 이미 늦어서 순식간에 그의 머리는 땅에 떨어져 있었다. 도적들이 벌 떼처럼 에워싸고 쳐들어왔다. 괴수(魁帥)의 칼을 뺏어든 공(公)이 양손으로 칼을 이리저리 휘두르자 칼을 휘두를 때마다 주위에는 사상

3　당상관이 앉던 의자.

자(死傷者)들로 넘쳐났다.

겨우 살아남은 도적들은 사방으로 도주하고 마침내 한 놈도 남지 않게 되었다. 그리고 붙들려 온 부녀자(婦女子)들만 남게 되었다. 붙들려 온 여자들을 모두 소집했더니 아까 자신을 모시던 시녀도 그 안에 끼어 있었다. 그러자 공(公)이 시녀에게 말했다.

"어떠냐?"

시녀는 얼굴도 들지 못한 채 머리를 조아릴 뿐이었다.

그러는 사이에 날이 밝았다. 가서 하인들을 찾았더니 뒤로 결박을 당한 채 쓰러져 있었다. 급히 결박을 풀어준 뒤 응급조치를 해주었더니 하인이 주인에게 이렇게 말했다.

"술을 권한 뒤 잠에 골아떨어지자 도적들이 결박하면서 말하기를, '너희 주인을 죽인 뒤 너도 죽이겠다'고 하더군요. 아까 사람을 죽이는 소리가 들려서 주인님이 피해를 당한 줄로만 생각했습니다. 주인님이 그놈들을 죽이고 우리 두 사람의 목숨이 살아나게 될 줄은 정말이지 꿈에도 생각 못했습니다."

공(公)은 여러 여인네들에게 일일이 부모형제가 살고 있는 곳이 어딘지를 물은 다음, 각자의 집으로 돌아가게 해주었다. 그리고 도적들의 창고에서 재물을 꺼내 모두 나눠준 뒤, 그들 중 그 누구도 대동(帶同)하지 않은 채 떠나가 버렸다. 시녀가 울면서 따라가겠다고 하자 공이 이렇게 말했다.

"날 살려준 은인(恩人)이니 버리면 안 되겠지. 하지만 양반집 여자란 걸 알면서도 데리고 가는 건 의(義)에 옳지 못하다."

그는 그녀와 함께 여자의 집으로 간 다음 노비를 추쇄해서 싣고 온 물건들을 모조리 그녀에게 주어버렸다. 그리고는 이 사실을 아무에게도 발설하지 말고 좋은 신랑을 골라 시집을 보내라고 잘 타이른 뒤, 말을 달려 돌아가버리고 말았다.

얼마 후 그는 무과(武科)에 장원으로 뽑혀 여러 번 곤수(閫帥)[4]에 임명되었다. 이에 그 이름이 널리 알려지게 되었으며, 길거리의 아이들이나 하찮은 병졸까지도 모두 그에 대한 얘기를 서로 전하곤 했다.

---

4 곤외(閫外)라고도 하며, 병사(兵使)나 병마절도사(兵馬節度使), 수사(水使)와 같은 병마(兵馬)를 책임진 장군을 말한다. 곤외(閫外)는 원래 성밖 혹은 변방, 지방을 뜻하는 말이다.

【白居秋傳】

　　白居秋國朝中葉人也 身長八尺 膂力絶倫 好義氣 尙然諾 才兼文武 世稱
傑士 往南中推奴 驅牛馬五六駄上來 行到峽中 不覺秋日向昏 四無人烟 彷徨
岐路 有一人歷過馬前 白問曰 汝是何人 答曰 峽裏編氓 適有少屈 今方還家
白生曰 汝家何在 其人指點山谷中曰 在彼也 白喜曰 我日暮失路 入汝家留宿
可乎 其人許諾前行 生尾而隨之 穿雲劈霧 踰山渡水 逶迤深入 果有一村庄 其
人曰 其中巨室 乃吾主家 而有客室 款接行客 生喜曰 活人之佛谷谷有之者 此
也 仍卽前進 則大門外 有豪健奴僕出迎 入告邀入 廳上 設花紋地衣 屛障輝煌
主人載朱䰄笠 着文錦衣 迎揖對坐 慇勤若故人 分付下隷 善接奴馬于廊底 命
進夕饌 珍羞美味 不翅水陸 旣撥 白生請退下處 主人許之 使人秉燭前引至 則
精舍之內 衾枕帷帳 華麗無比 又有侍女 容貌可愛 公疑之心思曰 此官府也 雖
曰巨府 待此過客 何如是過分也 且入房之路 回曲傾危 此何故也 欲喚行中人
馬問之 而夜已深矣 鷄鳴則當出客 何足慮也 仍與侍女講歡 未着睡 女忽歔欷
吐吐 且發可惜可惜之說 白生怪問曰 汝何爲而發悲也 女欲吐未吐 似有恐懼
之意 公强問之 女低聲語曰 此主人非好漢 乃巨盗也 居此峽中 誘引行客 勸酒
醉飽 夜深熟睡 則殺之 奪其財物 且妾輩數百人 皆以良家女子 爲其所虜者也
門外必有持釖立侍者 不敢輕吐 而看君容儀 非比凡類 誤落禍網 此所以可惜
也 公聞來喫了一驚 謂其女曰 汝安心待之 我自有萬夫不當之勇 當盡殺賊黨
使汝輩各得歸家也 卽短衣束裝 而手無寸鐵 只裂裾充塞所着靴內 使之緊着不
脫 潛出曲路邊 隱身以待 少間果一賊漢 持長釖而來 公任其歷過 從後一踢仆
地 奪釖刺之 賊出其不意 無暇作聲而㱠 又有一漢繼至 以釖斫之 又有一漢繼
至 又斬之 暗暗出看 則群盗環立四圍 其魁高倚交椅而坐 火光如晝 公揮釖直
入 勢若疾雷 不及掩耳 賊魁蒼黃拔釖之間 其頭已墜於地 群盗蜂擁而進 公又

奪賊將之釰 以左右手揮之 所觸盡死傷 餘賊四散 更無一人 只有婦女輩而已
公盡召被俘之女 俄者侍者侍女亦在其中 公謂侍女曰 何如 侍女不敢仰視 叩
頭而已 於焉之間 天色已曙 行尋奴僕 則皆反接而倒 急解救療 奴言主人 勸酒
睡中綁縛曰 殺汝主後 殺汝云 俄聞殺伐之聲 意謂主公遇害 豈料主公反殺諸
賊 奴主得生乎 公遍問諸女之父母兄弟之居住 使各歸其家 盡散賊庫財帛而給
之 不攜一女而去 侍女號泣願從 公曰 汝則恩人也 不可捨也 然旣知士族家女
子 則攜去不義 仍與其女偕往其家 盡給推奴所載之物 使其父母勿泄於人 擇
婿嫁之 公則持鞭而歸 未幾 魁捷虎榜 屢膺閫師 名播國中 街童巷卒 亦能傳說
焉

九. 감여기응전 堪輿奇應傳

만력(萬曆)[1] 연간에 담양 땅에 김씨 성의 양역(良役)[2]에 종사하는 자가 있었다. 비록 평민(平民)이긴 했지만 그는 마음 씀씀이가 매우 화통(化通)한 사람이었다.

마침 번(番)[3]을 설 차례가 되어 상경(上京)을 하게 되자 그의 처와 두 아이들만 집에 남아 있게 되었다.

하루는 어떤 행객(行客)이 지나가다 투숙을 하였다. 여인의 용모에 반한 그는 이렇게 물었다.

"남편은 어딜 가고 없는가?"

"번(番)을 서러 서울에 갔습니다."

남편이 집에 없는 것을 다행스럽게 생각한 행객(行客)은, 밤에 그녀가 깊이 잠든 틈을 타서 살짝 방문을 열어 보니 문고리가 채워져 있지 않았다. 가만히 들어보았더니 코 고는 소리가 들려오는 것

---

1 중국 명(明)나라 신종(神宗) 때의 연호(年號). 서기(西紀) 1573년부터 1619년까지.
2 조선시대에 16세부터 60세까지의 양인 장정에게 부과하던 공역(公役). 노역에 종사하는 요역(徭役)과 군사적인 목적의 군역(軍役)이 있었다.
3 차례로 숙직이나 당직을 하는 일.

이었다. 그는 그 틈을 이용하여 알몸으로 이부자리에 들어갔다. 깜짝 놀라 깨어난 여자는 길게 탄식하면서 이렇게 말했다.

"남의 손가락질을 받을 만한 행동을 털끝만큼도 한 일이 없건만 결과적으로 실절(失節)한 모양새가 되고 말았으니 억울하기 짝이 없습니다. 하지만 기왕에 일이 이 지경이 되고 말았으니 낭군님의 성명과 주소나 알아두어서 추후에 서로 기억이나 했으면 합니다."

"자네 말에도 일리가 있네 그려."

이렇게 말한 그는 자신의 성(姓)은 이씨고, 이름은 아무개며, 사는 곳은 장단(長湍)⁴에 있는 아무개 마을이라고 가르쳐 주었다.

이튿날 새벽 그는 아쉬움을 남긴 채 길을 떠났다.

그 후 번(番)이 바뀌어 집으로 돌아와 처가 임신한 걸 본 주인은, 상경(上京)한 그즈음에 수태(受胎)를 했겠거니 하고 범상하게 받아 넘겼다.

이윽고 달이 차서 아들을 출산하자 즉시 단산(斷産)을 하고 아들 셋만 두게 되었다. 장성한 세 아들은 모두 며느리를 얻어 다 함께 모여서 살았다.

그러던 어느 날, 그 집 뒷산 근처 산기슭을 이리저리 살펴보던 풍수쟁이가 이런 말을 했다.

"이 터에다가 양반이 집을 지어 살 것 같으면 10년 안에 떵떵거리

---

4 경기도 북단(北端)에 위치하는 한 군(郡). 원래는 고구려(高句麗)의 장천성현(長淺城縣)인데, 신라(新羅) 35대 경덕왕 때 장단으로 고치고 조선시대 8대 예종(睿宗) 1년(1469년)에 도호부로 승격(昇格)되었다.

는 부자가 되고 그 자손들도 크게 번창할 것이외다."

그러자 김(金)이 그 아내에게 말했다.

"풍수쟁이의 말이 미덥지 못하긴 하지만 그곳에다 토담집[5]을 지어 한번 살아보도록 합시다."

토담집이 완성되자 큰아들에게 가서 살게 했다. 그랬더니 그 아들이 하루는 한밤중에 얼굴이 하얗게 질린 채 허겁지겁 달려왔다. 부모가 그 이유를 물었더니 아들이 이렇게 말했다.

"밤에 잠을 자고 있는데 어마어마한 대군(大軍)을 몰고 나타난 어떤 장수(將帥)가 저를 밖으로 끌어내더니, '이곳은 양반이 발복(發福)[6]할 땅인데 네가 어찌 감히 여기서 사느냐. 안 나가면 화(禍)가 닥치리라'고 소리치더군요. 놀라 잠에서 깬 뒤 너무 무서워서 도망쳐 왔습니다."

그 아버지는,

"물건마다 다 임자가 있다고 했으니, 어찌 모든 사람들이 다 길지(吉地)를 만나는 그런 복 있는 사람들일 수 있으랴?"

라고 하면서 이번에는 둘째 아들에게 가서 살게 했다. 그랬더니 둘째 아들도 똑같은 꿈을 꾸는 것이었다.

그래서 이번에는 막둥이 아들더러 가서 살게 했다. 그러자 밤이 다 지나도록 돌아오지를 않는 것이었다. 틀림없이 가위에 눌려 죽었겠거니 하고 걱정을 한 그 아버지는 쏜살같이 달려가 살펴보았다. 그

---

5 토담만 쌓아 그 위에 지붕을 덮어 지은 집.
6 운이 트여서 복이 닥치다.

랬더니 코 고는 소리가 천지를 진동하는 것이었다. 그래서 불러 물어 보았더니 막둥이 아들이 늘어지게 기지개를 켜면서 이렇게 말했다.

"꿈에 금빛 찬란한 모자와 진홍색 도포를 입은 벼슬아치가 위의(威儀)를 갖추고 나타나 '땅이 제 임자를 만났구려. 뒷날 복록(福祿)이 무궁할 것이외다' 하고 축하를 해주면서 술을 몇 잔 권하길래 실컷 마시고 취해 자다가 해가 뜨는 줄도 몰랐습니다."

갑자기 의아한 생각이 든 그 아버지는 내심으로 가만히 이렇게 생각했다.

"첫째와 둘째는 날 닮았는데 막둥이는 외모와 거동이 여느 상놈들과는 좀 많이 다르다. 그리고 풍수쟁이와 신장(神將)[7]의 말이 부절(符節)[8]을 합한 듯이 꼭 같으니 여기에는 필시 무슨 곡절이 있을 것이다."

그는 그 처와 방에 단둘이 있는 틈을 타서 칼을 뽑아들고 처를 위협하며 말했다.

"막둥이의 일을 이실직고(以實直告)하지 않으면 당장 이 칼로 죽여버리겠다."

"굳이 이러실 필요 없습니다. 그렇지 않아도 제가 먼저 말을 꺼내고 싶었는데 별로 좋지도 않은 일을 당신이 묻기도 전에 지레 말을 꺼내기가 어려웠을 뿐입니다. 이제 이렇게 된 마당에 뭘 숨기겠습

---

7 귀신 가운데 무력을 맡은 장수신. 사방의 잡귀나 악신을 몰아낸다.
8 예전에 돌이나 대나무·옥 따위로 만들어 신표로 삼던 물건. 주로 사신들이 가지고 다녔으며 둘로 갈라서 하나는 조정에 보관하고, 하나는 본인이 가지고 다니면서 신분의 증거로 사용하였다.

니까?"

이렇게 말한 그녀는 비로소 장단(長湍)에 사는 이 생(李生)이, 잠든 틈을 타서 억지로 잠자리를 함께 했던 일을 낱낱이 이야기해 주었다. 얘길 듣고 보니 남편 또한 어찌 해볼 도리가 없었다. 그는 거칠게 숨을 몰아 쉬며 이렇게 말했다.

"네가 낳은 양반 아이가 복록(福祿)이 무궁하다고 하니, 내 아들 둘을 네 아들의 행랑처에서 살게 해주려무나."

그런 다음 즉시 막둥이 아들을 불러서 이렇게 말했다.

"이 터의 주인은 바로 너다. 나중에 부귀하게 되면 거지들을 많이 구제해주고 지나가는 행객(行客)들을 잘 대접해서 음덕(蔭德)을 많이 쌓아야 할 것이다."

그는 다시 두 아들을 불러서 이렇게 말했다.

"너희 둘은 앞으로 너희 동생을 상전(上典)처럼 모시도록 하거라."

몇 년 안되어 과연 그는 큰 부자가 되었다.

그 사이에 장단(長湍) 사는 이 생(李生)은 벌써 나이가 많이 들었는데, 또다시 일이 생겨서 호남지방에 내려갔다. 내려가는 길에 담양(潭陽)을 거쳐서 가게 되었는데, 문득 옛일이 생각나 일부러 날이 어두워지기를 기다려 김가(金哥)네 집으로 향하였다. 더부룩하게 자란 쑥과 쓸쓸한 옛 집터는 세월이 오래 돼서 상전벽해(桑田碧海)[9]처럼 변해 있었다.

---

9 뽕나무 밭이 변하여 푸른 바다가 된다는 뜻으로, 세상일의 변천이 심함을 비유적으로 이르는 말.

처량한 심사로 주위를 둘러보고 있노라니 가까운 산기슭 아래쪽에 아주 좋은 집 한 채가 은은하게 눈에 들어왔다. 가서 투숙도 할 겸 김가(金哥)네 집일에 대해서도 알아볼 겸 해서 주인장을 찾았더니, 신수(身手)[10]가 표탕(飄蕩)한 어떤 사내가 반갑게 맞아주었다. 술과 안주를 내온 뒤 저녁밥을 올리는데, 부드럽고 매끄러운 음식으로 푸짐하게 한 상을 차려 정성껏 대접을 하는 것이었다. 이를 수상하게 여긴 이 생(李生)은 속으로 이렇게 생각을 했다.

'평소에 모르던 놈이 이처럼 도에 지나친 대접을 하는 걸 보면, 필시 저놈은 술과 밥을 푸짐하게 대접한 뒤 잠든 틈을 노려 노잣돈과 말을 약탈해가는 대도(大盜)일시 분명하다. 그렇다면 도망을 가도 소용이 없을 것이니, 차라리 저놈을 죽이고 나도 같이 죽어야겠다.'

그는 단단히 준비를 한 뒤 손에다 몰래 활과 화살을 쥐고는 숨을 죽인 채 앉아서 기다리고 있었다. 으슥한 밤중이 되었다. 달빛 아래 무언가 숲 속에서 튀쳐나오는데, 보니까 몸집은 돼지만 하고 호랑이처럼 섬광이 번쩍번쩍하는데 처마 쪽을 향해 불로 태울 듯한 시뻘건 불기운을 뿜어대는 것이었다. 깜짝 놀란 이 생(李生)은 목표물을 향해 활을 힘껏 잡아당겨 단방에 그것을 넘어뜨리고 말았다. 그런 뒤 혼자 이렇게 생각했다.

'주인집에선 아직 모르겠지? 무슨 물건인지도 모르면서 한밤중에 화살을 날렸으니 이 노릇을 어찌한담? 행여 주인집에서 키우는 물건이라도 죽였으면, 날 도둑놈 취급하더라도 이젠 영락없이 변명도 할

---

10 용모와 풍채.

수 없는 처지가 되고 말았으니 몰래 도망가는 게 상책이겠다.'

몰래 그곳을 빠져나온 그는 하인을 흔들어 깨워 가던 길도 내팽개친 채 다시 장단(長湍)으로 돌아가고 말았다.

이튿날 주인이 일어나서 보니 손님은 간 곳이 없고 거대한 짐승이 하나 화살에 맞아 피를 흘린 채 죽어 넘어져 있었다. 그런데 그 모습이 매우 괴상하였다. 희미하게 이목구비가 있기는 하지만 머리도 없고 꼬리도 없는 한낱 고깃덩어리에 불과한데 인간세상에서 볼 수 있는 그런 것이 아니었다. 의아한 생각이 든 그는 두 손으로 들어다가 길 옆에다 놓아두고 그 물건을 알아보는 사람을 기다리기로 했다. 지나가는 사람들마다 깜짝 놀라고 이상하게 생각해 마지 않았다.

그렇게 사흘이 흘렀다. 지팡이를 든 어떤 늙은 중이 감탄하면서 말했다.

"이 집 복력(福力)[11]은 정말 끝이 없구나."

몸을 숨기고 몰래 엿듣고 있던 주인이 얼른 뛰쳐 나와 중에게 물었다. 그러나 중은 대답이 없었다. 두번 세번 질문을 하자 그는 이렇게 대답을 했다.

"이 물건은 자네 집의 업(業)[12]이라네. 자네 운세(運勢)가 다하게 되자 이 짐승이 불기운을 내뿜어서 자네 집을 모조리 태워버리려고 한 거지. 만약에 이놈을 쏴 죽이지 않았더라면 자네 집에 있는 건물

---

11 복을 누리는 힘.
12 ① 전세(前世)에 지은 선악(善惡)의 소행(所行)으로 말미암아 현세(現世)에서 받는 응보(應報). ② 한 집안의 살림을 보호하거나 보살펴 준다고 하는 동물이나 사람. 이것이 나가면 집안이 망한다고 한다.

이며 사람, 가축들이 모조리 잿더미로 돌아갈 뻔했네 그려. 다행히도 자네의 대인(大人)¹³께서 이놈을 쏘아 죽이신 걸세."

"저희 집 대인(大人)께서는 돌아가신 지 이미 오랜데 그럴 리가 있습니까?"

"자네 부친이 아니라면 누가 자네의 재앙을 없애줄 수가 있으리오?"

말이 채 끝나기도 전에 석장(錫杖)¹⁴을 날려 휭하니 가버렸다.

주인은 마음속으로 좀 의아한 생각이 들었으나 행여 말이 새나갈새라 그 물건을 얼른 땅에다 묻어버린 뒤에 돌아와서 두 형에게 이렇게 말했다.

"우리 세 형제가 편모(偏母)를 모시고 살면서 아직까지 잔치를 열어 헌수(獻壽)¹⁵를 못 드린 게 마음에 걸리네요. 그래서 소를 잡고 술을 마련해서 오색 색동저고리를 입고 반의지희(斑衣之戲)¹⁶로 어머니 마음을 기쁘게 해드리려 하는데 형님들께서는 어떻게 생각하십니까? 잔치에 필요한 것들은 제가 서울로 올라가서 다 준비해오도록

---

13 아버지를 높여 부르는 말.
14 중이 짚고 다니는 지팡이. 밑 부분은 상아나 뿔로, 가운데 부분은 나무로 만들며, 윗부분은 주석으로 만든다. 탑 모양인 윗부분에는 큰 고리가 있고, 그 고리에 작은 고리를 여러 개 달아 소리가 나게 되어 있다.
15 환갑잔치 따위에서 주인공에게 장수를 비는 뜻으로 술잔을 올리는 일.
16 '알록달록한 옷을 입고 재롱을 피운다'는 말로 '부모님에 대한 지극한 효성'을 의미한다. 중국 춘추시대(春秋時代) 초(楚)나라 사람인 노래자(老萊子)가 나이 70살에 오색 색동옷을 차려 입고 어린애 같은 재롱을 피우며 늙으신 부모님을 기쁘게 해드렸다는 데서 유래한 말이다. 노래자는 중국의 24효자 중의 한 사람이다.

하겠습니다."

두 형들은 그저 동생이 하자는 대로 고개를 끄덕일 뿐이었다.

한번은 그가 모친에게 가만히 이렇게 말했다.

"소자(小子), 중이 되고자 하여 이렇게 어머니께 작별 인사를 드립니다. 하지만 그동안 키워주신 은혜를 잊을 수 없는지라 헌수(獻壽) 잔치나 열어드리고, 잔치가 끝나면 곧바로 집을 떠나고자 합니다."

그러자 그의 어머니가 깜짝 놀라면서 이렇게 말했다.

"이게 대체 무슨 말이냐! 집안 살림 넉넉하지, 부모 잘 섬기지, 이렇듯 복록(福祿)이 무궁(無窮)한 터에 실성(失性)을 하지 않고서야 어찌 그런 말을 할 수 있단 말이냐?"

"사실은, 드릴 말씀이 있사온데 차마 말을 못 꺼내겠습니다."

"말해보거라."

"똑같은 부모님의 핏줄을 타고 났는데도 돌아가신 아버지께서, 절더러 집터의 주인이라고 말씀하시면서 소자(小子)에게 형님들을 부탁하신 점이 첫 번째로 의심스러운 점이며, 또 하나는 풍수쟁이가 양반이 발복(發福)할 땅이라고 했는데 꿈속에서도 신장(神將)이 같은 말을 했다는 점이며, 또 다른 하나는 지나가는 길손이 업(業)을 쏘아 죽였을 때 중 또한 똑같은 말을 되풀이했다는 점입니다. 제가 뉘집 자식인지도 모를 바에는 차라리 머리를 깎고 중이나 되렵니다."

모친이 웃으며 말했다.

"네 아비는 장단(長湍) 사는 이생원(李生員)이란다."

그런 뒤 아들에게 몸을 허락하게 된 사연을 자세히 얘기해 주면

서 말하기를,

"길손의 말소리가 이생원(李生員)과 비슷하기는 하더라만, 얼굴도 못 본 데다가 어디로 갔는지도 모르는데 중의 말이 맞는지 안 맞는지 어떻게 알겠니?"

그 말을 들은 아들은 요동치는 마음을 가눌 길이 없었다.

그래서 그는 모친에게 아무에게도 말하지 말라고 당부한 뒤, 서울에 간다고 둘러대고 하인에게 분부를 내려 대여섯 마리의 말에다가 포백(布帛)[17]과 은돈(銀兩)을 가득 실은 다음 곧바로 장단(長湍)으로 향했다. 이생원(李生員)의 집에 도착해보니, 깎아지른 절벽 밑 개천 위에, 엉성한 울타리를 두른 초가집이 있는데 창백한 얼굴을 한 백발노인이 두건을 위로 젖히고 한가하게 앉아 있었다. 그 사람은 데리고 간 하인들과 짐을 숨긴 다음 즉시 성큼성큼 다가가 인사를 했다. 이생원(李生員)이 물었다.

"댁은 뉘신가?"

"지나가다가 집이 있기에 좀 묵어갈까 해서 왔습니다."

"우리 집은 가난해서 대접할 것도 없네. 날도 저물고 했으니 여인숙을 찾아가서 거기서 묵어가는 게 좋을 듯싶으이."

"드리고 싶은 말씀이 있으니, 한쪽으로 같이 좀 가셨으면 합니다."

이생원(李生員)은 의아스러운 생각이 들었지만 한번 따라가 보기로 했다. 따라가자 그 사람이 이렇게 말했다.

"달포쯤 전에 모처(某處)에 있는 집에서 이상하게 생긴 짐승을 쏘

---

17 '布'는 면직물(綿織物), '帛'은 견직물(絹織物).

아 죽이신 일이 있으신지요?"

깜짝 놀라 '이 사람이 필시 보복을 하려고 왔구나' 하고 생각한 이생원(李生員)은 거짓으로 이렇게 말했다.

"노물(老物)[18]이 늙고 병들어서 문밖을 못 나가본 지가 벌써 몇 년 쟁데 그렇게 먼 곳을 내가 어떻게 간단 말인가?"

그 사람은,

"나쁜 뜻을 가지고 온 것이 아니니 솔직하게 말씀을 해주셨으면 합니다."

고 하면서 다시 이렇게 물었다.

"지금으로부터 수십 년 전에 아무개 땅 아무개 집에서 묵어가신 적이 있으신지요."

그 말을 듣자 이생원(李生員)은 그가 짐승을 죽인 일 때문에 온 것이 아님을 눈치채고 한참 동안을 생각하다가 이렇게 대답했다.

"그런 적이 있네."

그 사람이 다시 물었다.

"그러면 그때 집주인이 서울로 번(番)을 살러 가고 혼자 남아 있는 여주인을 행차(行次)께서 가까이하신 일이 있으신지요? 달리 무슨 의도가 있어서 그런 것은 아니고, 그냥 자세히 알고 싶어서 물어보는 것입니다."

그러자 이생원(李生員)이 웃으면서 말했다.

"그렇다네."

---

18 늙은이가 자기(自己)를 낮추어 이르는 말.

그 사람은 한편으로는 기쁘고 또 다른 한편으로는 슬픈 생각이 들어 눈물을 주루루 흘리며, 자신의 어머니가 해주었던 얘기며, 풍수쟁이의 이야기, 그리고 신장(神將)의 깨우침과 길 가던 중의 말 등을 하나도 빠짐없이 일일이 얘기해 주었다. 늙어서까지 아직 후사(後嗣)가 없었던 이생원(李生員)은 즉시 그의 손을 잡고 등을 어루만지며,

"그래 네가 바로 내 아들이었구나."

하면서 안방으로 그를 데리고 들어와서 아내에게 자세히 이야기를 하였다. 그의 처도 기뻐하면서 이렇게 말했다.

"우리 부부가 늙도록 자식이 없어 아직까지 아비, 어미 소리를 한 번도 들어본 적이 없었는데, 오늘은 무슨 복이 터졌는지 없던 자식이 새로 생겼구려."

그 사람은 인사를 하고 밖에 나가 하인들을 불러서 들어와 뵙게 한 뒤 비단과 면직, 맛있는 술과 안주 등을 모조리 풀어서 차례로 들여오게 했다. 이생원(李生員) 부부는 실컷 먹고 마시면서 마치 꿈인 양 즐거워하였다.

며칠 동안 묵은 뒤 그 아들이 부친에게 고하였다.

"담양(潭陽) 계시는 노모(老母)께 수연(壽宴)을 베풀어 드리고자 합니다. 천한 자식이라고 멀리하지 마시고 아버지께서도 저희 집에 잠시 들르셔서 서로 회포나 풀었으면 합니다."

이생원(李生員)이 쾌히 승낙을 하자 이튿날 아침에 여정에 올랐고, 집에 도착한 즉시 큰 잔치를 열었다. 잔치가 끝나자 대청 위에 부모님을 앉게 한 다음 두 형들에게 이렇게 말했다.

"어머니는 제가 모실 테니 형님들은 집 재산을 맡아주세요. 그리고 여기 그냥 사시면서 가끔 한 번씩 찾아오도록 하세요."

두 형들은 울면서 알았다고 했다.

이튿날 여장을 갖춘 아들은 부모를 모시고 가벼운 짐만 실은 채 길을 떠났다. 집안 사람 모두가 즐겁고 화목하매 동네 사람들의 칭찬이 자자하였다. 하룻밤의 인연이 백년(百年) 맹약(盟約)이 될 줄 누가 알았으랴? 그 뒤로 자손이 번창하고 과거 급제자들이 줄을 이었다. 그리고 높은 관직자들이 다수 배출되어 이른바 벌열(閥閲) 집안이 되었다.

풍수쟁이의 말이 좌계(左契)[19]가 들어맞듯 들어맞으니 비여지술(比輿之術)[20]이란 정말 이처럼 신통한 것인가? 내가 마침내 그 전말(顛末)을 기록한 뒤 '감여기응(堪輿奇應)[21]'이라고 이름 붙였다.

---

19 〔노자(老子)에 나오는 말로〕 둘로 나눈 부신(符信)의 왼쪽의 것 하나를 자기(自己) 손에 두어 좌계로 하고, 다른 것을 상대방(相對方)에게 주어 우계(右契)로 한다.

20 이를 비여지술(比輿之術)의 잘못으로 본다면, '지도(地道, 땅의 도)를 비교하는 술법'이라고 번역할 수 있다.

21 감여(堪輿)란, 원래 '만물을 포용하며 싣고 있는 물건'이란 뜻으로 풍수지리(風水地理)를 말한다. 그러나 여기서는 감여가(堪輿家)를 줄여서 한 말로서, 풍수쟁이를 의미하고 있다. 따라서 '감여기응(堪輿奇應)'이란 말은 '신통하게 맞아떨어진 풍수쟁이의 말'이란 뜻으로 풀 수 있다.

【堪輿奇應傳】

　　萬曆年中 潭陽地有金姓良役者 雖庶人 心地頗通矣 當番上京 其妻率兩稗兒在家 一日 有行客來投 見其妾容悅之 試問曰 汝之丈夫何處去 女曰 夫婿上番京城矣 客幸其不在 乘夜唐突候其睡熟 輕輕開戶以試 則環鐵不鎖 側耳聽之 則鼾睡甚牢 遂躶體入衾 女驚悟長嘆曰 妾雖無獻笑之擧 同歸於失節之比 豈不寃乎 然事已至此 則願聞郎君姓名與居住 或作日後相記之道耳 客曰 汝言亦有理也 仍言吾姓李名某 居在長湍某村矣 翌曉發情悵結而去 厥後 主人遞番還家 妻有娠矣 意謂上京之月受胎 而視以尋常 準朔生男 仍卽斷産 只有三子 長成娶婦同居矣 一日 堪輿歷見其家後山旁麓曰 此基若住兩班 則十年內富埒豪門 後世子孫 當奕昌矣 金謂其妻曰 地師之言 雖未可信 可作土室於其處 謂其長子 汝往居之 一日 其子半夜失驚流汗而來 父母問其由 曰 夢寐之間 有一大將 率千兵萬馬 駢闐而來 曳出我大喝曰 此地兩班家發福之處 汝安敢來居乎 不去必有禍矣 覺來戰慄而至云 其父曰 物各有主 然豈可人人如是 福人逢吉地者抑或有理否 第使仲子往宿 則所夢又如前 第使末子往宿 則經宵不還 其父慮其魘死 疾步往見 則鼻息如雷 呼而問之 則欠伸徐對曰 夢見金冠絳袍之官 威儀甚盛而來賀曰 地得主矣 地得主矣 他日福祿有不可言 仍勸數盃酒 醉飽不醒 不覺日高矣 其父忽生疑訝 暗暗內言曰 伯仲兩兒 貌類我矣 末子儀形 決非常人 地師之言 神人之告 丁寧符合 必有故也 獨與其妻同坐房中 拔釰恐嚇曰 末子事 汝自知之 若不直吐 則死此刃下 妻曰 不必如是 妾欲先言 而不美之事 實難宣告於丈夫不問之前 故趑趄久矣 今旣到此 則安敢隱諱 始將長湍李生 乘睡强狎之事 一一直招 其夫亦無奈何 深自恕息曰 爾生兩班兒 福祿無窮矣 吾之二子 居於爾子之行廊可也 仍卽呼末子謂曰 汝是此基主人 日後富貴 廣濟丐乞 善遇行客 多樹蔭方可也 又招二子謂曰 爾事爾弟 如待上典可也 居此數年 果爲富家翁矣 其間長湍李生 年已老矣 又因事 下往湖

南路由潭陽 忽憶昔年事 故故乘暮轉向金家 滿目蓬蒿 蕭然遺墟 意謂年久 滄
桑已變 悽然四顧 旁麓之下 隱隱有好家舍 第往投宿 且探金家事 往訪主人 則
有一丈夫 身手飄蕩 欣然款接 先進酒肴 繼供夕饌 瀹濫極備 飣餤豊備 李生反
生疑懼 以爲素昧平生之人 款待逾節 此必鉅盗 啗以酒食 睡熟劫奪行資與馬
匹也 然走亦難免 吾寧殺彼而死可也 暗暗粧束 手執弓矢 屏息以坐 半夜月影
有物 自林園中來 厖厖然如犺 閃閃然如虎 向簷嘘氣 如火如焚 李生驚懼 彎弓
的而射之 一發殪倒 自思曰 主人尚未覺悟 此物不知何物 黑夜暗箭 若殺主家
愛物 則反以我爲盗 無辭發明 不如乘夜逃走 潜出攬起僕從 不敢前進 還爲上
來長湍矣 平明主人起視 則客子不知去處 有一巨獸 帶箭流血而斃 其形甚怪
無頭無尾 直一肉塊 微有耳目口鼻 殊非人世間所有 心甚疑訝 異置於路旁 以
俟識者 行人見者 莫不駭異而已 過三日後 有一老釋 植杖而嘆曰 此家之福力
無限矣 主人隱身潜聽 挺出往問 僧不答 再三力問 則云 此物乃君家之業也 君
今運盡 此獸嘘作火氣 燒盡君家 若不射殺 則君家家舍人蓄盡爲灰燼 幸賴君
之大人射殺此也 主人曰 吾家大人 下世已久 安有是理 僧曰 非君父則誰能除
君害耶 言未已 飛錫而去 主人心甚疑怪 且恐語泄 瘞其物而還 謂其兩兄曰 吾
弟兄三人 奉侍偏親 不曾設筵上壽 甚可欠也 今將置酒宰牛 彩衣斑舞 慰悅親
心 兩兄之意 果何如耶 雲需弟自當之 將欲上京賀來矣 其兩兄 只從其弟指揮
唯唯而已 後日從容謂其母曰 小子有出家爲僧之計矣 只慈顏從此別矣 劬勞之
恩 不敢忘 故欲一上壽 壽畢告退矣 母大驚曰 是何言也 是何言也 汝以一富善
養我 福祿無窮 胡出此失性之言耶 對曰 竊有所仰稟 而不敢發也 母曰 第言之
對曰 吾家同受父母之餘氣 而亡父在時 謂我 以家基之主 而反使兩兄 托於小
子 是一疑也 堪輿之言 謂以兩班發福之地 而神夢暗合 是一疑也 過客射業 僧
說丁寧 是一疑也 兒不知姓 則削髮爲僧宜矣 母笑曰 汝父長湍李生員也 細細
仍言强劫之事 且曰 過客聲音 有似李生員然 旣不能見面 又不知所向 又亦安
知僧言之有理乎 其子聽罷 心如風旋 無所止泊 囑其母勿泄 分付家僮 稱以上

京 前驅五六馬疋 滿駄布帛銀兩 而行直向長湍 到李家 則斷崖之下 小溪之上
茆屋疎籬 極其瀟洒 蒼顏白髮 岸巾閑坐 其人匿其行中僕從輜重 卽趨而進謁
李生曰 汝是何人 其人對 以行旅望門投宿而已 李生曰 吾家貧乏 無以接賓 日
已暮矣 往尋店舍 而留宿便矣 其人曰 有一言可達者 願進僻處言之 李生疑而
從之 其人進曰 月前 於某處其家 有射殺異獸之事耶 李生驚恐 意謂此人必有
報復之意也 諱之曰 老物多病 不出門庭 積有年矣 安有遠路作行之理乎 其人
曰 吾有好意而來 願勿錯諱 又曰 退計數十年前 於某地某家 留宿之事乎 李生
叩其言 知其不以殺獸而來 良久沈吟而答曰 有之 其人曰 然則 其時主人上番
京中 獨有女主 而行次有所眄耶 實無他意 願聞其商 李生笑曰 然 其人一喜一
悲 感淚先下 且傳其母之語 堪輿之言 神將之告 過僧之說 一一直告 李生老而
無嗣 卽握手撫背曰 是吾子也 携入內房 細言細君 其妻亦喜曰 吾夫妻老而無
子 尙未聞爺孃之呼 何幸今日無子而有子也 其人辭出外 呼其奴僕入現 解卜
紬段綿布美酒佳肴 次第奉入 李生夫妻 醉飽歡樂 如在南柯夢中 留數日後 其
子告其父曰 潭陽有老母 將設壽宴 願父親勿以賤子而疎之 暫向陋家 鼎坐敍
懷也 李生快諾 明早啓行 及到其家 卽設大宴 宴罷 坐其父母於堂上 謂其兩兄
曰 吾母不可留此 弟當陪往 家産盡付與兩兄 兩兄同居此處 種種來覲可也 兩
兄泣謝領諾 翌日治行 李子陪其父母 備載輕裝上去 一室和樂 鄕里稱之 安知
一宵之緣 反作百年之盟哉 其後 子孫蕃衍 科第連 仍多有顯官 爲世之閥閱 地
師之言 若合左契 比與之術 果若是神應耶 余遂記其終始 名之以堪輿奇應云

十. 이내한소사 李內翰小史

내한(內翰)[1] 이영(李嶸)[2]은 자(字)를 중고(仲高)라고 한다. 태어나면서부터 남다른 데가 있어서 글과 말을 함께 깨쳤다.

나이 겨우 8살이었을 때 그 부친이 '눈'을 주제로 글을 짓게 했더니, 말이 떨어지기가 무섭게 이렇게 글을 지어올렸다.

不夜月千里 달밤같이 천 리 길 훤히 밝히고
非春花滿家 봄꽃처럼 온 집을 화려하게 단장할 때
一痕天地內 온통 하얗게 변한 천지 중에 작은 점 하나
寒樹有飢鴉 차가운 나무 위에 앉아서 떨고 있는 갈까마귀

12살에는 문사(文思)[3]가 크게 발전했다. 16살 때 그 부친의 병세가 위급해지자 하늘에 호소를 하며 걱정해 마지 않다가 손가락 뼈를

---

1 조선시대 한림(翰林)의 다른 이름. 한림은 예문관(藝文館)의 정8품 벼슬인 대교(待敎)와 정9품 벼슬인 검열(檢閱)을 지칭하는 말.
2 이영〔李嶸, 1560~1582년〕: 본관(本貫) 전주(全州). 자(字) 중고(仲高). 율곡(栗谷)의 문인(門人). 21살에 등과(登科). 22살에 한림(翰林). 23살에 요절했다.
3 글 속에 들어 있는 사상.

잘라서 약으로 썼다. 그러나 상처가 도져서 죽게 되자 3년 동안 거상 (居喪)⁴을 했다. 어머니를 섬길 때는 정성과 예절이 모두 지극하였으며 형을 섬길 때는 아우로서의 도리를 다했다. 그의 천품(天稟)이 바로 그러하였다.

나이 19살에 감시(監試)⁵ 초시(初試)에 장원(壯元)을 하여 그 명성(名聲)이 자자(藉藉)해지자 많은 시인(詩人)과 묵객(墨客)들이 그를 하늘의 신선처럼 우러러보았다. 그러나 유독 이오봉(李五峯)⁶만은 스스로도 그 근처에 간다고 자부를 하고 있었는데 오봉(五峯) 또한 장원으로 급제하였다.

회시(會試)를 보게 되었을 때, 오봉(五峯)이 일부러 그를 찾아가 동접(同接)⁷을 하자고 제의했다. 그러자 그가 이렇게 대답했다.

"(진정한) 신비라면, 과거 시험장에 들어가서 머릿속에 넣어두었

---

4 부모의 상(喪)을 입었을 때, 복(服)을 벗기 전까지 오락과 교제를 끊고 애도를 표시하다. ≒守孝.
5 소과(小科)를 말하며 생원과 진사를 뽑던 과거. 초시(初試)와 복시(覆試)가 있었다. ≒사마·사마시.
6 이호민〔李好閔, 1553~1634년〕: 본관(本貫) 연안(延安). 자(字) 효언(孝彦), 호(號) 오봉(五峯)·남곽(南郭)·수와(睡窩). 시호(諡號)는 문희(文僖). 1579년(선조 12년) 감시 (監試)에 급제하여 사관(史官)·응교·전한·집의 등을 지냈다. 1601년 예조판서로 인성왕후(仁聖王后)의 지문(誌文)을 다시 썼으며, 대제학·좌찬성을 거쳐 1604년 호성공신(扈聖功臣) 2등으로 연릉군(延陵君)에 봉해졌고, 그 뒤 부원군(府院君)으로 진봉되었다. 1615년 정인홍(鄭仁弘) 등의 원찬론(遠竄論)으로 문외출송(門外黜送) 당했다가 1623년 인조반정 뒤 구신(舊臣)으로 대우를 받았다. 교서를 잘 지었고, 시에도 뛰어나 전란의 비애를 형상화한 시들을 지었다. 저서에 〈오봉집〉이 있다.
7 원래 같은 곳에서 함께 공부한다는 뜻이지만, 여기서는 시험장에서 같이 시험을 본다는 뜻으로 쓰였다.

던 걸 꺼내 시험지에다 적기만 하면 되는 것이지, 함께 시험을 봐서 어디다 쓰겠소?"

그의 자부심은 이런 정도였다. 그러나 오봉(五峯)은 이에 아랑곳하지 않고 계속 부탁을 했다. 그런데도 그는 끝내 대답을 하지 않았다.

회시(會試)를 볼 적에 오봉(五峯)이 시험장 안을 다 뒤져서 이(李)와 동접(同接)을 하여 앉은 뒤에 누차 간청을 했다. 문제가 출제되고 함께 글을 짓기 시작할 때 공(公)은 상의(相議)에도 응하지 않았을 뿐만 아니라 또한 보려고도 하지 않았다. 오봉(五峯)이 제3작(第三作)[8]을 보여달라고 말하자 잠깐 보여주고는 그뿐이었다.

드디어 합격자 발표가 났다. 오봉(五峯)이 장원을 차지하고 공(公)은 떨어졌다. 그러자 세상 사람들이 시험관(試驗官)을 '눈먼 봉사 시험관'이라고 기롱(譏弄)했다.

21살에 문과(文科) 을과(乙科) 일인(一人)[9]으로 급제하고 이듬해 예문관(藝文館)[10]에 뽑혀 들어간 뒤 관례에 따라 봉교(奉教)[11]의 벼슬

---

8 자세하지 않으나 대략 시험삼아 쓴 작품을 얘기하는 듯하다.

9 문과(文科) 회시(會試)의 합격자 33인은 전시(殿試)를 통해서 과차(科次)를 정하게 되는데 총 33인을 갑(甲)·을(乙)·병(丙)의 3과로 나누어 각각 3인, 7인, 23인을 두는데, 을과(乙科) 일인(一人)이란 을과(乙科) 제일인(第一人)을 말하는 것이다.

10 조선시대에 사명(詞命, 임금의 말이나 명령)을 짓는 일을 맡아보던 관아. 태조 원년(1392년)에 둔 예문춘추관을 태종 원년(1401년)에 예문관과 춘추관으로 분리하였는데 고종 31년에 경연청에 합하였다. 늑문원(文垣)·한림원(翰林院).

11 조선시대 예문관(藝文館)의 정7품 벼슬. 태조 원년(1392년) 7월 관제 신정(官制新定) 때 예문춘추관(藝文春秋館)의 공봉관(供奉官, 정7품)을 태종 원년(1401년) 7월에 예문·춘추 2관(館)으로 분립하면서 봉교(奉教)로 개칭, 예문관의 속관(屬官)으로 되었다. 예문관의 봉교 2인, 대교(待教) 2인, 검열(檢閱) 4인은 전임관(專任官)으로 이들은 통칭 한림(翰林) 8원(八員)이라고 하여, 모두 춘추관 기사관(春秋館記事官)을 겸임

에 올랐다. 23살에 천연두(天然痘)에 걸려 세상을 하직하였다.

모부인(母夫人)이 밤낮을 가리지 않고 시체를 부둥켜안고 우는데, 하루는 푸른 옷을 입은 소년이 나귀를 타고 문 앞에 와서 말했다.

"저는 한림(翰林)의 친구입니다. 들어가서 곡을 하게 해주십시오."

친구가 왔단 말을 들은 부인(夫人)은 더욱더 마음이 쓰라렸지만 즉시 안으로 맞아들였다. 그러자 그 소년이 이렇게 부탁했다.

"잠시 비켜주십시오. 그리고 들여다보지 마십시오."

주인집 사람들은 그가 부탁한 대로 비켜주었으나 좀 의심스러운 생각이 들었다. 그래서 먼발치에서 가만히 엿들어보기로 하였다. 들어가서 앉은 소년은, 시체 옆에다 대고 낮은 목소리로 뭐라고 말을 건넸다. 그러자 깔깔 웃는 웃음소리가 들려왔다. 조금 있다가 소년은 밖으로 나와 나귀를 타고 어디론가 가버리고 말았다. 사람을 시켜서 뒤쫓아 가보게 했더니 어찌나 빠른지 어디로 가버렸는지 간 곳을 알 수가 없었다.

발인(發靷)¹²할 때가 되자 공(公)은 그의 처(妻)의 꿈 속에 여러 번 나타나 이렇게 말했다.

"난 제 명(命)대로 살지 못하고 잘못 죽은 거요. 그래서 명부(冥府)¹³에서 환생(還生)을 시켜준다고 하니 빨리 관 뚜껑을 열고 날 좀 꺼내주시구려."

하였다.

12 상여(喪輿)가 집에서 묘지를 향하여 떠나는 것.
13 사람이 죽은 뒤에 심판을 받는 곳.

꿈에서 깨어난 처는 일장 통곡을 한 뒤, 시어머니에게 말씀을 드려 관 뚜껑을 열어보았다. 그랬더니 시신은 종적도 없고 옷가지 속에 쓰르라미만 잔뜩 담겨져 있을 뿐이었다.

집 사람들이 이상하고 기이한 생각이 들어 다시 관 뚜껑을 덮은 다음, 발인하여 산 계곡에 도착하게 되었다. 그러자 전에 조문을 왔던 소년이 어디에선가 또 나타나 중고(仲高)를 부르면서 이렇게 말했다.

"모일(某日) 모시(某時)에 모처(某處)에서 만나자."

그런 뒤 홀연 모습을 감추고 종적을 찾을 길이 없었다. 사람들은 모두 이 내한(李內翰)이 시해(尸解)[14]하여 신선(神仙)이 되어 갔다고들 말을 했다.

---

14 도교에서 몸만 남겨두고 혼백이 빠져나가서 신선이 되다. 또는 그런 일. 늑선화(蟬化).

【李內翰小史】

　　李內翰嶸 字仲高 生而質異 文與語偕進 年甫八歲 其大人使之賦雪 應口
對曰 不夜月千里 非春花滿家 一痕天地內 寒樹有飢鴉 十二歲文思大進 十六
歲其父疾革 籲天憫絶 斫斷指骨爲藥 創重幾死 居喪盡禮 事母誠文俱至 事兄
得弟道 稟於天者如是矣 年十九魁捷監試初試 聲名籍甚 多少騷人才子 望之
若天上郎 獨李五峯自謂庶幾其榜 五峯亦魁中 及至會試 五峯委訪 請以同接
對曰 士之於科場 只宜流出腦中所蓄 而書諸紙而已 何用同場 爲其自負類如
此 五峯不以爲慍而强請 猶未諾矣 赴會試也 五峯遍訪場屋 仍坐同接李 極其
涘涘 及出題同作賦詞 公不肯相議 亦不肯見 第三作五峯求見 則暫示而已 及
其榜出 五峯居魁 公則見屈 世人以盲試官譏之 二十一歲 登文科乙科一人 明
年選入藝文舘 例陞奉教 二十三歲得痘疾不起 母夫人抱屍呼哭 晝夜不輟 一
日靑衣少年 騎驢到門曰 我是內翰友也 願一入哭 夫人聞其友至 尤極摧痛 卽
地延入 其少年請曰 主人少避勿窺 主家依其言 而疑之 遠聽 則那少年入座 屍
側低聲微語時 有呵呵笑聲 俄爾少年出門 揚鞭而去 使人跟尋 其疾如飛 不知
去處 及其發靷 公頻夢於其妻曰 我非命誤死 故冥府使之還生 須卽開棺取出
妻夢覺號哭 請於姑 開棺視之 屋舍無有 只於空衣衾內 多積蚯蟊虫而已 渾舍
疑怪 還爲合盖而發靷 行到山谷 則前所來弔之少年 不知自何而至 呼仲高曰
某日某時某處 來會可也 仍忽不見 追之莫及 人謂李內翰屍解爲仙云

十一. 이상국소사 李相國小史

월사(月沙)[1] 이 상국(相國)[2]이 만년(晩年)에 정사(精舍)[3]에서 조용히 거처하고 있었다. 하룻저녁에는 머리에 면사(綿絲) 두건을 쓰고, 몸에는 녹의(綠衣)[4]를 걸친 어떤 소년이 나귀를 타고 나타나 문지기에게 이렇게 말했다.

"아주 중요한 일이 있으니 대감께 얼른 아뢰시오."

문지기의 말을 들은 월사(月沙)가 그를 들어오게 한 뒤 살펴보았더니, 미목(眉目)[5]이 청수(淸秀)[6]하고 행동거지가 거침이 없어 평범

---

1 이정구 [李廷龜, 1564~1635년]: 한문 4대가의 한 사람. 본관(本貫)은 연안(延安). 자(字)는 성징(聖徵), 호는 월사(月沙) · 보만당(保晚堂) · 추애(秋崖) · 치암(癡菴) · 습정(習靜). 14세에 승보시에 장원한 뒤, 22세에 진사, 1590년(선조 23년) 증광문과에 급제했다. 여러 차례 대제학에 올라 문사(文詞)에 능한 자들을 발굴했고, 중국을 내왕하면서 100여 장의 〈조천기행록(朝天紀行錄)〉을 펴냈다. 그 뒤 병조판서 · 예조판서 · 좌의정 · 우의정을 지냈다. 문학을 경세치용(經世致用)의 도구로 보았으며, 그의 문장은 당시 관인문학을 선도하는 전범(典範)을 보였다. 시문집으로 〈월사집〉 68권 22책이 전한다.
2 영의정, 좌의정, 우의정을 통틀어 이르는 말. 능상신(相臣).
3 정신을 수양하는 곳.
4 녹색 옷. 예전에 천한 사람이 입던 옷이다.
5 얼굴 모양.
6 얼굴이 깨끗하고 준수(俊秀)하다.

한 인물이 아니었다.

"중요한 일이란 게 대체 뭔가?"

"듣자 하니, 상국(相國)께서는 박학다식(博學多識)하실 뿐만 아니라 문장(文章)에도 뛰어나 한 시대의 문형(文衡)[7]을 주재(主宰)하고 계신다고들 하기에, 한번 찾아 뵙고 주옥(珠玉) 같은 말씀을 들은 뒤, 욕심에 사로잡혀 답답한 이 흉금을 어떻게 교화(敎化)라도 한번 시켜볼까 해서 왔습니다."

이렇게 말을 꺼내는가 싶더니, 역대(歷代) 잘 되고 못 되어서 흥(興)하고 패(敗)한 인물들의 출처(出處)를 하나하나 들추면서 따져 묻는데, 그 주장하는 바가 지혜롭고 총명해서 한 마디도 대꾸를 할 수가 없었다.

이윽고 동산(東山)에 달이 밝자 그 소년이 시(詩) 한 수를 읊었다.

明月大如盤 쟁반처럼 크고 둥근 달

白雲峰上吐 흰 구름 흐르는 높은 봉우리 위에서 나타나네.

盈虧幾千年 수천 년 세월을 부단히 찼다가 또 기우는,

爾獨知今古 바로 너만이 고금(古今)의 이치를 밝히 알리.

읊기를 마친 그는 월사(月沙)에게 대구(對句)를 요구했다. 기가

---

7 대제학(大提學)을 달리 이르는 말. 주로 글을 심사하는 일을 맡음으로써 사실상 당대의 문운(文運)을 좌우하는 큰 역할을 담당하였다. 대제학(大提學)이란, 홍문관(弘文館)·예문관(藝文館)의 정2품(正二品)의 으뜸 벼슬을 말한다.

눌린 월사(月沙)가 곧바로 대답을 하지 못하자 소년은 인사를 한 뒤 채찍을 휘둘러 떠나가 버렸다. 월사(月沙)가 사람들을 시켜서 따라가 보게 했더니 벌써 어디론가 가버리고 보이지 않았다.

이러한 부류들은 신(神)인지 선(仙)인지 알 수는 없지만 또한 기이하다고 하겠다.

【李相國小史】

　　月沙李相國 晚年常靜處精舍 一日夕 有一少年 頭戴絲冠 身着綠衣 騎驢
到門 謂門卒曰 有緊切事 速告大監也 門卒卽通 月沙邀入 眉目淸秀 擧止飄然
非凡人骨格 仍問曰 君有何緊事耶 少年曰 聞 相國博古通今 能文章 主一代之
文衡云 故願一見之 請以金玉之論 冀牖[8]茅塞之胸 仍將歷代興廢人物出處 枚
擧詰問 議論英達 沙相不能措一辭 于時 月上東岳 那少年卽口呼一絶曰 明月
大如盤 白雲峰上吐 盈虧幾千年 爾獨知今古 吟已求和 沙相氣壓 不能卽對 少
年長揖 揮鞭而去 沙相使人跟尋 不見其處 未知此類神耶仙耶 其亦異矣

十二. 홍남원소사 洪南原小史

남원(南原) 홍일지(洪一之)[1]는 글재주가 숙성(夙成)[2]해서 젊은 나이에 연방(蓮榜)[3]에 이름을 올렸다. 그의 부친인 참판공(參判公)[4]이 안변(安邊)[5] 사또를 지낼 적에 학포(鶴浦)에 놀러 간 적이 있었다. 포구(浦口)의 백사장에 있는 널찍한 반석(盤石) 위에 앉아 쉬면서 풍경에 취해 있는데, 홀연히 대광주리 모자에 다 떨어진 장삼을 입고 어깨에는 흰 보자기를 비스듬히 들쳐 멘 한 노인(老人)이, 석장(錫杖)을 짚고 나타나 인사도 없이 홍(洪)의 곁에 와서 앉는데 겸손하고 공손한 구석이라곤 눈꼽만큼도 찾아볼 수가 없었다. 서울의 권세 있는 집안 출신의 재자(才子)[6]로서 성격이 교만했던 홍(洪)은 한참 동안을 물끄러미 쳐다보다가 이렇게 물었다.

---

1 홍주일〔洪柱一, 1604~1662년〕: 자(字)는 일지(一之). 호(號)는 현당(玄塘). 인조 9년 (1631년)에 별시(別試) 병과(丙科) 11인(人). 수찬(修撰), 목사(牧使), 통정(通政) 벼슬을 지냈다.
2 나이는 어리지만 정신적·육체적 발육이 빨라 어른스러움을 말한다.
3 소과(小科)인 생원과, 진사과의 향시(鄕試), 회시(會試)에 합격한 사람의 명부.
4 홍방(洪霶)을 말한다.
5 강원도 북동부에 있는 군.
6 재주가 있는 젊은 남자.

"장로(長老)[7]는 대체 뉘시오?"

"난 산야(山野)에 묻혀 사는 사람일세."

"보자기 속에 든 물건은 뭐요?"

"주역(周易) 책이라네."

"좀 보여주시겠소?"

노인이 책을 꺼내 보여주는데 보니까 주역(周易) 정문(正文)[8]이었다. 홍(洪)이 물었다.

"늘 가지고 다니시오?"

"그렇다네."

"왜요?"

"위로는 천문(天文)[9], 아래로는 지리(地理)[10], 그리고 그 가운데 있는 인사(人事)[11] 따윌 모두 이걸 통해서 알 수가 있지. 그러니 잠시도 없어서는 안 되는 거야."

홍(洪)은 저도 모르게 벌떡 일어나면서 말했다.

"삼재(三才)[12]의 이치에 대해서 좀 가르쳐 주십시오."

---

7 학식이 풍부하고 나이 많으며 덕이 높은 중. 선종(禪宗)에서 절의 주지(住持) 또는 화상(和尙)에 대한 높임말.

8 유학(儒學)의 경서(經書)에서 주석이 없이 원문만을 쓴 책을 주석(註釋)이 있는 경서(經書)에 상대하여 이르는 말.

9 우주와 천체의 온갖 현상과 그에 내재된 법칙성.

10 땅의 형세나 기운을 인간의 길흉화복(吉凶禍福)과 연결시킨 땅의 이치를 말한다.

11 인간 세상의 일 혹은 생명(人)의 성정(性情)을 말한다.

12 '三才'의 '才'는 '材'와 뜻이 같다. '材'의 뜻은 재질 혹은 바탕 재목 등의 개념으로 천지의 만물을 구성하는 바탕이 된다는 뜻이다. 우주만물의 기본 원리인 음양(陰陽)의 흐름을 천도(天道)라 하고, 음양의 형체인 강유(剛柔)를 지도(地道)라 하며, 천도와 지

"짧은 순간에 그걸 어찌 다 말할 수 있을꼬?"

홍(洪)이 계속해서 간청을 하자 노인이 이렇게 말했다.

"정말로 듣고 싶은가?"

"어찌 빈말을 하겠습니까?"

"정 그렇다면 한번 애기해 볼까? 아득한 태고(太古) 적에 어두운 혼돈(混沌)의 세상이 처음 쪼개져서 갈라지자 가볍고 맑은 기운은 위로 올라가서 하늘이 되고 그 위에 해와 달과 별이 매달리게 되었지. 그리고 무겁고 혼탁(混濁)한 기운은 아래로 가라앉아서 땅이 되고 그 위에 산과 물과 풀과 나무가 실리게 되었지.

음양과 천지 사이에 있는 것 중에서도 가장 신령(神靈)스러운 존재가 바로 사람인데, 둥근 머리 모양은 하늘을 닮고, 장방형(長方形)의 발 모양은 땅을 닮고, 눈은 해와 달을 닮고, 입은 강과 바다를 닮고, 얼굴에는 오악(五嶽)¹³이 갖추어져 있으며, 몸은 육기(六氣)¹⁴를 부려서 천지(天地)의 도(道)가 끊임없이 순환되는 거야. 이런 까닭으로 인간 세상의 흥함과 망함에는 끝이 없고 그 안에 천지(天地)가 깃들어 있는 것인데, 그것이 한 번 다하게 되면 그것을 일컬어 '1원(一元)'이라고 부르지. '1원(一元)'에는 12회(會)가 있고 '1회(會)'는 1만 8

도 사이에 존재하는 생명(人)의 성정(性情)을 인도(人道)라 한다. 이 삼도(三道)의 본
질이 천지인 삼재(天地人 三才)이다. 천지인 삼재는 양을 대표하는 하늘(天), 음을 대
표하는 땅(地), 그 사이의 중간적 주재자로서 사람(人)을 지칭한다.

13 중국의 이름난 다섯 산. 태산(泰山), 화산(華山), 형산(衡山), 항산(恒山), 숭산(嵩山)을 일컫는다.

14 천지 사이에 있다는 여섯 가지 기운. 음(陰), 양(陽), 풍(風), 우(雨), 회(晦), 명(明)을 이른다.

백 년에 해당되지.

자회(子會)에 하늘이 생겨나고 축회(丑會)에 땅이 생겨났으며 인회(寅會)에는 사람이 생겨났어. 술회(戌會)가 되면 물질의 운수는 비색(否塞)하고 사람은 사라져 없어지게 되며 해회(亥會)가 되면 하늘도 땅도 다 없어지게 돼. 그리고 다시 자회(子會)가 되면 또다시 하늘이 생겨나는 방식으로 끝없이 순환하게 되지. 인회(寅會)로부터 오회(午會)까지는 4만 5천6백 년이고 당요(唐堯)[15]는 갑진년(甲辰年)에 일어났어. 이로써 미루어 보건대, 인회(寅會)로부터 묘회(卯會), 진회(辰會), 사회(巳會)까지는 모두 4만 3천2백여 년이니까 2천4백년에 오회(午會)에 들어갔고 당요(唐堯)의 세상이 되었지. 당요(唐堯) 갑진년(甲辰年)으로부터 명나라 만력(萬曆) 계축년(癸丑年)[16]까지의 시기가 다시 4천 년이니까 도합 6천4백 년이 돼서 지금부터 오회(午會)가 끝날 때까지는 4천4백 년 남았으니까 이미 오회(午會)의 반이 넘었다고 할 수 있어. 그러니까 양기(陽氣)는 점점 약해지고 음기(陰氣)는 강해지는 것이 당연한 거야.

그리고 치세(治世)가 극에 달하면 난세(亂世)가 오고 난세(亂世)가 극에 달하면 치세(治世)가 오는 법. 음양(陰陽)이 교차적(交叉的)으로 반복되고 추위와 더위가 교차적으로 반복되는 이치는 하늘과

---

15 중국의 요임금을 달리 이르는 말. 당(唐)이라는 곳에서 봉(封)함을 받은 데서 유래한다.

16 1613년.

땅의 이치지. 삼대(三代)[17]에 지치(至治)[18] 시대였던 것이 춘추(春秋) 시대에는 어두워지기 시작하고 전국시대(戰國時代)에 오면 매우 혼탁해져. 그리고 폭정(暴政)이 이루어진 진(秦)나라 때가 되면 세상의 도(道)가 완전히 막히게 되지. 한(漢) 고조(高祖)가 뱀을 죽이고 의병(義兵)을 일으킴[19]을 통해 치세(治世)에 들기 시작하면서 애제(哀帝)[20]와 평제(平帝)[21]의 시대가 도래하기까지 200년은 태평성대(太平聖代)였어. 왕망(王莽)이 왕위를 찬탈하면서 치세(治世)는 난세(亂世)로 접어들지. 그리고 광무제(光武帝)[22]가 중흥(中興)하면서 난세

---

17 고대 중국의 세 왕조. 하(夏), 은(殷), 주(周)를 이른다.

18 매우 잘 다스려진 정치.

19 한(漢) 고조(高祖) 유방(劉邦)이 33세 무렵 진(秦)에 반란을 일으킨 후 커다란 백사(白蛇)를 베어죽이고 나서 백제(白帝)의 아들〔한나라의 유방은 적제(赤帝)의 후손이고 진(秦)나라 시황제(始皇帝)는 백제(白帝)의 후손이라고 했다 함〕을 죽였다고 자랑했다는 사적(史蹟)에서 따왔다.

20 중국 전한(前漢)의 제10대 황제(B.C. 7~A.D. 1 재위). 이름은 유흔(劉欣). 원제(元帝)의 서손(庶孫)이며 정도공왕(定陶恭王) 유강(劉康)의 아들이다. 재위중에 사단대(師丹代)를 대사마(大司馬)로 등용하여 왕근(王根)을 비롯한 외척세력을 조정에서 척결했다. 또한 귀족과 호족이 점유한 대규모의 토지와 노비의 수를 제한하는 조서(詔書)를 내렸다. 그러나 재위 말년에 외척 정씨(丁氏)와 부씨(傅氏)가 정치에 깊이 간여하여 조정이 혼란에 빠지고 정치도 부패해졌다.

21 중국 전한(前漢)의 마지막 황제. B.C. 8~A.D. 8년에 활동했다. 한(漢) 평제(平帝)는 B.C. 1년에 권력이 막강했던 대사마(大司馬) 왕망(王莽)의 추대에 의해 황제가 되었으며, 5년 후 왕망의 딸과 결혼했다. 확실한 증거는 없지만 평제는 장인 왕망에게 독살당했다고 전해진다. 평제가 죽음으로써 왕망은 그 뒤 제위를 계승한 어린 황제를 대신하여 섭정(攝政)을 할 수 있었다. 9년, 왕망은 결국 한(漢)의 제위(帝位)를 찬탈하고 스스로 황제가 되어 신(新)나라를 세웠다.

22 신나라(新, 9~25년)를 세운 전한(前漢)의 재상 왕망(王莽)에게 찬탈당한 한(漢)나라를 재건한 황제(25~57년 재위). 이름은 유수(劉秀), 묘호(廟號)는 세조(世祖). 그가 재건한 왕조를 후한(後漢) 또는 동한(東漢, 25~220년)이라고 한다.

(亂世)는 다시 치세(治世)로 바뀌게 되고 환제(桓帝)[23]와 영제(靈帝)[24]의 시대가 올 때까지 200년은 오랫동안 백성들이 편안하게 되지.

삼국(三國)[25]이 서로 대치하게 되자 또다시 치세(治世)는 난세(亂世)로 접어들었고 동진(東晉)과 서진(西晉), 남북조(南北朝)[26] 육조시대(六朝時代)[27]에서 수(隋)나라까지는 난세(亂世)가 극에 달했어. 당(唐)나라 때 하나로 통일되면서 또한 난세(亂世)가 치세(治世)가 되었고 소종(昭宗)[28] 때까지 300년 동안 또다시 태평성대를 누리다 다시금 오계(五季)[29] 시절에 난세(亂世)가 왔지. 향기로운 협마영(夾馬

---

23 중국 후한(後漢)의 제11대 황제(146~168년).

24 영제 유굉〔靈帝 劉宏, 156~189년〕: 중국 후한(後漢)의 제12대 황제. 13세의 나이로 제위에 올랐다. 주색에 빠져 지낸데다 십상시(10명의 환관)들이 영제의 귀와 눈을 막고 국정을 임의로 처리함으로써 반란과 황건적의 난이 발발하게 된다. 그리고 그가 34세의 나이로 죽게 되자 그의 죽음을 계기로 군웅할거 시대가 열리게 되며, 이는 곧 삼국시대로 이어지게 된다.

25 후한(後漢)이 몰락하는 2세기 말부터 서진(西晉)이 중국을 통일하는 3세기 후반까지 패권을 다투었던 위(魏), 촉(蜀), 오(嗚) 3국을 말한다.

26 남북조시대(南北朝時代, 439~589년)는 한족(漢族)이 세운 남조(南朝)와 유목민족이 세운 북조(北朝)가 대립하다 수(隋)나라에 의해 통일될 때까지의 시기를 말한다.

27 남북조시대(南北朝時代)에 강남(江南)에서 차례로 흥망했던 송(宋), 제(齊), 양(梁), 진(陳) 등의 남조(南朝) 및, 또한 같은 건강〔健康, 건업(建業)의 새 이름〕을 수도로 삼았던 삼국시대의 오(嗚)나라와 동진(東晉)까지를 합쳐서 육조(六朝)라고 불렀다. 아울러 이 시대를 육조시대라고 부르기도 했다.

28 당(唐)나라 19대 황제. 재위 기간은 887~903년. 904년 절도사 주전충에게 살해당했다.

29 당나라가 멸망한 907년부터 송나라가 건립된 960년까지, 황하유역을 중심으로 화북을 통치했던 5개의 왕조-후량(後梁), 후당(後唐), 후진(後晉), 후한(後漢), 후주(後周) 등 5나라를 말한다.

營)[30]에서 성인(聖人)이 탄생하자 예조(藝祖)[31] 때부터 휘종(徽宗)[32]과 흠종(欽宗)[33] 때까지 200년 간 난세(亂世) 끝의 치세(治世)가 이어지다가 다시금 어지러워졌어. 진흙으로 만든 말을 타고 남쪽으로 건너가[34] 고문세족(高門世族)[35]의 보좌를 받으면서 잘 다스리려 보려고

---

30 송(宋)나라 태조(太祖) 조광윤(趙匡胤)은 군관의 아들로서 낙양(洛陽)에 있는 군영(軍營)인 협마영(夾馬營)에서 태어났는데 태어날 때 붉은 빛이 방 안에 가득하고 군영(軍營) 안에 기이한 향기가 피어올라 며칠을 흩어지지 않았다고 한다. 그래서 사람들이 그곳을 '향해영(香孩營, 향내 나는 아이의 영)'이라고 불렀다 한다.

31 미상.

32 중국 북송의 8대 황제(1100~1125년 재위). 예술의 후원자이자 화가·서예가로 유명하다. 만년에 북쪽의 요(遼)나라가 세력을 뻗치며 위협하자, 그는 만주의 여진족과 동맹을 맺었다. 요와의 전투에서 이기기는 했으나, 여진족의 세력이 점차로 커지게 되자 이에 두려움을 느낀 그는 1125년 아들 흠종(欽宗)에게 제위를 물려주었다. 그러나 흠종이 제위에 오른 지 2년이 지난 1127년 여진족은 수도 카이펑[開封]을 점령하고 북송을 멸망시켰다. 휘종과 흠종은 만주에서 비참한 귀양살이 끝에 죽었다.

33 중국 북송(北宋)의 마지막 황제(1125/26~27 재위). 이름은 조환(趙桓). 아버지인 휘종(徽宗, 1100~25/26 재위)이 여진족(女眞族)의 침입을 받고 퇴위했을 때 제위에 올랐다. 여진족은 송에게서 영토의 할양과 많은 배상금의 지불을 약속받은 후에야 포위를 풀고 돌아갔다. 그러나 2년 후 여진족은 다시 남하하여 수도인 카이펑[開封]을 포위, 흠종과 휘종을 포로로 잡아갔다. 흠종의 동생인 강왕(康王, 뒤의 高宗)이 난징[南京]으로 가서 즉위해 남송을 세웠다(1127~1279년). 흠종은 죽을 때까지 포로 생활을 했다.

34 남송(南宋)의 초대 황제인 고종(高宗)에 얽힌 고사(故事). 그 고사의 내용은 다음과 같다. 정강지변(靖康之變, 北宋 欽宗 靖康年間에 金나라가 北宋을 멸망시킨 사건) 시(時)에, 휘종(徽宗)의 아홉째 아들인 강왕(康王) 조구(趙構)는 금나라 군영에 인질로 잡혔다가 도망, 자주(磁州)에 이르렀다. 조구(趙構)가 밤에 그곳 최부군(崔府君) 사당에서 잠을 자는데 꿈에 신인(神人)이 나타나 금나라 군대가 곧 도착한다고 고하였다. 깜짝 놀라 깨어난 조구(趙構)는 마침 사당 밖에 누군가 준비해 놓은 말을 타고 도망을 갔는데 그 말은 조구(趙構)를 태우고 황하(黃河)를 건너자마자 진흙으로 빚은 말로 변해 버렸다고 한다.

35 여러 대를 계속하여 나라의 중요한 자리를 맡아 오거나 특권을 누려 오는 집안.

했지만 미수(未遂)에 그치고 다시 난세로 돌아가고 말았지. 요(遼)나라와 금(金)나라가 중국을 어지럽히면서 천지(天地)가 비색(否塞)하니 가히 난세(亂世)의 극치라고 할 만했지. 오랑캐의 나라 원(元)이 중국의 주인이 되매 난세(亂世)로써 난세(亂世)에 종지부를 찍으니 치세(治世)가 아니라고 할 수는 없지만 한족(漢族)의 나라가 다 망해 버린 마당에 말한들 무엇하랴? 대명(大明)의 불세출(不世出)의 호걸 임금인 고황제(高皇帝)³⁶가 유·서(劉·徐)의 무리³⁷와 같은 불세출(不世出)의 호걸 신하들을 얻어 외적(外敵)들을 소탕(掃蕩)하고 태평성대의 터를 닦음에 이르러서야 오늘날에 이르기까지 200년에 이르는 성대(盛大)한 치세(治世)를 드리우게 된 거야."

홍(洪)이 말했다.

"장로(長老)께서 고금(古今)의 이치를 두루두루 꿰고 계시니 감히 묻습니다. 바닷물의 밀물과 썰물은 어떤 이치로 생기는 것입니까?"

"옛 성현(聖賢)들의 말씀이 서로 다르긴 하지만 내 생각으로는 여백공(呂伯恭)³⁸의 설이 가장 합당한 듯하이."

"여백공(呂伯恭)의 설이란 어떤 것입니까?"

"동래(東萊)의 말에 의하면 동북쪽 바다는, 사람으로 말하면 등과

---

36 명(明)나라 태조(太祖) 주원장(朱元璋, 1328~1398년)을 말한다. 그의 초기 시호(諡號)가 '聖神文武欽明啓運俊德成功統天大孝高皇帝'였던 데서 연유한다.

37 군사(軍師)인 유기(劉基, 劉伯溫)와 정노대장군(征虜大將軍) 서달(徐達)을 말한다.

38 여조겸(呂祖謙)을 말한다. 중국 남송 때의 유학자(1137~1181년). 자는 백공(伯恭). 호는 동래(東萊). 장식(張栻), 주희(朱熹)와 함께 동남의 삼현으로 꼽힌다. 저서에 《여씨가숙독시기(呂氏家塾讀詩記)》, 《동래문집(東萊文集)》 따위가 있다.

같아서 호흡(呼吸)이 없으며 서남쪽 바다는 사람으로 치면 배와 같은지라 호흡이 있다는 거지. 말하자면 밀물과 썰물의 이치는 호흡의 이치인 거야."

홍(洪)이 또 물었다.

"다 똑같은 물인데 바닷물은 짜고 강물은 짜지 않은 것은 왜 그런 가요?"

"강물만 그런 게 아니라 우물물도 짜지 않은데 그건 땅의 기운이 가깝기 때문이야. 땅은 맛이 달고 물 기운을 이기기 때문에 짠맛이 없다네. 그러나 바다는 그 깊이를 헤아릴 수 없을 만큼 물이 방대하게 고여 있으니까 자연 땅과 멀리 떨어져 있게 되고 땅 기운이 그것을 이길 수가 없으니까 본성(本性)이 그대로 간직돼서 그 맛이 짤 수밖에 없는 것이지."

"장로(長老)께서는 점도 잘 치실 것 같은데 점 좀 쳐 주십시오."

"점치고 말 것도 없이 자네 관상을 보아 하니, 소과(小科)에는 벌써 합격을 했고 대과(大科)도 몇 년 안 있으면 장원을 하겠네."

"촌구석에 사는 제가 어린 나이로 어떻게 과거에 합격하겠습니까?"

노인이 웃으면서 말했다.

"누굴 속일려고! 촌놈이 어떻게 옥당(玉堂)에 오를 수 있겠어?"

"옥당(玉堂)이라뇨. 그게 대체 무슨 말씀입니까?"

"자네가 나중에 옥당(玉堂)이 된다는 거야."

"그러면 관직은 몇 품(品)까지 오르겠습니까?"

"정옥(頂玉)[39]까지 오르겠구먼."

더 물어보려고 했더니 노인이 이젠 지루하다는 듯이 휑하니 떠나 버렸다. 홍(洪)이 말을 타고 뒤쫓아 가봤지만 노인이 딱히 달려가는 것도 아니고 빠른 말로 쫓아갔음에도 불구하고 도저히 쫓아갈 수가 없었다. 그리고 산 모퉁이를 돌아선 뒤로는 종적을 알 수가 없었다.

내가 기해년(己亥年)[40] 여름에 송자공(宋子恭)의 집에서 홍(洪)을 우연히 만나서 자세히 그 얘기를 들었는데 매우 이상하였다. 그래서 기록을 해둔다.

---

39 머리에 장식하는 옥관자(玉貫子)를 뜻함인데, 주로 당상관(堂上官)들만이 이것을 장식하였던 까닭에 전(轉)하여 당상관(堂上官)을 일컫거나, 고위 관리를 가리키기도 한다.

40 1659년(효종 10년).

【洪南原小史】

洪南原一之 文才夙成 早占蓮榜 其大人參判公 宰於安邊也 出遊鶴浦 浦邊白沙一盤石 石上坐憩 攬收風景矣 忽有一老人 載籊笠 被破衲 斜担白袱 飛錫而來 不拜而坐於洪側 無謙恭之色 洪以京華才子 性且驕傲 諦視良久問曰 長老何許人也 對曰 我乃山野人也 洪曰 袱裹何物 曰義經也 願見之 老人卽出示之 乃義經正文也 洪曰 常携此而行耶 曰 然 曰 何爲 曰 上而天文 下而地理 中而人事 皆以此知之 不可須臾離也 洪不覺起敬曰 願聞三才之道理 老人曰 豈可叱嗟間言之 洪懇請不已 老人曰 子誠欲聞之耶 曰 豈可妄也 老人曰 誠如是 第略言之 奧在隆古 混頓肇判 輕淸之氣 上升而爲天 日月星辰繫焉 重濁之氣 下降而爲地 山川草木載焉 處於兩儀之間 惟人最靈 頭圓象天 足方象地 目象日月 口象河海 面備五岳 身專六氣 天地之道循環不已 故人世之興亡無窮 自有天地 至于窮盡 謂之一元 一元有十二會 一會爲一萬八百年 子會生天 丑會生地 寅生人 至戌會閟物而銷人 亥會消天而消地 至子會復生天 循環無窮 自寅會至午會 該四萬五千六百年 正唐堯起甲辰之時 以此推之 自寅會迄卯辰巳會 共四萬三千二百年餘 二千四百年入於午會 爲唐堯之世 自唐堯甲辰 至皇明萬曆癸丑 又四千年 合六千四百年 自今去午會之終 四千四百年 已過午會之半 宜乎陽氣漸衰 陰氣自勝也 且治極則生亂 亂極生治 陰陽消長之道 寒暑往來之理 自有天地 三代爲至治 春秋日暗 戰國雲擾 虐秦世道極否 漢高斬蛇起義而入於治 至哀平之世二百年太平 王莽簒逆 由治入亂 光武中興 由亂入治 至桓靈之世二百年 民安已久 三國鼎峙 又治入於亂也 東西晉南北朝六代迄隋 壞亂極矣 李唐混一區宇 亦由亂入治也 至昭宗三百年又治平之餘 又亂 於五季之時 香生夾馬 聖人誕生 自藝祖至徽欽二百年間又治 於亂極之餘而還亂矣 泥馬南渡 王謝爲佐 欲治而不能 同歸於亂也 遼金亂華 天地否塞 可

謂亂極 胡元主華 以亂止亂 不可謂不治 而諸夏之亡也 何足道哉 洎乎大明高
皇帝 以不世出豪傑之君 得劉徐輩不世出豪傑之臣 掃蕩腥膻 肇基太平 至于
今日 垂二百年大治矣 洪曰 長老明理達道 博古通今 敢問 潮汐之水 何理也
曰 古之聖賢 所論各異 以余所見 惟呂伯恭之說 近之 洪曰 呂說云何 曰 東萊
曰 東北海猶人之背 故無呼吟 西南海猶人之腹 故有呼吸云 潮汐卽呼吸之理
也 洪曰 同一水也 而海醎河淡 何也 曰 非徒江河 井泉之水 亦醎而淡 以其近
土也 土味甘而克水 故其味淡 海則瀰漫渟滀 深不可測 而遠土 土不能克而持
其本性 故其味醎也 洪曰 長老必精於推數 請論命焉 老人曰 不待論命 觀子之
相 小科已中 大科不數年 亦捷矣 洪曰 邊鄙之人 何能致妙年成方也 老人笑曰
休腾過我 安有邊鄙之人 翶翔乎玉堂也 洪曰 長老之言 錯矣 玉堂之說 何謂也
曰 日後子爲玉堂矣 洪曰 然則 官至幾品耶 曰 頂玉矣 又欲問他 老人極其支
離 拂袖而去 洪乘馬追之 老人別無疾走 而密鞭快馬猶不及 旋入山隈 不知去
處矣 余於己亥之夏 遇洪於宋子恭家 詳聞之 甚異之 遂記之云耳

十三. 윤상서소사 尹尙書小史

상서(尙書)[1] 윤계(尹堦)[2]는 사주(四柱)[3]를 잘 보았다.

치도(致道) 권상하(權尙夏)[4]와 사긍(士肯) 김구(金構)[5]가 아직 젊

---

1 판서(判書)를 예스럽게 일컫는 말.
2 윤계 [尹堦, 1622~1692년]: 본관(本貫) 해평(海平). 자(字) 태승(泰升). 호(號) 하곡 (霞谷). 시호(諡號) 익정(翼正). 1650년(효종 1년) 사마시를 거쳐, 1662년(현종 3년) 증 광문과에 급제, 승문원(承文院)에 들어갔다. 1678년(숙종 4년) 다스리기 어려운 진주 목사로 나가 치적을 올리는 등 여러 관직에서 공적을 쌓았으나, 기사사화 때 송시열 의 일당으로 몰려 강진에 귀양가서 죽었다.
3 사주팔자(四柱八字). 타고난 운수.
4 권상하 [權尙夏, 1641~1721년]: 조선 중기의 학자. 본관 안동. 서울 출생. 자(字) 치 도(致道). 호(號) 수암(遂菴)·한수재(寒水齋). 시호(諡號) 문순(文純). 1660년(현종 1 년) 19세로 진사(進士)가 되었으나, 송시열(宋時烈)·송준길(宋浚吉)을 스승으로 학문 에 전심했으며, 송시열의 수제자가 되었다. 1675년(숙종 1년) 송시열이 1659년(효종 10 년)에 있었던 자의대비(慈懿大妃)의 복상(服喪) 문제로 덕원부(德源府)에 유배되고, 남인(南人)들이 득세하자, 청풍(淸風)의 산중에서 학문에 힘쓰며 제자들을 모아 유학 을 강론하는 한편, 정·주(程朱)의 서적을 교정했다. 숙종의 총애를 받아 우의정·좌의 정 등에 임명되었으나 모두 사양했다. 문집에 《한수재집(寒水齋集)》, 《삼서집의(三書輯 疑)》 등이 있다.
5 김구 [金構, 1649~1704년]: 본관(本貫) 청풍(淸風). 자(字) 자긍(子). 호(號) 관복재 (觀復齋). 시호(諡號) 충헌(忠憲). 1669년(현종 10년) 사마시에 합격, 1682년(숙종 8년) 춘당대(春塘臺) 문과에 장원하였다. 전적(典籍)에서 각 조(曹)의 낭관(郞官)을 거쳐, 사헌부·사간원에 있으면서 시무(時務)에 관한 상소를 많이 올렸고, 노론·소론의 대 립 완화를 위하여 노력하였다. 경연관(經筵官)·수찬(修撰)·승지(承旨) 등을 거쳐 평

었을 적에, 친구들의 아들 자격으로 찾아 뵙고 사주(四柱)를 보았다. 그 당시에 신선술(神仙術)에 빠져 있었던 김(金)은 영달(榮達)에는 흥미가 없고 담박(淡泊)함[6]에 빠져 지냈으며, 성균관(成均館)에 이름을 올리고 있었던 권(權)은 사우(士友)[7]들 사이에서 명성을 널리 떨치면서 세상을 멀리할 뜻이 전혀 없었다. 그러나 윤공(尹公)은 김(金)에게 이렇게 말했다.

"자네는 사주(四柱)에 부귀(富貴)의 상(象)이 들어 있어서 곧 과거에 급제해 재상(宰相)의 반열(班列)에까지 오르겠네."

그리고 권(權)에게는 이렇게 말했다.

"자네는 사주(四柱)에 산림(山林)[8]의 기운이 들어 있어서 장차 필시 산림처사(山林處士)가 될 것이로되 자네도 역시 재상의 반열에 오르겠구먼."

비단 그 두 사람만 말이 잘못됐다고 생각한 것이 아니라 그 말을 들은 자들은 모두 말이 완전히 반대로 됐다고들 했다.

그 뒤 김(金)은 정시(庭試)에 장원(壯元)으로 뽑혀서 높은 벼슬을 두루 지내고 벼슬이 정승(政丞)에까지 이르렀다. 권(權)은 과거를 그만두고 낙향(落鄕)하여 실재적(實在的)인 데다 힘을 쏟아 한 시대의

안도 등의 관찰사를 지내고, 대사간·판결사(判決事)에 올랐다. 노산군(魯山君, 단종)의 복위를 극력 주장, 마침내 숙종이 추복(追復)하게 하였다. 1700년 호조판서 등 6조 판서를 두루 역임하고, 1703년 우의정에 이르렀다. 필법이 힘차고, 문장이 간결하였다. 글씨에 《백천교중창비(百川橋重創碑)》, 《김주신도비(金澍神道碑)》 등이 있다.

6 공명(功名)에 무심함을 말한다.
7 옛날 지식인 사회에서 친구를 일컫던 말.
8 학식과 덕이 높으나 벼슬을 하지 아니하고 숨어 지내는 선비.

대유(大儒)⁹가 되었다. 소명(召命)¹⁰이 여러 차례 내려 벼슬이 정경
(正卿)¹¹에 이르렀으나 끝내 세상에 나오지 않았다.

　윤공(尹公)의 점술이 가위 신묘(神妙)하다고 하겠다.

9　학식(學識)이 높은 선비.
10　임금이 신하(臣下)를 부르는 명령(命令).
11　정2품 이상의 벼슬을 아경(亞卿)에 상대하여 이르던 말. 의정부 참찬, 육조(六曹)의
　　판서, 한성부 판윤, 홍문관 대제학 따위를 이른다.

【尹尙書小史】

　　尹尙書堦 善推[12]數 權尙夏致道 金構[13]士肯 年少時 俱以故人子 往謁論命
其時 金則頗好仙術 不樂榮進 栖心淡泊 權則策名於館 延譽於士友 無遠世之
志 而尹公謂金曰 子之命 有富貴之象 不久當登第 身爲宰相矣 謂權曰 子之命
有山林之氣 前頭必爲林下士 而亦登宰列矣 非但兩人之心 爲不然 聞者亦言
其相反矣 其後 金則魁庭試 歷敭華貫 位至政丞 權則廢科下鄕 用力實地 爲世
大儒 召命屢降 位至正卿 終不出 尹公推步 可謂神妙矣

12　원문에 '榷'로 되어 있는 것을 바로잡았다.
13　원문에 '搆'로 되어 있는 것을 바로잡았다.

十四, 김감사소사 金監司小史

김구(金構)가 경상도 경차관(敬差官)[1]이 되어 해인사(海印寺)에 도착했을 때 그곳의 중이 이런 말을 해주었다.

"어젯밤에 이상한 일이 있었습니다. 승려들이 모두 모여 음식상을 준비하고 등불을 켜 놓고 설경(說經)[2]을 하는데 어디서 왔는지 남루한 옷에 더벅머리를 한 어떤 사내아이가 하나 나타나서 방 한구석에 들어와 앉았습니다. 승려들이 더럽다고 쫓아냈더니 옴짝달싹도 하지 않은 채 '구경 좀 하면 어때서 그러냐'고 하면서 등불을 향해 눈을 감는데, 눈을 감으면 등불이 어두워지고 눈을 뜨면 다시 밝아졌습니다. 이렇게 눈을 떴다 감았다 할 때마다 불이 훤해졌다 어두워졌다를 반복하는 것이었습니다. 이상하게 생각한 승려들이 모두 사과하면서 다른 방으로 좀 가달라고 애걸을 했지요. 그랬더니 그 사내아이

---

1 조선시대 중앙집권적 지방통치체제의 강화 과정에서 국가의 필요에 따라 여러 가지 특정한 임무를 띠고 지방에 파견된 중앙 관원의 하나. 임명과 파견에 대해 특별히 선발 관청이나 관직에 관한 법제적 규정은 없었고, 대개 관련 사무에 밝은 관원 가운데 골라 정했다. 주로 7품 이상의 전직·현직 관리가 임명되는데, 사안이 중요할 경우에는 정3품 이상의 관리가 파견되기도 했다.
2 불경(佛經)을 해설하는 일.

가 자기는 아무 짓도 안 했다고 하면서 계속 눈을 떴다 감았다 하는 겁니다. 그리고 그때마다 촛불이 꺼졌다 켜졌다를 반복하니 절에 있는 사람들이 밤새도록 불안에 떨었습니다.

이튿날 아침에 밥을 잘 먹여서 보내는데 떠날 때 절 앞 마른 나뭇가지를 잡아 꺾더니 '먹을 것이 없어서 이 마른 가지를 먹는다'고 하면서 입에다 집어넣고 마치 부드럽고 연한 물건을 씹어먹듯이 씹어 먹더군요. 나뭇가지 몇 개를 그렇게 씹어 먹자 승려들이 무릎을 꿇고 사과를 했더니 웃으면서 나뭇가지를 도로 토해내는데 처음의 모습 그대로였습니다. 그러더니 좀 있다 소매를 뿌리치고 가버리는데 어디로 갔는지 찾을 수가 없었습니다."

김(金)은 본래 도가자류(道家者流)[3]를 좋아하는 사람이었다. 그는 그가 이인(異人)[4]임을 알고 자신의 일정이 들쭉날쭉해서 못 만나게 된 것을 한탄했다.

---

3 도교를 믿고 그 도를 닦는 사람.
4 신인(神人). 선인(仙人).

【金監司小史】

金搆爲慶尙道敬差官 到海印寺 居僧言 前夜 有異事矣 僧徒大會設齋 明燈說經 忽有一童子 不知自何來 衣裳襤褸 頭髮童童 入坐房隅 僧徒恐其不潔 揮却令出 堅坐不動曰 吾亦衆觀 何害也 向燈一瞬則燈光輒昏 開睫則復明 開閉之間 明暗隨之 僧徒異之 並辭懇乞曰 少向他房 厥童曰 吾無所爲云 而開闔其目 燭影明滅 寺中達夜不安 翌朝 善饋以送 臨行 屈取寺前枯樹枝曰 吾無所食 食此枯枝耳 開口啖之 有若軟脆之物 數枝皆盡 僧徒頂禮謝過 則笑而吐出 樹枝宛然 俄頃 拂衣而去 不知其處云 金本好道者也 知其異人 恨其行之差池 而不遇也

十五. 신형전 申瀅傳

근세(近世)에 신형(申瀅)이란 자는 평산(平山) 사람으로 교하(交河)¹에서 살았다.

한번은 그가 말하기를, '그의 스승인 옥잠 선생(玉岑先生)은 연산군(燕山君) 시절의 학사(學士)²로 망명도주(亡命逃走)³를 했는데, 구시지술(久視之術)⁴을 터득하여 여러 신선들과 함께 태백산(太白山) 동부(洞府)⁵에서 노닐고 있다고 하면서 지금 만나뵈러 간다'고 했다. 신(申)의 처삼촌(妻三寸)인 나만엽(羅萬葉)이 그 말을 기이하게 여겨서 함께 가서 찾아뵙자고 했다. 그러자 신(申)이 이렇게 말했다.

"거긴 세속(世俗)에 사는 사람들이 갈 수 있는 곳이 아닙니다. 설사 가더라도 보기 어려울 겁니다."

---

1 오늘날의 경기도 파주시를 말한다.
2 고려·조선시대 과거를 주관하던 시관(試官)의 이칭. 지공거(知貢擧)를 상학사, 동지공거(同知貢擧)를 부학사라 한다.
3 죽을 죄를 지은 사람이 몸을 숨겨 멀리 도망가다.
4 장생구시(長生久視)의 술법을 말한다. 장생구시(長生久視)란 오랫동안 죽지 않고 사는 것을 의미한다.
5 신선이 사는 곳.

나(羅)는 그래도 굳이 같이 가자고 우겼다. 동부(洞府)에 다다르자 푸른 옷을 입은 동자(童子)가 작은 쪽지 하나를 들고 왔다. 펼쳐 봤더니 '사유물래(四維勿來)[6]'라는 네 글자가 쓰여 있었다. 나(羅)는 두려워서 더 이상 가지 못해 발길을 돌리고 신(申)만이 혼자 들어가게 되었다. 늙은 신선(神仙)의 전지능력(前知能力)[7]이야 증험(證驗)이 됐다고 하지만 만나보지 못한 것이 무척 한스러웠다.

신(申)이 일찍이 서문(西門) 밖에 있는 홍(洪) 사또 주일(柱一)의 집에서 머물고 있었을 때 일이다. 마침 아침에 입궐을 하게 된 홍(洪) 사또가 성(城) 안에 있는 첩(妾) 집에 들러 요기를 하고자 했다. 그러나 통보는 해야겠는데 성문이 안 열려 있어서 한숨만 쉬고 있는데 신(申)이 이렇게 말하는 것이었다.

"긴히 할 말씀이 있으시면 쪽지에다 써 오십시오. 그러면 제가 전달을 해드리지요."

홍(洪)이 즉시 글을 써서 주었더니 신(申)이 현관 밖으로 나가 낮은 목소리로 마치 무슨 분부라도 하듯이 뭐라고 뭐라고 중얼거리는 것이었다.

파루(罷漏) 후에 홍(洪) 사또가 성(城)에 들어가 그 집에 들렀더니, 첩(妾)이 불을 훤히 밝히고 음식을 차려 놓은 채 기다리고 있었다. 이상하게 생각한 홍(洪)이 어떻게 된 거냐고 물었더니 첩이 이렇

---

6 '四維'란 '羅'를 파자(破字)한 말이고, '勿來'란 말은 '오지 말라'는 뜻이다. 즉 '나만엽(羅萬葉)이는 오지 말라'는 뜻이다.
7 미래를 미리 아는 능력.

게 말했다.

"한밤중에 혼자 앉아 바느질을 하고 있는데 무슨 쪽지 같은 것이 대들보 위에서 떨어지는 거예요. 그래서 펼쳐 봤더니 영감이 쓰신 서찰(書札)이지 뭐예요. 좀 이상하기는 했지만 영감 말씀이 분명하고 글씨도 영감 글씨가 틀림없었습니다. 그래서 의복과 마실 걸 준비해 놓고 기다리고 있었습니다."

이 또한 기이한 일이다.

신사년(辛巳年)[8] 여름에 내가 순릉(順陵)[9] 침랑(寢郞)[10]으로 재소(齋所)[11]에서 입직(入直)[12]하고 있을 때, 인근(隣近)의 선비들과 모여서 이야기를 나누었다. 그때 좌중(座中)[13]에 신 군(申君)의 일을 아주 자세하게 알고 있는 사람이 있었다.

"신 군(申君) 역시 일찍이 이곳 능(陵)의 능관(陵官)[14]이었지요. 그래서 입직(入直)할 때, 밤에 저희들과 얘기를 나누었습니다. 그런데 밤늦게까지 이야기를 나누다보니 사람들이 모두 배가 고파서 배를 움켜쥐었지요. 그러자 신(申)이 웃으며, '시루떡 한 시루 정도면

---

8 1701년(숙종 27년).

9 조선시대 성종비(成宗妃) 공혜 왕후(恭惠王后)의 능(陵). 경기도(京畿道) 파주시(坡州市) 조리면(條里面) 봉일천리(奉日川里)에 있다.

10 조선시대에 종묘(宗廟)·능(陵)·원(園)의 영(令)과 참봉(參奉)을 통틀어 이르는 말.

11 제사(祭祀) 지내는 곳.

12 관아에 들어가 차례로 숙직하다. 또는 당직하다.

13 여러 사람이 모인 자리. 또는 모여 앉은 여러 사람.

14 능(陵)을 지키는 벼슬아치를 통틀어 이르던 말. 능령(陵令), 별검(別檢), 직장(直長), 봉사(奉事), 참봉(參奉) 따위이다.

자네들 허기를 채울 수 있겠지?'라고 하면서 문밖으로 나가더니, 현관 밖에 서서 낮은 목소리로 누구와 얘기를 나누기라도 하듯이 뭐라고 뭐라고 하다가 다시 들어와 앉는 것이었습니다. 조금 있으니까 마루에서 무슨 소리가 들려왔습니다. 불로 비춰보았더니, 김이 모락모락 나는 증편[15] 한 시루가 놓여 있지 뭡니까? 사람을 시켜서 버들 상자에 엎어 놓게 한 다음, 먹어보니 색깔과 맛이 그만이었지요. 그래서 거기 있는 사람들이 모두 실컷 먹고는, 이튿날 아침에 남아 있는 떡을 살펴보았더니 정말 최상급의 떡이더군요."

이 밖에도 기이한 일들이 더 많이 있었다. 신(申)은 과연 옥잠 선생(玉岑先生)에게서 도(道)를 터득했던 것일까? 다만 오래 살지는 못했는데 혹시 시해(尸解)한 것은 아닌지?

그리고 신 군(申君)은 풍수술(風水術)[16]에도 능(能)했다. 집 앞 가까운 곳에다 묏자리를 잡아 썼는데, 그 아들 백주(伯周)[17]가 과거에 급제하여 지금 해남 사또가 되었다고 한다.

---

15 떡의 한 가지. 멥쌀가루에 막걸리를 조금 탄 더운물을 붓고 질척하게 반죽하여, 더운 방에 하룻밤쯤 두어 부풀게 하여 틀에 담아 붓고 밤·대추·실백 등(等)의 고명을 얹어서 찐 떡.
16 중국 후한(後漢) 말(末)에 일어난 음양오행설(陰陽五行說)에 기초하여, 집이나 무덤 등의 방위(方位)와 지형(地形) 등의 좋고 나쁨이 사람의 화복(禍福)에 절대적 관계를 갖는다는 한 가지 학설.
17 신백주〔申伯周, 1646~?〕: 1699년(숙종 25년)에 등과(登科)하여 첨지(僉知) 벼슬을 지냈다.

【申檠傳】

　　近世有申檠者 平山人也 居於交河 自言 其師玉岑先生 乃燕山朝學士亡命之人 而得久視之術 與群仙同遊於太白山洞府 今將往省云 申之妻三寸羅萬葉奇其言 願同往叅謁 申曰 此非俗跡之可到 到亦難見矣 羅固請同行 行到洞府有青衣童子 持一片小紙而來 展看 則書四維勿來四字而已 羅悚懼 不敢進而歸 申獨入去 可驗老仙之前知也 恨不能相面也 申嘗宿西門外洪令柱一家 洪令曉當詣闕 而其妻家在於城內 欲歷入療飢 而城門未開 無路通報 憫嘆不已申曰 若有緊關事 則第書小紙以來 自有傳致之道 洪卽書給 申出立檻外 低聲數語 如有分付之狀 罷漏後 洪令入城 過其家 明燈設饌而待 洪怪而問之 妾曰中夜獨坐縫袵之際 有小札自樑上墜落 開見則乃令監手札也 心甚怪之 然敎意丁寧 親筆無疑 故備待衣服飲具矣 此亦異事也 辛巳夏 余以順陵寢郎 入直齋所 與隣近士人會話 座中有言申君事甚詳者 申君亦曾爲此陵陵官 入直時與吾輩夜話 話久夜深 座皆操腹 申笑曰 此時若得甑餅一甑 則可以救諸君之飢也卽起出門 立於檻外 低聲數語 如有應對 而還入坐 小頃聽事劃然有聲 以火燭之 則乃一甑蒸餅 而煖氣方騰 使人覆之于柳笥 色味俱佳 滿座飽食 明朝視其餘存 眞箇好品餅也 外此 異事亦多有之 申果得道於玉岑先生耶 但其得年不長 無乃尸解而逝耶 申君又善於堪輿之術 卜葬於家前至近之地 而其子伯周登第 方爲海南倅云耳

十六. 하서선생소사 河西先生小史

하서(河西) 김 선생(金先生)[1]이 젊었을 적에 남쪽에서 상경(上京)을 하는데 때마침 6월달이었다. 어떤 산 아래쯤 도달했을 때, 가마를 탄 한 여자가 뒤쪽에서부터 다가와 스쳐 지나가는데, 갑자기 회오리 바람이 일어서 너울(羅兀)[2]이 벗겨졌다. 여자의 얼굴이 예쁜 걸 본 공(公)은, 따라가고 싶은 생각이 굴뚝같이 치밀어 참을 수가 없었다. 그래서 가만히 그 뒤를 쫓아가 보았다.

몇 리쯤 가서 산 모퉁이를 돌아 들어가자 기와집 한 채가 나타났다. 집 뒤에는 대나무 숲이 무성했고, 집 앞에는 큰 개천이 흐르고 있는데 집 규모가 제법 웅장하였다. 공(公)은 곧바로 그 집 사랑채로

---

1 김인후〔金麟厚, 1510~1560년〕: 본관 울산. 자(字)는 후지(厚之). 호(號)는 하서(河西)·담재(澹齋). 시호 문정(文正). 성균관에 들어가 이황(李滉)과 함께 학문을 닦았다. 1540년(중종 35년) 별시문과(別試文科)에 급제, 정자(正字)에 등용되었다가 사가독서(賜暇讀書)하였다. 뒤에 설서(說書)·부수찬(副修撰)을 거쳐 부모 봉양을 위해 옥과현령(玉果縣令)으로 나갔다. 1545년(인종 1년) 을사사화(乙巳士禍)가 일어난 뒤에는 병을 이유로 고향인 장성에 돌아가 성리학 연구에 정진하였고, 누차 교리(校理)에 임명되나 취임하지 않았다.
2 예전에 여자들이 나들이할 때 얼굴을 가리기 위하여 쓰던 물건. 얇은 검정 깁으로 만든다. 늦개두.

들어갔다. 들어가 보았더니 뚫어진 봉창에서 바람 소리가 요란하게 들려오고, 구들장은 부서져서 먼지만 수북하게 쌓여 있었다. 그래서 주인을 불러 이렇게 말했다.

"난 지나가던 나그네요. 황혼녘에 길을 잃고 이곳에서 좀 묵었다 가고 싶은데 이 방에서는 묵어가기가 어려우니 자그마한 방 좀 하나 빌려주시게."

"여기는, 주인(主人)도 자제(子弟)분들도 없는 과부집이라서 손님을 들이기 어렵습니다."

"너는 대체 누구냐?"

"소인(小人)은 이 집 머슴입니다."

"안채와 바깥채가 멀리 떨어져 있는데 과부집인들 어떻겠느냐? 들어가서 한번 물어보도록 해라."

머슴이 들어갔다 나오더니 다시 이렇게 말했다.

"날도 저물었고 하니 잠시 묵었다 가도 무방하다고 하십니다."

공(公)은 속으로,

'필시 이름 있는 사대부집 같은데 내 어찌 이런 나쁜 생각을 품는 것일까? 허나 남편도 자식들도 없다고 하는데 뭐 어떠랴?'

이렇게 생각하면서 말 안장을 벗기고 갓을 벗은 후 잠자리에 들었다.

그러나 잠이 오질 않았다. 밤이 깊어진 뒤 사방이 적막에 휩싸이고 산마루에 달이 희미하게 비춰 들어왔다. 공(公)은 가벼운 옷차림으로 안쪽으로 깊숙이 들어갔다. 방 안에 켜진 불빛이 안방의 방문을 환하게 비추고 있었다. 공(公)은 가만히 안을 들여다 보았다. 그랬더니 어떤 우락부락하게 생긴 중놈이 그 과부를 부둥켜 안고 이리저리 희롱을 하고 있었다. 공(公)은 금세 불꽃 같은 분노가 치밀어 올라 칼을 뽑아 들고 뛰쳐 들어가서 그 중놈을 단칼에 찔러 죽이고 말았다. 칼끝이 등을 뚫고 나와 피가 자리에 흥건하였다. 과부가 벌벌 떨면서 목숨을 애걸하자 공(公)이 이렇게 말했다.

"양반 사대부의 아녀자로서, 네 어찌 이와 같이 중놈과 사통(私通)을 할 수 있단 말이냐? 바른 대로 대지 않으면 저 중놈 하고 똑같은 신세가 될 줄 알렷다!"

"일이 이 지경에 이르렀는데 무엇을 숨기겠습니까? 첩(妾)의 지아비는 어린 나이에 초시(初試)3에 연달아 합격하고 지난해 여름에 친구들과 같이 절간에 올라가 공부를 계속하던 중에 저 중을 보내서 먹을 것을 가져오게 했습니다. 그런데 때마침 큰비가 연속해서 사나흘을 내리 퍼부어서 개울물이 불어나고 건널 수가 없게 되자 중이 사랑방에 머물러 있게 되었는데, 저 중이 잠이 깊이 든 틈을 타서 침실로 숨어 들어와 그만 몸을 더럽히게 되었습니다. 그러나 남편을 죽인 건 제가 한 짓이 아니옵고 저 중이 그랬습니다."

사연을 들은 공(公)은 어처구니가 없어서 즉시 갈길을 재촉했다. 사방이 어둠에 덮여 사람이라곤 꼴도 찾아보기 어려운데 갓을 쓰고 푸른 옷을 걸친 어떤 젊은이가 공(公) 앞에 와서 절을 하는 것이었다. 공이 물었다.

---

3 과거의 첫 시험.

"뉘시오?"

"저 집 주인이오."

"저 집에는 주인이 없다고 들었는데 남편이 있을 리가 있는가?"

그 사람이 길게 탄식하면서 이렇게 말했다.

"어찌 거짓말을 하겠소. 나는 어려서부터 공부에 힘을 쏟아 입신 양명(立身揚名)을 꿈꾸어 왔소. 그러던 중 불행히 중과 사통한 아내가 날 죽이고 후원(後園) 대나무 숲 속에다 몰래 묻은 다음, 호랑이가 와서 물어갔다고 둘러댔다오. 이로 인해 늘 원한에 휩싸여 있었는데 오늘 공(公)이 내 원한을 풀어주시니 그 은혜가 막중하외다. 그러나 어찌 갚을 길이 없겠소? 그대에게 의기(義氣)가 있음을 알고 있었는지라 어제 길에서 일부러 회오리 바람을 일으켜서 너울을 벗겨 미모를 보게 했던 것이라오. 그렇게 해서 공(公)을 이리로 오게 했던 것이지오. 이 모든 것은 내가 꾸민 짓이오. 이번 상경(上京)길에 필시 '칠석(七夕)'이란 제목의 절일제(節日製)⁴가 있을 것이외다. 그때 반드시 '金風颯而夕起 玉宇廓而崢嶸〔금풍삽이석기 옥우곽이쟁영: 쌀쌀한 금풍(金風)⁵ 불어 땅거미 지기 시작할 때 옥우(玉宇)⁶는 휑하니 높구나〕'란 구절로 말머리를 삼게 되면 공(公)이 틀림없이 장원

---

4 해마다 인일(人日), 상사(上巳), 칠석, 중양의 명절(名節)에 성균관(成均館)의 유생(儒生)에게 실시(實施)하던 과거(科擧). 의정부(議政府), 육조(六曹) 및 성균관(成均館)의 당상관(堂上官)이 시취(試取)하였으며, 합격자(合格者)의 정원(定員)은 일정(一定)하지 않았다.

5 추풍(秋風). 가을 바람.

6 천제(天帝)가 사는 집이라는 뜻으로, '하늘'을 이르는 말.

급제를 하게 될 것이오."

　일설(一說)에는, 처음에 '추풍(秋風)'이라고 말을 했다가 헤어진 뒤 좀 있다가 다시 와서 불러주었다고 한다. '금(金)'이란 말은 귀신들이 입에 담기 꺼려하는 말이므로 '추(秋)'라는 글자로 고친 것이다. 그러나 '추(秋)'란 글자보다는 '금(金)'이란 글자가 더 낫다.

이렇게 말을 한 뒤 인사를 하고 어디론가 가버렸다.

공(公)이 상경(上京)을 하자 과연 귀신이 일러준 대로 '칠석(七夕)'이란 절일제(節日製)가 있었다. 공(公)은 앞서의 그 문구(文句)로 글머리를 삼아 글 한 편을 지어 올렸다. 그때 용재(容齋) 이행(李荇)[7]이 지관사(知舘事)[8]로 입직(入直)을 하고 있었는데 이 부(賦)[9]를 읽는 걸 듣고 있다가 깜짝 놀라서 이렇게 말했다.

"이건 틀림없이 귀신의 말이다."

그러다가 그 뒷 구절을 듣더니,

"이것은 일반 문인(文人)의 수단이다."

고 하였다. 그리고 글 전편(全篇)을 다 읽고 난 후에,

---

7 이행 [李荇, 1478~1534년]: 본관은 덕수(德水). 자는 택지(擇之). 호는 용재(容齋)·청학도인(青鶴道人). 시호 문정(文定). 조선 중기 연산군, 종종 때의 문신으로서, 갑자사화(甲子士禍) 때 폐비 윤씨의 복위를 반대하다가 유배되었다. 기묘사화(己卯士禍) 후 우의정에 올라 대제학을 겸하였다. 《신증동국여지승람》을 찬진(撰進)하였다. 문장에 뛰어나고 글씨와 그림에도 능하였다. 문집에 《용재집》이 있다.

8 지춘추관사(知春秋館事)의 약칭. 춘추관(春秋館)의 정2품 벼슬. 정원은 2인이었다. 예문춘추관은 논의·교명·국사 등의 일을 관장하는데, 감관사 1인은 시중 이상이 이를 겸관하고, 대학사 2인은 정2품이고, 지관사 2인은 자헌 이상이 겸관하고, 학사 2인은 종2품이고, 동지관사는 가선 이상이 겸관하였다.

9 한문체에서 글귀 끝에 운을 달고 흔히 대(對)를 맞추어 짓는 글.

"글 첫머리 외에는 모두 한 사람의 글이다."

고 하였다. 이상(二上)[10]의 성적으로 장원(壯元)이 되어 곧바로 전시(殿試)에 나아갔다.

그리고 이듬해 봄 공(公)이 하향(下鄕)할 때, 전날의 그 과부집을 지나쳐 가는데 열녀(烈女)[11] 정문(旌門)이 높이 솟아 있는 것이었다. 의아한 생각이 든 공(公)은 그곳 주민(住民)에게 물어보았다. 그랬더니 그곳 주민(住民)이 혀를 끌끌 차면서 이렇게 칭찬을 했다.

"열녀지요. 저 댁 과부가 수절을 하고 있는데 어떤 중놈이 밤에 난입을 했답니다. 그놈이 겁탈을 하려고 하자 부인이 칼로 찔러 죽이고 소리를 질러 하인들을 불렀지요. 하인들이 등불을 밝히고 살펴봤더니 칼이 가슴에서 등까지 꽂혀 있고 이부자리에는 온통 피가 흥건하더랍니다. 그래서 이웃들은 모두 서로 입이 닳도록 칭찬을 해댔고 관(官)에서는 상부에다가 보고를 드려서 정문(旌門)을 세워 표창을 했지요."

공(公)은 속으로 웃음을 터뜨린 후, 그 고을 사또를 만나 자초지종을 자세히 얘기해 주었다. 그리고는 사또와 함께 대나무 숲 속에서 시체를 찾아낸 뒤 살펴보았더니 얼굴빛이 아직 살아 있는 듯한데 칼

---

10 과거 시험의 성적은 일반적으로 상지상(上之上)·상지중·상지하·이상(二上)·이중·이하·삼상(三上)·삼중·삼하·차상(次上)·차중·차하로 나누고, 삼하 이상을 뽑아서 입격(入格)시켰다.

11 국가에서 효자(孝子)·순손(順孫)·의부(義夫)·절부(節婦)와 행실이 바른 사람을 표창하기 위해 그 동네나 집으로 들어가는 어귀에 세우던 붉은 문. 마을에는 정문(旌門)을 세워 포창하고, 복호(復戶)로써 그 집의 부역(賦役)을 면제했으며 나아가 벼슬을 주기도 했다.

자국 같은 것은 보이질 않았다. 그러나 목줄기가 푸른빛을 띠고 있는 것으로 보아 목 졸라 죽인 것이 틀림없어 보였다. 시체를 잘 묻어주고 여자를 심문하여 죗값을 치르게 한 다음, 정문(旌門)을 헐어버렸다.

그러자 그 젊은이가 다시 꿈에 나타나 이렇게 말했다.

"공(公)이 날 위해 원수를 갚아주시고 또다시 장례까지 치러주시니 이 은혜는 꼭 갚으리다. 나중에 복록(福祿)이 무궁할 것이외다."

공(公)은 과연 높은 벼슬을 두루 지내고 오래도록 제향(祭享)¹²을 받았다.

아아, 사람이 음덕(陰德)을 쌓게 되면 어찌 이와 같은 보응(報應)을 받지 않을 것인가?

---

12 나라에서 지내는 제사.

【河西先生小史】

河西金先生 小時自南中上京 時維六月也 行到山下 有一女子 乘轎從後馳來 掠過之際 一陣回風捲去羅兀 公見其絶艷 欲趁之心 隨窒隨熾 終不能自抑 尾而隨之 行幾里 向入山隅 見有一瓦屋 後背竹林 前横大川 廊宇甚宏 公直入其斜廊 則破窓風鳴 廢突塵滿 招謂主人曰 我是行客 日暮迷路 到此投宿 而此房不可留 願借挾室小軒 對曰 此乃寡居之家 無主人 且無子弟 接客難便矣 公曰 汝是誰也 答曰 小人卽奴子也 曰 但內外隔絶 則雖寡宅何害也 汝須入白 奴如其言而復命曰 日已昏矣 暫過一宿 何妨云云 公心語曰 此是士夫家名族 則吾安敢萌此惡念 旣無主人 且無子弟 則何足憚也 仍解鞍脫巾而臥 竟不能寐 夜深後 萬籟俱寂 欀月喜微 公輕身深入 內房之內 燈光映窓 公潛潛窺隙 則有一頑僧 抱其寡女 戲狎無比 公業火乍低 憤氣撐中 拔釰直入 刺殺其僧 釰尖出背 腥血滿床 寡女戰慄乞命 公曰 汝以士族婦女 何如是行淫通間頑僧耶 一一直告 不者 幷與此僧同斃 女曰 事已至此 安敢有諱 妾之夫婿 年少才子 累中發解 上年夏 與友人上寺做工 下送彼僧 要取粮饌 大雨連注三四日 前溪大漲 不得通涉 此僧留在廊舍中 夜熟睡之際 此僧潛入寢房 未免汚辱 至於殺夫 非我也僧也 公聞來寂欲無言 卽出治行 黑夜無人之境 有一少年 戴鬃冠着青衣 來揖於公 公曰 君是何人 答曰 彼家主人也 公曰 吾聞 其家無主人 丈夫豈有他哉 其人長歎曰 何敢瞞也 吾自幼力學 方期立揚 不幸妻與僧通 害我潛瘞於後園竹林中 托言虎噉 常抱寃憤 今公爲我雪寃 報讐恩莫大焉 豈可無蛇魚之報哉 吾知君之有義氣故 昨日路中 故作旋風捲起羅兀 使見美色 引公到此者 亦我所爲也 公今上京 必有節製 以七夕爲題矣 須以金風颯而夕起玉宇廓而崢嶸爲頭 則公必居魁(一說云 初以秋風謂之 別後少頃 更來呼之 曰金是鬼之所忌 故改以秋字 然秋不如金矣) 仍謝去 不知去處 公泊乎上京 果有七夕製

一如鬼語 公遂冒其頭 成一篇以呈 時李容齋荇 以知舘事入直 聞讀此賦 大驚
曰 此必鬼語也 及聞下句曰 此則文章人手段也 讀盡一篇曰 初頭外 皆一人作
也 以二上爲壯元 直赴殿試 越明年春 公下鄕 歷過前日寡家 則高竪烈女旋門
公疑之 問於居人 居人嘖舌稱歎曰 烈女也 彼宅早寡守節 有僧漢夜入欲劫 婦
人拔劍刺之 放聲呼婢僕 點燭以視 則劍揷胸背 血滿床席 隣里稱美 自官啓聞
旋表門閭矣 公內笑之 入見邑宰 細說根梢 仍與太守 索屍於竹林中 檢之 面色
如生 別無劍痕 項帶靑色 想必縊殺也 使其屍親厚葬之 推詰其女 以其罪罪之
仆其旋門 其少年 又顯夢曰 歷公旣爲我雪讐 又使葬骸 深恩厚德 結草圖報 他
日福祿無窮矣 公果歷敭華貫 血食千秋 噫 人樹陰功 豈無報應之如是乎

十七、차창주소사 車滄洲小史

창주(滄洲) 차운로(車雲輅)[1]의 '후월시(候月詩)'에,

農家正月望	정월 보름날이면 농가(農家)에선
常候月昇天	언제나 달 뜨길 기다리네
近北豊山峽	윗동네 풍산(豊山) 산골짝에도
稍南稔海邊	아랫동네 임해(稔海)의 해변에서도

赤應焦草木	붉은빛 감돌면 가뭄 들 징조고
白訝漲山川	하얀빛 감돌면 홍수 질 징조라지
圓滿深黃色	그리고 둥근달에 누른빛 깃들면
方知大有年	대풍(大豊) 들 징조라지

라고 한 것을 만좌(滿座)가 칭찬해 마지 않자, 때마침 좌중(座中)에

---

1 차운로 [車雲輅, 1559~?]: 조선 선조 때의 문장가. 자(字)는 만리(萬理). 호(號)는 창
　주(滄洲). 전의(全義) 현감(縣監)을 거쳐 교리(校理)를 지냈다. 문장, 시, 글씨에 뛰어
　났으며 문집에 《창주집》이 있다.

황연(黃演)이라는 시 잘 짓는 선비가 있다가 허혼(許渾)²의 '정묘영월일시(丁卯詠月逸詩)'를 읊었다.

東林待月月正圓　동림(東林)에서 맞는 달, 둥근 보름달

廣庭無樹草無煙　넓은 뜨락엔 초목은커녕 안개조차 없는데

中秋雲盡出滄海　구름 한 점 없는 가을밤에 넓고 푸른 바다를 박차고 나와

半夜露寒當碧天　찬 이슬 맞으며 푸른 창공으로 떠오르네

蟾影漸移金殿外　금전(金殿) 밖으로 달그림자 조금씩 기울 때

鏡光猶掛玉樓前　옥루(玉樓) 앞에 걸린 거울처럼 맑은 빛

莫辭達曙辛勤望　이 밤이 다하도록 부지런히 보고 또 보자

一墜西岩又隔年　서암(西岩)에 지고 말면 다시 일 년을 더 기다려야 하리

아직 이 시를 본 적이 없었던 창주(滄洲)가 혀를 내두르면서 탄복하여 말했다.

"대체 누가 지은 작품인가?"

---

2 허혼 〔許渾, 791~854?〕: 중국 당나라의 시인. 목주(睦州, 浙江省), 영주(郢州, 湖北省) 등의 자사(刺史)를 역임해 활동했다. 그는 자연의 정취를 즐기는 사람이었으나 한편으로는 비분강개하는 정열을 가진 시인이기도 하였다. 그의 시에는 흔히 등고회고편(登高懷古編)이 있으며, 은거하여 자연과 벗하는 일반 문인들과는 이질적인 시인이었다. 논집(論集)에는 《정묘집(丁卯集)》이 있다.

황(黃)이 거짓말로,

"내가 지은 시(詩)일세."

라고 하자 창주(滄洲)가 고개를 가로저으면서 말했다.

"맑고 높은 격조(格調)로 보아 송(宋)나라 이후 사람이 지은 것 같지는 않구먼. 그렇다면 필시 당시(唐詩)가 약간 변화된 것으로 봐야 하겠는데, 당시(唐詩)라면 내가 보지 않은 시가 하나도 없는데 정말로 이상하구먼."

황(黃)이 굴복하면서 말했다.

"공(公)의 시감(詩鑑)[3]은 정말 못 당하겠구먼. 이 시는 허혼(許渾)의 시라네."

차(車)가 웃으면서 말했다.

"누굴 속이려고."

---

3 시(詩)를 감식(鑑識)하는 능력.

【車滄洲小史】

車滄洲雲輅 候月詩 農家正月望 常候月昇天 近北豊山峽 稍南稔海邊 赤應焦草木 白訝漲山川 圓滿深黃色 方知大有年 滿座稱譽 詩士黃演 適在座 朗吟許渾丁卯詠月逸詩曰 待月東林月正圓 廣庭無樹草無煙 中秋雲盡出滄海 半夜露寒當碧天 蟾影漸移金殿外 鏡光猶掛玉樓前 莫辭達曙辛勤望 一墜西岩又隔年 滄洲適未見此詩 吐舌驚服曰 是誰作也 黃給曰 自作也 滄洲搖首曰 格調極淸高 非宋以下人所能及 必唐詩之稍變者 而唐則吾無不看 甚可怪也 黃遂屈膝曰 公之詩鑑 卓乎難及 此是許渾詩也 車笑曰 豈欺余哉

十八. 남내한소사 南內翰小史

　　내한(內翰)[1] 남성신(南省身)[2]의 자(字)는 수약(守約)이다.

　　아홉 살 때 수암(守菴) 박 선생(朴先生)[3]이 그 부친을 만나러 왔을 때, 남(南)이 곁에 모시고 〈한서(漢書)〉[4] '한신전(韓信傳)'을 읽고 있었다. 박 공(朴公)이 시를 지을 줄 아느냐고 물은 뒤 '한신(韓信)[5]'을

1　한림(翰林).

2　남성신〔南省身, 1567~1623년〕: 광해군 5년(1613년) 알성시 병과(丙科) 32인. 한림(翰林)과 전적(典籍)을 역임했다.

3　박지화〔朴枝華, 1513~1592년〕: 자(字)는 군실(君實). 호(號)는 수암(守菴). 서경덕(徐敬德)의 문인. 유(儒)·불(佛)·선(仙)에 모두 조예가 깊고, 특히 기수학(氣數學)에 뛰어나 명종 때 으뜸가는 학자로 꼽혔다. 어려서부터 명산(名山)을 즐겨 찾았으며, 솔잎을 따먹고 생식을 하였다. 일찍이 이문학관(吏文學官)에 임명되었으나 나가지 않고, 벼슬은 현감(縣監)을 지냈을 뿐이다. 1592년 임진왜란이 일어나자 친구인 정굉(鄭宏)과 함께 백운산(白雲山)으로 피란하였다가, 왜병(倭兵)이 가까이 닥치자 두보(杜甫)의 오언율(五言律) 한 수를 써서 나뭇가지에 걸어 놓고, 그 아래 물속에 몸을 던져 죽었다.

4　중국 전한(前漢)의 역사를 기록한 책. 전 120권. 중국 정사(正史)의 하나로, 후한의 반고(班固, 32~92년)가 82년(建初 8년) 무렵에 완성했다.

5　한신〔韓信, ?~B.C. 196년〕: 회음(淮陰, 江蘇省) 출생. 진(秦)나라 말 난세에 처음에는 초(楚)나라의 항량(項梁)·항우(項羽)를 섬겼으나 중용되지 않아 한왕(漢王, 高祖 劉邦)의 군에 참가하였다. 승상 소하(蕭何)에게 인정을 받아 해하(垓下)의 싸움에 이르기까지 한군을 지휘하여 제국(諸國) 군세를 격파, 군사 면에서 크게 공을 세움으로

제목으로 운자(韻字)를 불러주고 글을 짓게 했다. 그가 지은 낙구(落句)⁶에 하기를,

抵今最恨高皇帝　역사상 가장 한(恨)스러운 건 고황제(高皇帝)⁷일세
孤負當年第一功　당시의 으뜸 공(功)을 홀로 독차지하다니

박(朴)이 매우 기특하게 생각하여 이때부터 수암(守菴) 문하(門下)에서 공부를 하였다.

16살 때 〈무왕백이숙우론(武王伯夷孰優論, 무왕과 백이 중 누가 더 나은지를 논함)〉으로 한성시(漢城試)에서 1등을 하자 세상에 그 이름이 널리 퍼지게 되었는데, 공(公)이 자신의 시문(詩文)을 소매에 넣고 아계(鵝溪)에 가서 평가를 부탁했더니 아계(鵝溪)⁸가 크게 칭찬

써 제왕(齊王), 이어 초왕(楚王)이 되었다. 그러나 한제국(漢帝國)의 권력이 확립되자 유씨(劉氏) 외의 다른 제왕(諸王)과 함께 차차 밀려나, B.C. 201년 회음후(淮陰侯)로 격하되고, B.C. 196년 진희(陳豨)의 난에 통모(通謀)하였다 하여 여후(呂后)의 부하에게 참살당하였다. 불우하던 젊은 시절에 시비를 걸어오는 시정(市井) 무뢰배의 가랑이 밑을 태연히 기어나갔다는 일화는 유명하다.

6 시부(詩賦)의 끝 구절. 한 편의 시가 '시상의 제기, 시상의 심화 또는 전이, 감탄사, 서정적 완결'과 같이 감탄사를 경계로 하여 정서적으로 전환되는 구조를 가질 때에, 감탄사 다음의 서정적 완결 부분을 이르는 말이다.

7 중국 한(漢)나라의 제1대 황제(B.C. 247~B.C. 195). 성은 유(劉). 이름은 방(邦). 자는 계(季). 시호는 고황제(高皇帝). 고조는 묘호. 진시황이 죽은 다음 해 항우와 합세하여 진(秦)나라를 멸망시켰다. 그 뒤 해하(垓下)의 싸움에서 항우를 대파하여 중국을 통일하고 제위에 올랐다. 재위 기간은 기원전 206~기원전 195년이다. 늑한고조.

8 이산해〔李山海, 1539~1609년〕: 본관 한산(韓山). 자 여수(汝受). 호 아계(鵝溪)·종남수옹(綜南睡翁). 시호 문충(文忠). 진사를 거쳐 1561년(명종 16년) 문과에 급제. 1578년(선조 11년) 대사간, 1590년 영의정, 1600년 영의정에 재임(再任), 아성부원군(鵝城府

을 하며 이렇게 말했다.

"네 문장은 송(宋)나라 아래쪽으로는 떨어지지 않겠다. 하지만 과거 급제만큼은 틀림없이 쉰 살에나 하겠다."

그러면서 선물로 지필묵(紙筆墨)을 듬뿍 주었다. 화가 난 남(南)은 인사를 하고 나온 뒤 친구집에 들러서 선물로 받은 지필묵(紙筆墨)을 몽땅 친구에게 주어버렸다. 그리고는 다시는 평가 따위는 받으러 다니지 않은 채 글공부에 더욱 박차를 가하면서 하루바삐 등과(登科)하기만을 바랐다. 그러나 매번 초시(初試)에서는 장원(壯元), 그리고 복시(覆試)에서는 낙방(落榜)을 하다가 계축년(癸丑年) 증광시(增廣試)에 와서야 비로소 급제를 하였다. 그때 그의 나이 47세였다. 아상(鵝相)[9]의 시감(試鑑)이 가히 귀신 같다고 하겠다.

일찍이 그는 어떤 사람에게,

"나는 다른 사람이 직접 짓고 직접 쓴 글을 보게 되면 그 사람의 일생(一生)을 연대순으로 쓸 수가 있다."

고 말한 적이 있다고 한다.

여양군(驪陽君) 민인백(閔仁伯)[10]이 자신의 사위인 조인현(趙仁

院君)에 봉해졌다.

9　아계(鵝溪) 승상(丞相).

10　민인백 [閔仁伯, 1552~1626년]: 본관(本貫)은 여흥(驪興), 자(字)는 백춘(伯春), 호(號)는 태천(苔泉), 시호(諡號)는 경정(景靖). 성혼(成渾)의 문인(門人). 1589년 진안현감(鎭安縣監)으로 있을 때 정여립(鄭汝立)의 난을 평정하여 평난공신(平難功臣) 2등이 되었다. 1592년 임진왜란 때에는 황주목사(黃州牧使)로서 왕을 호종하였고 성절사(聖節使)로 명나라에 다녀왔다. 1598년 여양군(驪陽君)에 봉하여졌다. 저서에 《태천집(苔泉集)》이 전한다.

賢)[11]의 장편(長篇)을 신통하게 생각하여 아상(鵝相)에게 보여주었더니 아상(鵝相)이 이렇게 말했다.

"이 아이 재주가 아주 뛰어난 것이 세상에 짝할 만한 사람이 드물겠소. 그러나 아쉽게도 글이 매우 박복(薄福)하여 과거에 급제는 못하겠소이다."

민(閔)도 문인(文人)이었는지라 그 말이 잘못되었다고 의심하였다.

그 뒤 20년 동안 조(趙)가 석갈(釋褐)[12]을 하지 못하였는데 아계(鵝溪)가 어떤 사람 집에서 조(趙)의 사륙문(四六文)[13]을 보고는 탄식하며 이렇게 말했다.

"이 사람 글이 그세 많이 발전했구먼."

그러자 주인이 물었다.

"이 사람이 누군지나 알고 하시는 말씀입니까?"

그러자 아계(鵝溪)가 이렇게 말했다.

"내가 20년 전에 이 사람의 과시(科詩)[14] 한 수(首)를 한번 본 일이

---

11 민인백(閔仁伯)의 둘째 사위. 승지(承旨) 벼슬을 하사 받은 적이 있으나 자세한 이력은 알 수 없다.

12 〔천복(賤服)인 갈(褐)을 벗는다는 뜻으로〕과거에 합격(合格)한 자가 평민의 옷을 벗고 새로이 관복을 입다. 곧 문과(文科)에 급제(及第)하여 처음으로 벼슬함을 말한다.

13 변려문(騈儷文)을 말한다. 중국의 육조와 당나라 때 성행한 한문 문체. 문장 전편이 대구로 구성되어 읽는 이에게 아름다운 느낌을 주며, 4자로 된 구와 6자로 된 구를 배열하기 때문에 사륙문(四六文)이라고 한다. 늑변문(騈文) · 변체문 · 사륙(四六) · 사륙문 · 사륙변려문 · 사륙변려체 · 사륙체 · 여문(儷文).

14 과거를 볼 때 짓는 시. 늑공령시.

있소이다."

주인은 그의 시감(詩鑑)이 귀신 같음에 탄복하고 말았다.

조(趙)는 끝내 과거에 급제하지 못하였는데 그 말이 과연 영험(靈驗)하다 하겠다.

【南內翰小史】

南內翰省身 字守約 少有雋才 年九歲 守菴朴先生 來見其大人 南侍旁 讀漢書韓信傳 朴公曰 汝能作詩乎 以韓信爲題 呼韻使製 其落句曰 抵今最恨高皇帝 孤負當年第一功 朴大奇之 自此受業於守菴之門 年十六以武王伯夷孰優論 中漢城試一等 聲名籍籍 公袖持所作詩文 往考鵝溪 鵝溪大加稱贊曰 君之文章 將不居於宋以下 然登第則必於五十之年 仍給筆墨色紙甚多 南大慍 辭出 入友人家 盡給紙墨 更不就考 尤篤學文 期於早科 每於發解爲壯元 見屈於覆試 癸丑增廣 始中第 時年四十七矣 鵝相試鑑 可謂神矣 嘗語人曰 我若見人自作自筆之文 可作一生編年云 驪陽君閔仁伯 神其女壻趙仁賢長篇 往示鵝相 鵝相曰 此子才調極高 世罕其儔 而惜乎 文甚薄福 不得登第矣 閔亦文人也 疑其言之近誕 其後二十年 趙未得釋 釋 鵝溪於人家見趙之四六文 嗟嘆曰 其人之文大進矣 主人曰 公安知誰人之作 而發此論耶 鵝溪曰 余於二十年前 一見此人科詩一首矣 主人服其詩鑑之如神 趙竟不能中第 其言果諗矣

十九. 반향반경 半鄕半京

시골에 내려가서 몇 년 살다온 어떤 서울 사람이 자신이 지은 글을 가져와 권습재(權習齋)[1]에게 평가를 의뢰하자 습재(習齋)가 이렇게 말했다.

"문장을 보니 '반(半)은 시골이요, 반(半)은 서울'이구먼."

또 어떤 선비가 영남지방에 갔다가 어떤 시를 하나 들고 와서 모재(慕齋)[2]에게 이렇게 말했다.

"소생이 영남에 갔을 때 지은 겁니다."

---

1 권벽 [權擘, 1520~1593년]: 본관(本貫)은 안동, 자(字)는 대수(大手), 호(號)는 습재(習齋). 좌승지 기(祺)의 아들. 1543년(중종 38년)에 진사(進士)가 되었으며, 이해 식년 문과에 을과로 급제하였다. 이이(李珥)의 천거로 사관(史官)에 기용되고, 1546년(명종 1년) 예조정랑으로 춘추관기주관(春秋館記注官)이 되어, 《중종실록》, 《인종실록》, 《명종실록》 편찬에 참여하였으며 여러 청환직(淸宦職)을 역임하였다. 시문에 뛰어나 명나라로 내왕하는 외교문서를 주관하였다. 벼슬 외에는 오직 시에만 열중하였다. 문집에 《습재집》이 있다.

2 김안국 [金安國, 1478~1543년]: 본관(本貫)은 의성(義城), 자(字)는 국경(國卿), 호(號)는 모재(慕齋), 시호(諡號)는 문경(文敬). 김굉필(金宏弼)의 문인으로 사림파(士林派)의 학통을 계승하였다. 1501년(연산군 7년) 생원진사시에 합격하고, 1503년 별시문과에 을과로 급제하였다. 이후 부수찬·부교리 등을 지내다가 1507년 문과중시에 병과로 급제하여 지평(持平)·장령(掌令)·대사간·공조판서 등을 거쳐, 1517년 경상도관찰사가 되었으며 예조판서·대사헌·병조판서·대제학 등의 요직을 두루 거쳤다.

선생(先生)은 보자마자 이렇게 꾸짖었다.

"어허, 젊은 친구가 어른을 놀리면 되나. 이 작품은 문장인(文章人)의 수단이 아니라 귀신의 말임에 틀림없어."

선비가 탄복하면서 말했다.

"강경(講經)[3]에서 낙방한 뒤 군역(軍役)에 복무하게 된 어떤 영남의 선비가 밤낮으로 슬피 울었더니, 하룻 저녁에는 꿈에 신령이 나타나서 이 시(詩)를 알려주더랍니다. 신령은, 관찰사가 촉석루(矗石樓)에 왔을 때 이걸 갖다 바치면 군역을 면(免)할 수 있을 거라고 말한 뒤 사라져 버렸는데, 그 사람이 그 말대로 따라했더니 과연 군역을 면하게 되었답니다."

모재(慕齋)가 웃으면서 이렇게 말했다.

"천하에 있는 그 어떤 글도 내 안광(眼光)은 못 벗어날 걸?"

세상 사람들은 권·김 양(兩) 선생(先生)[4]의 시감(詩鑑)이 아상(鵝相)과 비슷하다고들 말한다.

---

3 과시(科試)에서 경서(經書) 중의 어느 구절(句節)을 지정하여 배송(背誦)하고 강해(講解)하게 하는 것.
4 '권·김 양(兩) 선생(先生)'이라고 한 것 중에서, '권'은, 글의 서두에 나오는 '습재(習齋) 권벽(權擘)'을, 그리고 '김'은 '모재(慕齋) 김안국(金安國)'을 각각 지칭한 것이다.

【半鄕半京】

有一京中人 下鄕數年 持所作文 就考於權習齋 習齋曰 此作半鄕半京耳
又一士人 往嶺南 聞一詩 來言慕齋曰 小生嶺南行所作也 先生才覽反責曰
君以年少之人 玩弄長者耶 此作非但文章 必鬼語也 士人驚服曰 嶺南士人 落
講充軍 晝夜悲泣 一夕夜神人來言此詩 使之呈上於道伯來到矗石樓之時 則可
以免役 因忽不見 其人如其言 果得免云 慕齋笑曰 天下之文 豈逃吾眸子乎 世
稱 權金兩先生詩鑑與鵝相同云

二十、재상광탕 宰相狂蕩

재상(宰相) 심일송(沈一松)[1]은 젊은 시절 대단한 미남자였다.

대문 밖에 피색장(皮色掌)[2]이 하나 있었는데 그 처의 용모가 자못 예뻤다. 그 미모를 탐한 공(公)은 마침내 그녀와 사통(私通)을 하게 되었는데 서로 애틋하게 사랑을 했다. 이를 눈치챈 그 남편이 하루는 그 아내에게 이렇게 말했다.

"북도(北道)[3]에 가서 베를 좀 사와야겠는데 너댓 달쯤 걸릴 것 같소."

이 말을 들은 그 아내가 몰래 공(公)을 찾아가 이 소식을 전하자

---

1 심희수 (沈喜壽, 1548~1622년): 본관(本貫)은 청송(靑松). 자(字)는 백구(伯懼). 호(號)는 일송(一松)·수뢰누인(水雷累人). 시호(諡號)는 문정(文貞). 1568년(선조 1년) 성균관에 입학, 이황(李滉)이 죽자 성균관 대표로 제사에 참여, 1572년(선조 5년) 별시문과에 급제, 승문원(承文院)을 거쳐 헌납(獻納)이 되었다가 정여립(鄭汝立)의 옥사로 사직하였다. 호당(湖堂)을 거쳐 1591년 응교(應敎)로서 동래(東萊)에서 일본 사신을 맞았다. 한때 직언하다 선조의 미움을 샀으나, 1592년 임진왜란 때 의주(義州)로 왕을 호종, 중국 사신을 만나 능통한 중국어로 명장(明將) 이여송(李如松)을 맞았다. 1598년 정유재란 때는 예조판서로서 명나라 경리 양호와 만세덕의 접반사가 되었다. 1599년에 이조판서와 홍문관 예문관 양관 대제학을 지냈으며 1606년 좌의정, 1608년 광해군 때의 권신 이이첨(李爾瞻)의 정권에서 우의정을 지냈다. 저서에 《일송문집(一松文集)》이 있으며, 선조 때 청백리에 녹선되었다.
2 짐승의 가죽으로 물건 만드는 일을 맡아 하던 사람.
3 경기도 북쪽에 있는 도(道). 곧 황해도, 평안도, 함경도를 이른다.

공(公)도 기뻐하였다.

그날 밤 그 집에서 잠을 자는데 한밤중에 그 남편이 칼을 들고 문을 밀치고 들이닥쳤다. 그의 아내는 무서워서 몸을 부들부들 떨었다. 그 사람이 공(公)에게 말했다.

"그대는 죽음이 두렵지 않은가? 그대는 아내도 있고 첩(妾)도 많으면서 어찌 이렇듯이 여색(女色)을 밝히는가? 당장에라도 이 칼로 찔러 죽여버리고 싶지만 그대의 재주와 젊은 나이가 아깝고 게다가 부모님까지 계시고 하니, 죽이는 대신에 내가 사라져 주겠다. 나중에라도 서로 만나게 되면 행여 오늘 일을 잊지 않도록 해라. 그리고 다음부터 다시는 이런 짓을 하지 말거라."

하고는 처를 불러서 공(公)에게 술을 따르게 하며 말했다.

"이걸 마시고 마음을 좀 가라앉히거라."

그런 뒤 아내를 데리고 어디론가 종적을 감추고 말았다.

그 뒤 수십 년의 세월이 흘렀다. 공(公)이 예조판서(禮曹判書)가 되어 문형(文衡)을 주재(主宰)하고 있을 적에, 중국에서 조사(詔使)[4]로 송공(宋公)[5]을 보내자 원접사(遠接使)[6]가 되어서 평양 재송정(裁松亭) 길가에 도달하였다. 그때 한 노파가 소리쳐 말했다.

---

4 예전에 중국에서 오던 사신. 중국 천자의 조칙(詔勅)을 가지고 온다 하여 이르던 말이다.
5 명나라의 사신 송응창(宋應昌)을 말한다. 임진왜란 시 경략(經略)의 자격으로 이여송(李如松)과 함께 구원병을 데리고 온 일이 있다.
6 조선시대에 중국의 사신을 맞아들이던 임시 벼슬. 또는 그 벼슬아치.

"저는 모가비[7]의 처입니다. 제 남편이 모함에 빠져 감옥에서 죽을 날만 기다리고 있사오니 상공(相公)께서는 어여삐 여겨 좀 구해주십 시오."

공(公)이 문득 옛일이 떠올라 사람을 시켜서 말했다.

"객사(客舍)[8] 문밖에서 기다리도록 하라."

저녁 때 평안감사가 나와 알현을 하자 공(公)이 이렇게 말했다.

"내가 젊었을 적에 겪었던 가소로운 일이 하나 있는데 들어보시 겠소?"

그러면서 피색장(皮色掌)이 호기(豪氣)롭게 자신을 풀어주었던 일을 상세하게 얘기했다. 그러자 감사(監司)가 웃으며 말했다.

"이 사람은 말을 훔친 죄로 사형을 언도 받은 자입니다. 그러나 정 중하게 부탁하시는데 어찌 거절하겠습니까? 그리고 의기(義氣)로운 사람이 어찌 말을 도둑질했겠습니까? 바로 석방하도록 하겠습니다."

공(公)은 그 사람을 불러 들인 뒤, 다과(茶菓)와 술을 내오게 하 여 대접을 했다. 그리고 그 여자에게는 포백(布帛)과 옷감을 내렸다. 공(公)이 조사(詔使)를 영접하고 올라올 적에 그들 부부도 따라왔고 그 후 문밖에 살면서 충성(忠誠)을 다해 주인처럼 섬겼다고 한다.

아아, 천인(賤人) 출신인 그는 이날의 상봉(相逢)을 미리 알았던 것일까?

---

7 막벌이꾼이나 광대 따위와 같은 패거리의 우두머리.
8 조선시대의 숙박시설로 객관(客館)이라고도 한다. 외국 사신이나 중앙과 지방의 사신 이 왕래할 때 묵거나 혹은 왜인이나 야인(野人)들이 무역을 행할 때 이용된 곳.

대사간(大司諫) 송응개(宋應漑)[9]는 우리나라에서도 으뜸가는 명사(名士)다. 집에다 평양의 명기(名妓) 보미란(寶美蘭)을 거두어 기르고 있었다. 심일송(沈一松)이 과거에 급제하여 유가(遊街)를 할 때 심일송(沈一松)의 풍도(風度)[10]를 엿본 뒤, 문득 탁씨(卓氏)[11]의 금심(琴心)[12]이 생기게 되었다. 그녀는 즉시 편지지에다 글을 써서 하녀에게 준 뒤, 그가 작별인사를 하고 말을 탈 때를 기다려 그것을 전달하게 했다. 공(公)이 안장에 올라앉아 펼쳐보았더니, 곧 송대간(宋大諫)네 첩의 편지로서, '저녁 때 찾아갈 테니 조금만 더 있다 가라'고 쓰여 있었다. 저녁 때 과연 찾아온지라 공(公)이 할 수 없이 받아들였다. 이로 인해 뭇사람들의 비방(誹謗)이 일어났다.

사론(士論)[13]이 나빠지자 그는 괴원(槐院)[14]에도 끼지 못한 채 앞

---

9 송응개 [宋應漑, ?~1588년]: 본관(本貫)은 은진(恩津). 우참찬 송기수(宋麒壽)의 아들이며, 명종 때 정언(正言)을 거쳐, 대사간 등 청요직을 지냈다. 당시 병조판서로 있으면서 서인의 입장을 두둔하던 이이(李珥)를 탄핵하였다. 그는 이이가 젊었을 때 절에 들어간 점을 극렬히 비판하였으나, 도리어 태학생 유공진 등의 탄핵을 받았으며, 결국 회령에 유배되었다.

10 풍채와 태도를 아울러 이르는 말.

11 탁문군(卓文君)을 말한다. 탁문군(卓文君)은 서한(西漢) 임공(臨邛) 사람. 한(漢)나라 시대의 재녀(才女)로 재모(才貌)를 갖췄다. 거문고를 잘 탔고 집안이 부유하였다. 그녀는 부상(富商)의 딸로 음률을 좋아했다. 청상과부가 되어 집에 있을 때 당대(當代)의 유명한 문장가인 사마상여(司馬相如, B.C. 179~B.C. 117)가 그녀의 집에서 술을 몽땅 마시고 금심(琴心)으로 그녀를 유혹하자 상여(相如)와 함께 야반도주를 하여 백두해로했다는 유명한 고사(故事)가 전해진다.

12 자신의 마음을 거문고 소리에 부쳐 이성(異性)을 유혹하다.

13 선비들의 공론(公論).

14 외교에 대한 문서를 맡아보던 관아로, 승문원(承文院)을 말한다.

길이 막힌 지 7년 가량이 지났다. 사인(舍人)[15] 홍하의(洪荷衣)[16]가 공(公)이 있는 곳을 지나치다가 이렇게 말했다.

"오늘 경상도관찰사가 부임하는 날입니다. 조정(朝廷) 사람들이 한강에 모두 다 전송을 나가는데 형(兄)도 한데 어울려서 한바탕 호기(豪氣)를 부려봅시다."

공(公)이 세상에서 버림받았음을 이유로 사양하자, 홍(洪)이 부채를 꺼내주며 시를 써달라고 했다. 공(公)이 즉시 붓을 들고 글을 써주는데 글과 필법(筆法)이 모두 훌륭하기 짝이 없었다.

하의(荷衣)는 입이 닳도록 칭찬을 한 뒤 그 부채를 들고 모임에 참석하였다. 술이 몇 순배(巡杯) 돈 다음에, 그는 좌중(座中)에다 부채를 내던지면서 말했다.

"이 작품은 어떻소이까?"

좌중(座中)에 모인 사람들이 모두 돌아가면서 한 번씩 보고는 감탄해 마지 않자 홍(洪)이 이렇게 말했다.

"이건 심백구(沈伯懼)의 시필(試筆)이오. 심(沈)이 한 짓은 풍류장(風流場)에서의 우연한 실수에 불과한데 이런 재주있는 사람을 어찌 이렇듯이 오래도록 매장시킨단 말입니까?"

---

15 의정부(議政府)에 소속되어 있던 관직으로 정원은 2인이었다. 임금과 의정부 대신 사이에서 양자 간의 의견을 전달하고 중재하는 구실을 담당하던 관원으로 재직 기간이 만료되면 승천(陞遷)되었고, 춘추관의 수찬관(修撰官) 이하 직을 당연직으로 겸임하였다.

16 홍적〔洪迪, ?~?〕: 본관(本貫)은 남양(南陽). 자(字)는 태고(太古). 호(號)는 하의(荷衣).

그러자 모여 있던 사람들이 모두 고개를 끄덕였다. 이런 일이 있은 뒤로 분관(分館)[17]을 고쳐서 괴원(槐院)에 배속되었고, 집진현전(集進賢殿)[18]의 수찬(修撰)과 이랑(吏郎)[19], 사검(舍檢)[20]을 지냈다.

언사(言事)[21]로 임금의 뜻을 거슬러 금산군수(錦山郡守)로 좌천(左遷)되었을 때, 보미란(寶美蘭)을 데리고 갔는데, 얼마 되지 않아 보미란(寶美蘭)이 죽고 말았다. 평양으로 귀장(歸葬)[22]하기 위해 금강(錦江)을 건너갈 적에 가을비가 추적추적 내려서 상여를 적시자, 슬픔이 더욱더 복받쳐오른 공(公)은 이렇게 시를 읊었다.

一朶芳花載小車 작은 수레에 실려 나가는 아리따운 꽃 한송이

---

17 조선시대에 새로 문과(文科)에 급제한 사람을 권지(權知)라는 이름으로 승문원(承文院)·성균관(成均館)·교서관(校書館)의 삼관(三館)에 배속시켜, 실무(實務)를 익히게 하는 일. 분관하는 데는 급제한 사람의 이름을 한 줄로 적어, 박사(博士) 세 사람으로 하여금 채점케 했다. 여기서 3점을 얻으면 괴원(槐院) 곧 승문원, 2점을 얻으면 국자(國子) 곧 성균관, 1점을 얻으면 운각(芸閣) 곧 교서관에 보내는데, 이것을 다시 도제조(都提調)와 검토를 해서 수정할 것이 있으면 수정해서 이조(吏曹)에서 임금에게 아뢰어 삼관에 배치시켰다. 그리고 점수를 얻지 못한 사람은 후방(後榜)을 기다리는데, 이를 미분관인(未分館人)이라고 한다.
18 집현전(集賢殿)의 후신인 홍문관(弘文館)을 의미하는 듯하다.
19 이조(吏曹)의 정5품직(正五品職)인 정랑(正郎)과 정6품직(正六品職)인 좌랑(佐郎). 이조 문선사(文選司)의 낭관은 관리의 전형(銓衡)에 참가하는 실무자로서, 해당 관직에 적합하지 않다고 생각되는 후보자를 천망단자(薦望單子)에 기록하지 않을 수 있는 특권을 지니고 있었다.
20 미상. 혹 '교검(校檢)'(?)을 의미하는 것인가? 교검(校檢)은 조선시대에 승문원에 속하여 외교 문서의 교정과 검열 및 보관을 맡아보던 정6품 벼슬을 말한다.
21 나랏일에 관한 상소(上疏).
22 타향에서 죽은 사람의 시체를 고향에 가져와서 장사(葬事) 지내다.

香魂何處去躑躅 어딜 향해 가는지 향기로운 넋은 차마 발길 떼지
　　　　　　　　못하고
錦江秋雨銘旌濕 명정(銘旌)[23]을 촉촉이 적시는 금강(錦江)의 가
　　　　　　　　을비는
知是佳人泣別餘 흐느끼며 길 떠나는 어여쁜 님의 눈물일러라

　이 시는 세상 사람들에게서 절조(絶調)[24]로 일컬어지고 있다.

　공(公)은 오랫동안 문형(文衡)을 잡다가 끝내는 의정(議政)[25]의
벼슬을 받았다. 그러나 늙어서까지도 보미란(寶美蘭)을 잊지 못했
다. 하루는 당후(堂后) 고용후(高用後)[26]가 공사(公事)[27]를 가지고 집
에 찾아갔는데 상국(相國)이 금방 불러들이질 않고 시간을 조금 지
체하였다. 조금 있다가 들어가서 뵈었더니, 맥이 풀린 상국(相國)의
얼굴에 눈물 자국이 나 있었다. 그는 당후(堂后)를 보더니 이렇게 말
했다.

23　죽은 사람의 관직과 성씨 따위를 적은 기. 일정한 크기의 긴 천에 보통 다홍 바탕에
　　흰 글씨로 쓰며, 장사 지낼 때 상여 앞에서 들고 간 뒤에 널 위에 펴 묻는다. 늑정명
　　(旌銘).
24　아주 뛰어난 곡조(曲調).
25　의정부의 영의정, 좌의정, 우의정을 통틀어 이르는 말.
26　고용후 [高用後, 1577~?]: 본관(本貫)은 장흥(長興). 자(字)는 선행(善行). 호는 청
　　사(晴沙). 아버지는 의병장 경명(敬命). 1605년(선조 38년)에 진사시에 합격하고 1606
　　년 증광문과에 을과로 급제하여 이듬해 예조좌랑이 되었다. 그 뒤 병조좌랑, 병조정
　　랑을 거쳐서 1616년(광해군 8년)에는 남원부사가 되었으며 1624년(인조 2년)에 고성군
　　수를 역임하였다. 1631년 동지사로 명나라에 다녀왔으며 판결사(判決事)를 마지막
　　으로 관직에서 은퇴하였다.
27　관청(官廳)의 일.

"이 늙은이가 가소로운 일이 하나 있어 자네에게 폐를 끼쳤네 그려. 젊었을 때 내가 명기(名妓) 하날 집에 두었지. 불행하게도 젊은 나이에 죽었는데 그때 내가 만시(輓詩)[28] 하나를 지어 소회(所懷)를 붙인 적이 있었지. 그런데 어젯밤 꿈에 죽은 낭자(娘子)가 나타났지 뭔가. 아리땁고 예쁜 모습이 살아 있을 때처럼 너무나 생생해서 꿈에서 깨어난 뒤에도 마음이 영 개운칠 못했다네. 그래서 자넬 즉시 불러들이지 못한 걸세."

이렇게 말한 뒤 자신이 지었던 시를 읊으면서 크게 한숨을 내쉬었다. 그 말을 들은 사람들은 쓴웃음을 지으며 이렇게 단정적으로들 말했다.

"여색(女色)이 정말 무섭긴 무섭구먼. 상국(相國)이라고 하면 그래도 글재주 많고 박학다식한 명재상(名宰相) 아닌가? 관직에 첫발을 들여놓을 때는 더욱 처신(處身)을 잘해야 하는 법인데도, 남의 첩을 만나고도 그녀를 물리치지 못하다니……. 또 대신(大臣)의 높은 지위에 있는 사람이 기첩(妓妾)을 추도(追悼)하는가 하면, 그것도 모자라서 세상의 웃음거리가 될 줄도 모른 채 나이 어린 명사(名士)[29]에게 자신의 꿈 얘기를 하다니……. 여색(女色)이 정말 무섭긴 무서워."

이런즉, 세상의 남성들은 경계(警戒)하고 또 경계할 일이다.

---

28 죽은 사람을 애도하는 시.
29 이름난 선비.

오패(五霸) 중의 한 사람인 초(楚)나라 장왕(莊王)[30]은, 갓끈을 끊은 고의(高義)[31]를 통해 장웅(蔣雄)에게 보답을 받았고, 호걸(豪傑)스러운 선비 원사(袁絲)[32]는, 시첩(侍妾)을 내준 일을 통해 또한 종사(從史)[33]에게 보은(報恩)을 받은 바 있다.[34] 만약에 초나라 왕이나 원사(袁絲)가 색(色)을 중시해서 질투를 했다거나 화를 냈다고 한다면, 장웅(蔣雄)이나 종사(從史)는 모두 죽임을 당하고 말았을 것이요, 또 그렇게 됐을 것 같으면 나중에 어려움에 처했을 적에 누가 와서 그들을 구해줬을 것인가?

하찮은 천인(賤人)인 피색장(皮色掌)이 초(楚)나라 장왕(莊王)이나 원사(袁絲)가 했던 일을 해냄으로써 죽음에서 벗어나게 됐으니, 사람의 어질고 못남에 어찌 귀천(貴賤)이 따로 있겠는가? 나는 심상(沈相)보다는 피색장(皮色掌)이 더 훌륭하다고 생각한다.

---

30 중국 춘추 시대 초(楚)나라의 왕(?~B.C. 591). 이름은 여(侶). 춘추 오패(五霸)의 한 사람으로, 진(晉)나라 경공(景公)의 군대를 격파하고 중원(中原)의 패자(霸者)가 되었다. 재위 기간은 기원전 614~기원전 591년이다.

31 높은 도덕과 의리.

32 한(漢)나라 문제(文帝) 때 직간(直諫)하기로 유명한 원앙(袁盎). 자(字)를 사(絲)라고 하였다.

33 재상(宰相)에게 속한 관리.

34 원앙(袁盎)이 오(鳴)나라 재상으로 있을 때 그의 종사(從史)의 한 사람이 원앙의 시비(侍婢)와 밀통한 적이 있었다. 원앙은 그 사실을 알고 있었으나 입 밖에 내지 않고 종전대로 대우를 해주었다. 그런데 어떤 사람이 종사에게 시비와의 밀통 사실을 원앙이 알고 있음을 알려주었다. 그 말을 들은 종사는 고향으로 도망갔다. 원앙은 말을 달려 쫓아가 그를 데려다가 시비를 그에게 주고 그를 다시 종사로 삼았다. 그 후 원앙이 오나라에 사신을 갔다가 죽을 위기에 처하자, 때마침 그를 감시하는 역을 맡고 있던 종사가 그를 도와 도망가게 해주었다는 고사(故事)를 말한다.

【宰相狂蕩】

沈相一松 少時美如冠玉 大門外有皮匠者 其妻有容色 公遂與之通 兩情未忘 其夫心知之 一日謂其妻曰 我往北道貿布 四五朔後當還矣 其妻幸其久 出潛告於公 公亦喜之 其夕往宿其家 夜半其夫持釼 開戶而入 其妻戰慄 其人謂公曰 君不怕死耶 君自室家且多姬妾 而何貪淫無度也 吾欲剸刄 而愛君文學 惜君妙年 重君有親 以此不煞 吾謹避之而已 日後有相逢之時 君或不忘耶 此後更勿爲此等事 可也 仍呼其妻 斟酒勸公曰 此是壓驚耳 率其妻出去 不知所向 後數十年 公爲大宗伯典文衡時 詔使出宋公 以遠接使行到平壤裁松亭路邊 有一老婆疾聲呼曰 我乃某甲之妻也 夫爲人搆誣囚繫 將死 願相公憐而濟活之 公斗覺昔日之事 使人謂曰 待候於客舍門外 夕問西伯出見 公曰 不佞少時 有可笑事 當爲公道之 仍將皮匠義釋事 細陳根梢 監司笑曰 此人以盜馬之罪 以斷死律 然敎意鄭重 敢不如戒 且念義氣之人 豈犯盜馬 卽爲放釋 公召其人入現 又進茶啖酒物以饋之 賜其女布帛衣資 公迎詔使上來時 其人夫妻隨行 居於門外 盡忠竭誠 事之如主云 噫 彼賤人先知此日之相逢耶

大司諫宋應漑 乃東人之一等名士也 家畜箕城名妓寶美蘭 沈一松擢第遊街之時 窺覘其風度 便生卓氏之琴心 卽書香簡以授兒婢 傳致於辭去上馬之際 公據鞍披覽 卽宋大諫之妾 而夕當往叩 幸留遲遲云云 至夕果至 公不得已納之 由此而厚招衆謗 士論短之 不參槐院 沈滭困滯者七年矣 舍人洪荷衣 過公仍曰 今日嶺伯啓行 傾朝出餞于漢江 兄亦惠好同逞 何如 公辭以爲世所棄 洪出便面索詩 公卽援筆書之 文筆俱絶佳 荷衣稱嘆不已 持其扇赴會 酒數巡投扇於座曰 此作何如 滿座傳視之 莫不嘖舌 洪曰 此沈伯懼詩與筆也 沈之所爲 不過風流場一失也 豈以此永廢如此之才子乎 衆頷可 自此改分館爲槐院 歷集進賢殿修撰吏郎舍檢 以言事忤旨 左遷爲錦山郡守 率蘭娘以往 未幾蘭娘玉碎 歸葬箕城 引渡

錦江 秋空疎雨濕喪車 公尤切慘然 吟詩曰 一朵芳花載小車 香魂何處去躑躅 錦江秋雨銘旋濕 知是佳人泣別餘 世稱絶調 公久典文衡 竟至大拜 年已老矣 猶未忘蘭娥 一日堂后高用後 持公事躋門 則相國不卽召入 有頃始入謁 相國氣色沮喪 面有淚痕 謂堂后曰 老夫煩君可笑事 少時畜一名姝 不幸短命死 作一挽詩以寓懷 前夜之夢見亡娘 嬌姿嫩態 宛如平日 覺來氣甚不平 故未卽邀公耳 仍吟其詩 歔唏太息 聞者開矧斷曰 甚矣女色之移人也 相國乃文章博學之名宰也 仕進之初 尤當謹身 而遇人妾而不能却之 且以大臣之尊 追悼娼妾 對年少名士 而說其夢 自不覺爲一世笑資 甚矣 女色之移人也 凡百男子 可不戒哉

　　楚莊王 五霸之一也 絶纓高義 能使蔣雄報德 袁絲豪傑之士也 出給侍妾 亦使從史酬恩 若使楚王袁絲重色妬恚 則蔣雄從史皆死而已 日後窘厄誰復救之 皮匠以一賤流 能行楚莊袁絲之事 竟得生於死中 人之賢不肖 豈以貴賤而有殊乎 余不爲沈相多之 爲皮工多之

소화(笑話)류 이야기*

* 여기 실린 소화들은, 크게 유명씨의 소화와 무명씨의 소화로 구분된다. 유명씨 소
화의 경우, 17세기에 생존한 유명 사대부들의 일화적 성격의 소화가 대부분이며,
특정 인물의 인품이나 인간적인 측면을 드러내는 데 초점이 맞춰져 있다. 반면 무
명씨 소화의 경우, 등장인물의 인품이나 인간적 측면보다는 사건과 흥미 위주의 소
화들로, 민간의 악의 없는 웃음을 동반하는 성적 소화가 많다.

골계(滑稽)스러운 사람들의 부류는 그 역사가 퍽 오래되었다. 제(齊)나라에는 순우곤(淳于髡)[1]이, 초(楚)나라에는 배우(俳優) 맹(孟)[2]이, 진(秦)나라에는 배우(俳優) 전(旃)[3]이, 그리고 한(漢)나라에는 동방삭(東方朔)[4]이 있었다. 이들은 모두 오랜 역사 속에서 골계스러운 말로 이름을 날리고 있는 인물들이다.

우리나라에도 간혹가다 잇몸을 드러내고 뱃살을 움켜쥐게 만드는 이야기가 많은데 다 기록하기 어려울 정도다.

---

1 순우(淳于)는 복성(複姓)이고 곤(髡)은 이름이다. 전국시대 때 제(齊)나라 사람. 구국(救國)의 대계(大計)를 골계스러운 말 속에 담아, 비유를 통해 위왕(威王, B.C. 356년 ~B.C. 320년 재위)을 잘 보좌한 사람으로 유명하다. "不飛則已, 一飛沖天 ; 不鳴則已, 一鳴驚人.(날지 않으면 몰라도 일단 날았다 하면 하늘을 찌를 것이요, 울지 않으면 몰라도 일단 울었다 하면 사람들을 놀라게 할 것이다)"라는 유명한 성어(成語)는 곧 순우곤과 제나라 위왕에 얽힌 고사(故事)에서 유래한 것이다.

2 춘추시대(春秋時代) 초(楚)나라 장왕(莊王, B.C. 613~B.C. 591년 재위) 때 사람. 순우곤(淳于髡)처럼 골계스러운 말 속에 풍자(諷刺)의 뜻을 담아 왕(王)의 잘못을 고치게 했다. 장왕(莊王)의 애마(愛馬)가 죽었을 때 장왕이 뭇신하들에게 복상(服喪)을 하게 하고 대부(大夫)의 예(禮)로 매장을 하려 했다. 이에 맹(孟)이 장왕에게 대부(大夫)의 예(禮)로는 너무 박정(薄情)하니 임금의 예(禮)로 매장을 해야 한다고 주장하였다. 그러면서 그는 '그렇게 하게 되면 제후들이 이 소문을 듣고 모두 왕이 사람을 천시하고 말을 존중하는 줄 알게 될 것이다'고 넌지시 풍간(諷諫)을 했다. 이 말을 들은 장왕(莊王)은 자신의 잘못을 깨닫고 애초의 계획을 바꾸었다고 한다.

3 진시황(秦始皇, 기원전 246~기원전 210년 재위) 때부터 한(漢)나라 때까지 살았던 사람. 난쟁이 가수로서 남을 잘 웃겼다. 하지만 그의 말은 대도(大道)와 합치되는 바가 많았다.

4 동방삭(東方朔, B.C. 154~B.C. 93): '익살의 재사'로 많은 일화가 전해지는 중국 전한(前漢)의 문인. 부국강병책(富國强兵策)을 상주하였으나 받아들여지지 않자 이를 자조(自嘲)한 문장 《객난(客難)》과 《비유선생지론(非有先生之論)》을 비롯하여 약간의 시문을 남겼다.

상국(相國) 이백사(李白沙)[5]는 말만 꺼냈다 하면 사람들이 배꼽을 잡았고, 조현곡(趙玄谷)[6]은 백사(白沙)보다 나이는 어렸지만 해학(諧謔)으로 백사(白沙)와 망년우(忘年友)[7]를 삼았다. 그 후에 창평(昌平) 이목(李穆)[8]이라든지 시랑(侍郎)[9] 남노성(南老星)[10], 진산(珍山)

---

5 이항복 [李恒福, 1556~1618년]: 본관(本貫)은 경주(慶州). 자(字)는 자상(子常). 호(號)는 백사(白沙)·필운(弼雲)·청화진인(淸化眞人)·동강(東岡)·소운(素雲). 이몽량(李夢亮)의 아들이며 권율(權慄)의 사위이다. 1580년(선조 13년) 알성문과에 병과로 급제하였다. 1590년 정여립의 옥사를 무난히 수습한 공으로 평난공신(平難功臣) 3등에 올랐다. 1592년 임진왜란이 일어나자 선조를 따라 의주로 갔으며, 이후 병조판서가 되어 명나라 군대의 파견을 요청하는 한편 국왕의 근위병을 모집하는 데 주력하였다. 1595년 이조판서에 올랐으며, 1598년 좌의정으로 진주사(陳奏使)가 되어 명나라를 다녀왔다. 1599년 좌의정을 거쳐 이듬해에 영의정이 되었으며, 1602년 오성부원군(鰲城府院君)에 진봉되었다.

6 조위한 [趙緯韓, 1567~1649년]: 본관(本貫)은 한양(漢陽). 자(字)는 지세(持世). 호(號)는 현곡(玄谷)·서만(西巒)·소옹(素翁). 1592년(선조 25년) 임진왜란이 일어나자 김덕령(金德齡)을 따라 종군하였다. 1601년(선조 34년) 사마시(司馬試)에 합격하고, 1609년(광해군 1년) 증광문과(增廣文科)에 갑과로 급제한 뒤 지평(持平)·수찬(修撰)을 지냈다. 1613년 계축옥사(癸丑獄事) 때 파직되었으나, 1623년 인조반정으로 사성(司成)에 기용된 뒤 장령(掌令)·집의(執義) 등을 지내고 사가독서(賜暇讀書)하였다. 1624년 이괄(李适)의 난을 토벌하고, 1627년 정묘호란(丁卯胡亂) 때 관군과 의병을 이끌고 항전했으며, 동부승지·직제학을 거쳐 공조참판에 이르렀다. 명필이었으며, 저서에 《유민탄(流民嘆)》, 《현곡집(玄谷集)》 등이 있다.

7 나이에 거리끼지 않고 허물없이 사귄 벗. 늑망년교·망년지교.

8 이목 [李穆, 1589~?]: 자(字)는 仲深. 호(號)는 북계(北溪). 1625년 인조 3년 별시 을과 3인. 좌랑(佐郎) 폐과(廢科).

9 시랑(侍郎)은 참판(參判) 벼슬을 일컫는 것인듯. 참판(參判)은 육조(六曹)에 둔 종2품 벼슬. 판서의 다음 서열이다.

10 남노성 [南老星, 1603~1667년]: 본관은 의령(宜寧), 자는 명서(明瑞), 호는 운곡(雲谷). 아버지는 생원 호학(好學)이다. 1631년(인조 9년) 별시문과에 병과로 급제하고 1634년 정9품 검열(檢閱)이 되었다. 1636년 정언(正言)으로 문과중시에 갑과로 급제, 교리가 되었다. 1638년 수찬(修撰), 1647년 동부승지를 지냈으며, 1650년(효종 1년)

강봉수(姜鳳壽)[11], 도사(都事)[12] 배유화(裵幼華)[13], 직강(直講)[14] 남궁옥(南宮鈺)[15] 또한 우스갯소리를 잘하는 인물들로 이름이 있다.

그리고 근자(近者)에 군서(君瑞) 이희룡(李喜龍)[16] 또한 자못 말을 잘했는데 그들은 바를 기록해서 잠을 빼앗는 파적(破寂)거리로 삼았다고 한다.

대사간·승지 등을 거쳐 1651년에는 이조참의에 임명되었다. 1657년에는 함경도관찰사가 되었으며, 1659년(현종 즉위) 사은부사(謝恩副使)로 청나라에 다녀왔다. 1660년 개성유수(開城留守), 1661년 동지의금부사(同知義禁府事), 1664년에는 병조참판·호조참판, 다음 해 다시 정2품 동지의금부사 등을 두루 거쳤다.

11 강봉수〔姜鳳壽, 1543~?〕: 호(號) 송암(松岩). 1580년 선조 13년 별시 병과 19인. 군수(郡守) 벼슬을 지냈으며, 문명(文名)이 있었고 사절(死節)하였다.

12 주로 관리의 감찰과 규탄을 맡아보는 종5품의 벼슬. 중앙의 경우 충훈부(忠勳府)·의빈부(儀賓府)·의금부(義禁府)·개성부(開城府)·충익부(忠翊府)·중추부(中樞府)·오위도총부(五衛都摠府) 등에 딸렸으며, 각도 감영(監營)의 경우에는 감사 다음가는 벼슬로 지금의 부지사(副知事)와 같으며 지방관리의 비행을 감찰하고 과시(科試)를 맡아보았다.

13 배유화〔裵幼華, 1611~1673년〕: 그 이력(履歷)은 자세하지 않다.

14 조선시대의 최고 교육기관이었던 성균관(成均館)에 소속된 정5품 벼슬의 이름. 박사(博士)와 더불어 강수(講授)의 임무를 맡고 있었다.

15 남궁 옥〔南宮鈺, 1620~1699년〕: 본관(本貫)은 함열(咸悅). 자(字)는 여상(汝常). 호(號)는 창주(滄洲). 관찰사 율(嵂)의 아들. 1652년(효종 3년) 증광문과(增廣文科)에 병과(丙科)로 급제하고 벼슬은 시정(寺正)에 이르렀다. 문장과 서화에 뛰어나고 특히 속필(速筆)은 타의 추종을 불허하였다. 7차례나 군(郡)·현(縣)을 맡아 다스리는 동안 청백리(淸白吏)의 표본으로 이름이 높았다.

16 이희룡〔李喜龍, 1639~1697년〕: 자(字) 군서(君瑞). 1672년(현종 13년) 별시(別試) 병과(丙科) 17인. 1674년 지평(持平)을 필두로 나주목사(羅州牧使), 장령(掌令), 사간(司諫), 승지(承旨)를 거쳐서 1686년에 관찰사(觀察使), 1694년에 동래부사(東萊府使) 등을 역임하였다.

【원문】滑稽之流 其來久矣 齊有淳于髡 楚有優孟 秦有優旃 漢有東方朔 皆以俳語名傳千秋 我東間或有啓矧捧腹之談 而能不盡記 李相國白沙 發言輒令人絶倒 趙玄谷 年齒不及白沙 以詼諧爲忘年友 其後 李昌平穆 南侍郎老星 姜珍山鳳壽 裵都事幼華 南宮直講鈺 亦以善諧聞 近有李喜龍君瑞 亦頗能言 記其所聞 以爲挑[17]眠破寂之資云

---

17 어의상(語義上) '佻'로 번역하였다.

二十一. 악장(岳丈)의 뺨을 때리다

이백사(李白沙)는 권(權) 도원수(都元帥)[1] 집안에 장가를 들었다. 장인과 사위가 의기투합하여 늘 서로 농지거리를 주고받았는데 권공(權公)이 소변을 볼 때면 늘 뒤에서 고추를 훔쳐보곤 했다. 그럴 때면 권(權)은 늘 괴로워서 뒤돌아보며 이렇게 말하곤 했다.

"이 물건은 바로 너의 악장(岳丈)[2]인데 어찌 함부로 조롱을 하는고?"

하루는 권공(權公)이 소변 보는 걸 막 끝냈는데 이공(李公)이 뒤에서 뺨을 후려치는 것이었다. 권(權)이 깜짝 놀라 꾸짖었다.

"이게 대체 무슨 짓이냐!!"

그러자 이공(李公)이 침착한 어조로 이렇게 대답했다.

"공(公)께서 소변을 다 보고 바지춤을 올릴 때, 저희 악장(岳丈) 어른의 모가지를 붙잡고 좌우로 잡아 흔드시더군요. 그래서 제가 가

---

1 권율〔權慄, 1537~1599년〕: 본관(本貫)은 안동(安東). 자(字)는 언신(彦愼). 호(號)는 만취당(晩翠堂)·모악(暮嶽). 시호(諡號)는 충장(忠莊). 조선 중기의 명장. 1582년(선조 15년) 식년문과(式年文科)에 병과로 급제하였다. 임진왜란 때 금산군 이치(梨峙) 싸움, 수원 독왕산성 전투, 행주대첩 등에서 승리했다. 임진왜란 7년간 군대를 총지휘한 장군으로 전공을 세웠다.

2 장인(丈人).

만히 보고만 있을 수 없어 급히 붙잡은 자의 뺨을 후려갈겨서 풀어주
려 한 것이니 화내지 마십시오."

이 말을 들은 사람들이 뱃살을 움켜쥐었다.

【원문】 李白沙委禽權都元帥家 翁壻相得 居常戲謔 每於權公便旋時 輒從後
見鳥 權甚苦之 顧謂曰 此物直汝之岳丈 何其侮弄耶 一日 權公放溺才訖 李公
從後批頰 權大驚曰 此何擧也 此何擧也 李公徐答曰 公放溺納袴之際 捉吾岳
丈之頸 左右揮曳 故不敢坐視 急打挾者之頰 得放耳 權笑曰 汝可謂賢壻也 不
以爲慍 聞者絶倒

二十二. 사지(四肢)를 물어뜯는 것 같다

권 원수(權元帥)는 부부간의 금실이 더할 나위 없이 좋았다. 그래서 초저녁이면 으레 침실에서 행방(行房)[1]을 하곤 했다. 백사(白沙)가 살금살금 다가가서 엿들으니 운우지락(雲雨之樂)[2]이 한창 무르녹고 있었다. 부인이 권공(權公)에게 이렇게 물었다.

"영감, 기분이 어떻소?"

"두 귀를 뭔가로 꽉 틀어막고 있는 기분이구려."

이번엔 권공(權公)이 부인에게 기분이 어떠냐고 물었다. 그러자 부인이 이렇게 대답했다.

"사지(四肢)를 물어뜯는 것 같네요."

문답(問答)이 채 끝나기도 전에 백사(白沙)가 일부러 헛기침을 해댔다. 권(權)이 놀라고 부끄러워서 느릿한 어조로 이렇게 물었다.

"이 서방 왔나?"

"네."

"무슨 일로 문밖에 와 있는가?"

---

1 방사(房事)를 하다.
2 남녀가 육체적으로 어울리는 즐거움.

"잠이 안 와서 마루를 그냥 거닐고 있는 중입니다."

"들어와서 앉게."

이공(李公)이 들어와서 앉자 권(權)이 잔소리를 늘어놓았다.

"자넨 문장(文章)과 재주가 지금 시기의 으뜸이니만큼 큰 그릇이 될 것이 분명하네. 허나, 말을 함부로 하는 게 큰 흠이란 말씀이야. 앞으론 조심하도록 하게."

"들려주신 말씀에 틀린 바가 없사오니, 앞으론 누가 제 사지(四肢)를 물어뜯더라도 두 귀를 꽉 틀어막고 눌러 참도록 하겠습니다."

그가 엿들은 사실을 눈치챈 권공(權公) 내외는 부끄러워서 아무 말도 하지 못하고 말았다.

【원문】權元帥極有琴瑟之樂 每於初昏 闔門行房 白沙潛往窺聽 則雲雨方濃 夫人問權公曰 令監之心何如 答曰 兩耳如有物掩覆矣 權公問夫人之心何如 答曰 四肢如齧矣 問答未了之際 白沙故故出謦咳之聲 權驚愧 徐問曰 李郞來耶 曰然 曰何以來立門外耶 曰無眠心 故故徘徊於廳事耳 曰 開戶入坐 李公入坐則 權設辭曰 君之文章才華 冠於一時 必成大器而 但欠不能愼言 須勉勵焉 答曰 所敎誠然 此後則 人雖有嚼齧四肢 當掩覆兩耳而 不卞矣 權公內外 知其潛窺 大慙不能言

二十三. 밥 한 술 뜰 때마다 한 장씩

대궐 안에 있는 선전관청(宣傳官廳)[1]의 규약(規約)은 본디 아주 까다로워서 선생(先生)[2]이 아니면 들어가지 못하도록 되어 있다.

하루는 백관(百官)[3] 조회(朝會)[4] 때 직방(直房)[5]이 꽉 차서 아침밥을 먹을 때가 됐는데도 마주 앉아서 밥을 먹을 만한 공간이 없었다. 백사(白沙)가 하인을 시켜서 선전관청(宣傳官廳)에다가 앉을 자리를 마련하게 했더니 선전관청(宣傳官廳)의 하인이 큰 소리로 이렇게 말했다.

"선생(先生)이 아니면 들어가지 못하십니다."

"난 일찍이 문겸(文兼)[6]을 지낸 몸이니 나도 선생(先生)이니라.

---

1 왕의 시위(侍衛)·전령(傳令)·부신(符信)의 출납과, 기고(旗鼓)로써 사졸(士卒)의 진퇴를 호령하는 형명(形名) 등을 관장한 곳이다. 조선 전기에 설치, 처음에는 8명이 금내(禁內)에서 번을 돌며 근무하였으나 후에는 겸선전관을 포함해서 76명까지 정원을 크게 늘렸다. 1882년(고종 19년)에 폐지되었다.
2 각 관아(官衙)의 전임자를 가리킨다.
3 모든 벼슬아치.
4 관원들이 아침 일찍 정전(正殿)에 모여 임금께 문안을 드리고, 정사를 아뢰는 일.
5 조신(朝臣)들이 조회(朝會) 시각을 기다릴 때 각사(各司) 별로 머물러 대기하는 곳. 대궐문 옆에 있었다.
6 문신으로 선전관(宣傳官)을 겸한다는 뜻.

선생안(先生案)⁷을 가져오너라."

그러면서 밥상을 올리게 한 뒤, 밥 한 술을 뜰 때마다 책장 한 장씩을 넘겼다. 이렇게 책 한 권을 다 읽게 되자 밥 또한 다 없어지게 되었다. 그는 책을 덮은 다음, 서서히 일어서며 이렇게 말했다.

"과연 내 이름이 없구먼."

사실은 문겸(文兼)을 지낸 적도 없는 공(公)이 속임수를 쓴 것이었다.

【원문】 闕內有宣傳官廳 規例甚嚴 非先生勿入 一日百官朝會 直房皆盈 及其朝食 無對案之處 白沙使下隷設座於宣傳官廳 廳下人高聲曰 非先生勿入 公曰 吾經文兼 乃先生也 持先生案來 仍進食 喫一匙 飜一張 搜閱一卷 飯已盡掩卷徐起曰 果無我名矣 盖公無曾經文兼而 詭道也

二十四、부담 천자(浮談天子) 이항복(李恒福) 죽다

현곡(玄谷) 조위한(趙緯韓)과 백사(白沙)는 나이 차이가 많았다. 그리고 백사(白沙)는 지위가 높은 반면, 조(趙)는 포의(布衣)[1]를 숭상했다. 그렇지만 둘은 서로 의기가 투합하여 망년우(忘年友)를 삼았다.

한번은 조공(趙公)이 살그머니 백사(白沙)의 대문 밖에 가서 문한 쪽에다가 크게 이렇게 써 붙였다.

'부담(浮談)[2] 천자(天子) 이항복(李恒福) 죽다.'

때마침 외출을 하다가 이걸 본 이 공(李公)은 그 밑에다 붓으로 이렇게 덧붙였다.

'태자(太子) 위한(緯韓)이 서다.'

그러자 다시 와서 그걸 본 조공(趙公)이 먹으로 지워버렸다.

---

1 벼슬이 없는 선비를 비유적으로 이르는 말.
2 근거 없는 낭설. 뜬소문. 유언비어.

【원문】趙玄谷緯韓 與白沙年齒相懸 白沙位高 趙尙布衣而 志氣相合 爲忘年
友 趙公潛詣白沙大門外 大書門扉曰 浮談天子李恒福卒 李公適出見之 索筆
足之曰 太子緯韓立 趙公復來見之 以墨塗之

二十五. 이렇게 하면 학질이 떨어진다

현곡(玄谷)이 오성(鰲城)을 자주 골탕먹이자 오성(鰲城)도 보복을 하고자 했다. 하루는 그가 집에 찾아오자 억지로 붙들어 묵어가게 한 뒤, 하인에게 여차여차하게 하라고 지시를 내렸다. 그리고 파루(罷漏) 때가 되자 조(趙)에게 이렇게 말했다.

"난 지금 예궐(詣闕)해야 되니까, 집에 빨리 돌아가고 싶거들랑 내 안마(鞍馬)[1]를 타고 가게나. 그리고 집에 돌아가면 돌려보내게."

날이 아직 어두울 무렵, 조(趙)가 집에 갈 채비를 한 뒤 밖에 나가 보니 하인이 말을 준비해서 길 둔덕에서 기다리고 있었다. 조(趙)가 올라타자 갈도(喝道)[2]가 안롱(鞍籠)[3]을 옆에 끼고 큰 소리로 꾸짖으

---

1 안장을 얹은 말.
2 사간원이나 홍문관의 벼슬아치가 출근할 때, 앞에서 길을 치우며 인도하던 나장(羅將). 검정 두건과 혁띠, 주황색 공복(公服) 차림을 하여 대간(大諫)의 행차임을 과시하였다.
3 비가 올 때 수레나 가마를 덮는 가리개. 녹비[鹿皮]나 두꺼운 기름종이를 재료로 하여 만드는데, 한 면에는 사자(獅子)를 그려 넣었다고 한다. 조선에서는 3품(品) 이상의 관원들에게만 주었다.

며 벽제(辟除)[4]를 했다. 그러자 무려 수십 명에 달하는 청지기[5]들이 그에 맞춰 뒷소리를 하였고, 마부(馬夫)는 대로(大路) 상(上)을 질주(疾走)하면서 마구 왔다갔다 했다. 멈추려고 해도 멈출 수가 없고 내리려고 해도 도저히 내릴 수가 없었다. 날이 밝은 뒤 자세히 살펴보았더니 용구(用具)가 모조리 재상(宰相)이 사용하는 것이었다. 놀라 자빠질 일이었으나 어쩔 도리가 없었다.

그러는 와중에 마침 잘 아는 선비를 길에서 마주치게 되었다. 바람막이 안으로 말을 피한 선비는 몸을 숨긴 채 자세히 보았다. 보니까 다름 아닌 조진사(趙進士)였다. 매우 의아스러운 생각이 든 선비는, 혹시 조(趙)가 벌써 죽어서 저승세계의 재상(宰相)이 된 것은 아닐까 하는 걱정도 있었지만 시험삼아 물어보기로 했다.

"자네 조지세(趙持世) 아닌가?"

그러자 조(趙)가 이렇게 대답했다.

"이렇게 하면 학질이 떨어진다더구먼."

"그런가?"

그 길로 급히 말을 달려 다시 오성(鰲城)의 집으로 들어갔더니, 오성(鰲城)이 다가와서 이렇게 말했다.

"날 가장(假裝)하고 아이들처럼 큰길가를 돌아다녀보니 사람들이 뭐라던가?"

---

4 지위 높은 사람이 지나갈 때 구종 별배(驅從別陪)가 잡인의 통행을 통제하던 일.
5 양반집에서 잡일을 맡아보거나 시중을 들던 사람. 수청방(守廳房)에 있었다. 늑겸인(傭人)·겸종(傭從)·수청(守廳)·장반(長班)·청직(廳直).

"사람들이 모두 절 알아보면서 오성(鰲城)의 아비라고들 하더군요."

참패(慘敗)를 당한 오성(鰲城)은 아무 말도 하지 못하고 말았다.

【원문】玄谷每侵鰲城 鰲城欲困之 一日値其來訪 强挽留宿 分付下人如此如此 及罷漏時 謂趙曰 如欲急歸則 吾方詣闕 君須暫乘吾鞍馬而去 到家卽送 可也 趙裝束而出 日尙昏黑 下輩備馬待候於路坮 趙騎之則 喝道挾安籠高聲呵辟 僕從無慮數十人 作陪後聲 牽夫疾驅大道上 縱橫來往 欲止不止 欲下未下 因致天曉 器具乃宰相也 雖甚駭然 無奈何 適親知士人逢着於路 避馬於屛風內 隱身諦視 乃趙進士也 心甚訝惑 或慮趙已作故 爲冥府宰相耶 第呼之曰 子非趙持世乎 答曰 如是則 痼疾離却云 其友唯唯 因疾驅還入鰲城家 鰲城近謂曰 君假作我 兒樣橫行大道上 見者云何 答曰 市人皆知我 咸謂鰲城爺矣 鰲城大敗 無言

二十六. 이경 진사(二更進士)의 삼경(三更) 잔치

자식들 가운데 자신의 뒤를 이을 만한 아들이 없었던 현곡(玄谷)은 내심 그것을 불만스럽게 생각하고 있었다. 그러던 차에 그 맏아들 억보(億甫)가 경(更)의 성적[1]을 두 번 받아서 연방(蓮榜)[2]에 들게 되었고 이에 축하연(祝賀宴)을 베풀게 되었다.

밤이 되자, 피곤해진 현곡(玄谷)이 일어나서 들어가 자려고 하는데, 그 맏아들이 너무 기뻐서 관현(管絃) 소리를 멈추질 않는 것이었다. 그 소리 때문에 잠을 이룰 수 없게 된 현곡(玄谷)은 아들에게 이렇게 전갈을 보냈다.

"이경(二更)[3] 진사(進士)[4]가 삼경(三更)까지 잔치를 벌이니 너무

---

1 과거에 급제한 사람의 성적은, 대개 상·중·하, 이상(二上)·이중(二中)·이하(二下)·삼상(三上)·삼중(三中)·삼하(三下) 및 차상(次上)·차중(次中)·차하(次下), 경(更)·외(外) 등 모두 14등급으로 규정하여 우열을 가렸다. 여기서 경(更)의 성적이란 제일 낮은 등급의 성적을 말한다.
2 소과(小科)인 생원과, 진사과의 향시(鄕試), 회시(會試)에 합격한 사람의 명부.
3 경(更)의 성적을 두 번 받았음을 비꼬아 한 말.
4 조선시대에 과거에 합격한 사람에게 주던 칭호의 하나. 초시(初試) 및 복시(覆試)에 합격하여 사류(士類)에 참열(參列)할 자격을 얻었다는 의미를 지니는 진사는 성균관

지루하구나."

그 맏아들은 부끄러운 나머지 잔치를 멈추고 말았다.

【원문】玄谷子弟 無一人繼跡者 玄谷心不滿 其允億甫 以二圓更 得參蓮榜 設
慶宴 入夜後 玄谷疲困 起入房內 欲爲就睡而 其允樂極 不掇管絃之聲 玄谷欲
睡不得 乃送言於其允曰 二更進士 三更宴樂 太支離矣 其允慼而止之

에 입학하는 자격을 지닐 뿐만 아니라, 하급관원으로 등용될 수도 있었다.

二十七. 눈먼 거록과 절름뱅이 도적이 같이 있으면 어찌 되겠나?

시랑(侍郎) 남노성(南老星)은 종실(宗室)[1] 순평군(順平君)[2]과 이웃에 살고 있었다. 순평(順平)은 애꾸눈에다 사람이 좀 모자라서 희로애락(喜怒哀樂)의 감정이 정상인과는 좀 다른 데가 있었다. 남(南)에게는 존장(尊丈)[3]뻘이었지만, 남(南)은 늘 겉으로는 대접해주는 척하면서 기실(其實)은 깔보고 업신여김으로써 웃음거리를 삼곤 했다.

순평(順平)의 생일날이 되었다. 그 생일잔치에 남(南)도 참석을 했다. 잔치상이 나온 뒤 순평(順平)이 이렇게 말했다.

"요즘엔 생선값이 너무 비싸서 나 같은 사람은 사먹기도 어렵단 말야."

남(南)이 말했다.

"존장(尊丈) 어르신, 생선 사먹기가 어려우시다면 어째서 장어(長

---

1 왕족(王族), 즉 국왕의 부계(父系) 친척.
2 이선봉(李善鳳, ?~?)은 인조 때 사람으로 자세한 사적은 알 수 없다.
3 자기의 나이보다 16세 이상 많은 사람을 높여 이르는 말. 스승과 제자, 친척, 주인과 하인 사이 따위의 특별한 경우는 제외한다.

魚)를 안 잡수십니까? 속담에, '소경 장어 잡기'라는 말이 있읍죠."

순평(順平)이 아무 대꾸도 하지 않고 고개를 숙이고 국을 마시자 남(南)이 이렇게 말했다.

"존장(尊丈) 어르신, 어째서 간장을 안 잡수십니까? 속담에, '소경 간장 먹기'라는 말이 있읍죠."

순평(順平)이 화가 나서 방문을 열고 들어가자 남(南)이 이렇게 말했다.

"존장(尊丈) 어르신, 문을 바로 찾아 들어가시는군요. 속담에, '소경 문고리 잡기'라는 말이 있읍죠."

남(南)의 죽마고우(竹馬故友)인, 순평(順平)의 아들 대흥군수(大興郡守) 이필험(李必馦)[4]이, 목침(木枕)을 손에 들고 달려들면서 남(南)에게 이렇게 소리쳤다.

"네 놈의 정강이뼈를 분질러서 병신을 만들어 놓고야 말겠다."

그러자 남(南)이 급히 이렇게 말했다.

"때리지 마라, 때리지 마라. 눈먼 거록(巨錄)[5]과 절름뱅이 도적[6]이 한 동네에 있게 되면 어떻게 되겠니?"

좌중(座中)에 있던 사람들이 모두 크게 웃음을 터뜨렸다.

---

4 자세하지 않다.
5 '거록(鉅鹿)'의 잘못된 표기로 보인다. 거록(鉅鹿, 河北省 平鄕縣)은 황건적의 난의 지도자인 장각(張角, ?~184년)의 출생지.
6 '발을 저는 도적'—'건주적(蹇走賊)'이란 말은 황건적(黃巾賊)의 '건적(巾賊)'과 음(音)이 서로 비슷하다.

【원문】南侍郎老星 與宗室順平君作隣 順平眇一目 性多駭 喜怒不常 於南尊
丈行也 南每佯尊而 侵侮之 以爲笑資 値其生日 會宴 南亦往焉 進饌後 順平
曰 近來魚鱗極貴 如我者不得常 南曰 尊丈如不得生鱗 何不食長魚耶 俗談有
盲者食蛇長魚之說也 順平不答 低頭食羹 南曰 尊丈何不食醬耶 俗談有盲者
食醬之說也 順平怒而起 開戶入房 南曰 尊丈直入門矣 俗說有盲者直門之說
也 順平之子大興守必謙 乃南之蔥竹友也 手持木枕 謂南曰 當折君之脛骨 令
作一病人矣 突而向前 南急呼曰 勿打我 勿打我 一洞中有瞞巨錄蹇走賊則 何
以爲之 滿座大噱

二十八. 이 사람은 바로 '그' 순평 (順平)이란 사람의 아들

효종(孝宗)[1]이 인질로 심양(瀋陽)에 잡혀 있을 적에, 여러 신료 (臣僚)[2]들과 우스갯소리를 하며 울적함을 달래곤 했다. 동궁(東宮)[3] 의 속료(屬僚)[4] 자격으로 소현세자(昭顯世子)[5]를 배행(陪行)했던

---

1 효종 [孝宗, 1619~1659년]. 인조(仁祖)의 둘째 아들. 1626년(인조 4년) 봉림대군(鳳林 大君)에 봉해지고, 1636년의 병자호란으로 이듬해 세자(世子, 昭顯世子)와 함께 청나 라에 볼모로 잡혀가 8년간 있었다. 1645년 소현세자가 변사(變死)한 후 세자에 책봉되 어 1649년 즉위하였다. 오랫동안의 볼모 생활 중 청나라에 대한 원한을 품고 그 설욕 에 뜻을 두어 김상헌(金尙憲)·송시열(宋時烈) 등을 중용(重用), 은밀히 북벌계획을 수 립하였다.
2 관료, 벼슬아치.
3 왕세자(王世子) 또는 황태자(皇太子)가 기거하는 건물로, 전(轉)하여 왕세자나 황태 자를 가리키는 말로 쓰인다.
4 참모.
5 소현세자 [昭顯世子, 1612~1645년]: 인조의 장자(長子), 효종의 형이며, 1625년 세 자로 책봉되었다. 1636년 병자호란이 일어나 삼전도에서 청나라에 항복한 이후, 아 우 봉림대군과 함께 청나라에 인질로 끌려갔다. 이후 9년간 심양(瀋陽)의 심관(瀋館) 에 머물면서 많은 고초를 겪었다. 동시에 조선과 청나라 사이에서 창구 역할을 맡아 조선인 포로 도망자의 속환 문제, 청나라의 조선에 대한 병력·군량·선박 요구, 각종 물화의 무역 요구 등 정치·경제적 현안을 맡아 처리하였다. 또 청나라 인사들이 벌인 대부분의 행사에 참여하고 청나라 황제의 사냥 등에도 동행하였다. 1645년 영구 귀국

남공(南公)도, 매번 우스갯소리로 두 왕세자를 위로하곤 했다. 그런데 그는 말을 꺼냈다 하면 늘 순평(順平) 얘기를 꺼내서 웃음거리를 삼곤 했다. 대개 순평(順平)은 종재(宗宰)[6]의 벼슬에 있었는지라 두 왕세자 또한 잘 알고 있었기 때문이었다.

그로부터 20년 후, 병신년(丙申年)[7] 12월 대정(大政)[8] 때, 효종이 친정(親政)[9]을 행하였다. 무릇 망통(望筒)[10]을 올리게 되면, 임금이 반드시 물망에 오른 사람의 가문(家門)과 내력(來歷)을 물었는데 이필혐(李必馦)이 대흥군수(大興郡守)로 의망(擬望)[11]에 올랐다. 임금이,

"이 사람은 어떤 사람인가?"

하고 물었다. 그때 남(南)이 이방승지(吏房承旨)[12]로 정사(政事)에 참여하고 있다가 빙그레 웃으면서 이렇게 대답했다.

하였으나 청나라에서의 행실을 문제삼아 인조의 냉대를 받았고 급기야는 병을 얻어 급사하였다. 일설에는 그가 독살되었다는 주장도 있다.

6 종친(宗親)으로서 재상의 품계(品階)에 해당하는 대군(大君)·왕자군(王子君)을 이르는 말.

7 효종 7년(1656년).

8 해마다 음력 12월에 행하는 도목정사(都目政事). 도목정사는 6월과 12월에 두 차례 행하는데, 12월의 것은 규모가 커서 대대적으로 행하므로 이 이름이 생긴 것이다. 도목정사(都目政事)란, 관원의 성적을 고사(考査)하여 출척(黜陟)과 이동(異動)을 행하던 것을 말한다.

9 임금이 직접 정치를 행하다.

10 삼망(三望)을 기록한 단자(單子)를 넣는 통, 즉 후보자의 성명을 적어 넣은 통.

11 후보자를 천거하다. 관원을 임명할 때 세 사람의 후보자를 추천하던 일. 임금은 추천자 명단을 참조하여 결정하였다.

12 승정원(承政院)의 육방 중 이방(吏房)을 담당한 도승지(都承旨)를 말한다. 승정원(承政院)은 왕명을 맡아보던 관청을 말하는 것으로, 오늘날의 대통령 비서실과 같다.

"이 사람은 바로 그 순평(順平)이란 사람의 아들입니다."

'그'라고 하는 글자 속에는 암암리에 심양(瀋陽)에서 모시고 있을 적에 나눴던 우스갯소리라는 뜻이 들어 있었다. 임금은 저도 모르게 웃음을 터뜨리면서 그 이름에다 비점(批點)[13]을 찍었다. 승정원(承政院)에서 아뢰기를,

"남(南) 아무개가 어탑(御榻)[14] 앞에서 우스갯소리를 한 것은 대단히 무례한 짓입니다. 엄중하게 죄를 묻도록 허락하여 주시옵소서."

"죄를 묻지 말라. 순평(順平)의 집안일에 말이 미쳤을 뿐이니라."

정사(政事)가 끝난 뒤 남공(南公)은 곧바로 순평(順平)의 집으로 찾아가서 고을 원에 임명된 것을 축하하며 자신이 주선(周旋)한 사실을 말해주었다. 그러나 순평(順平) 부자(父子)는 그다지 기뻐하지도 않는 것이었다. 잠시 후 필혐(必馦)이 이렇게 말했다.

"평상시에 우스갯소리를 하는 것도 별로 좋은 일이 아닌데, 하물며 어탑(御榻) 전(前)에서 우스갯소리로 남을 희롱하면 되겠는가?"

남(南)이 웃으며 말했다.

"임금께서 물으시는데, 감히 자넬 다른 사람의 아들이라고 하기도 어렵고 해서, 그냥 순평군(順平君)의 아들이라고 솔직하게 말했을 뿐이라네. 근데 그게 무슨 희롱이란 말인가?"

그럼에도 이(李)는 끝내 화를 풀지 않았다.

이 말을 들은 사람들은 뱃살을 움켜쥐었다.

---

13 아주 잘된 것에 찍는 둥근 점.
14 임금이 앉는 상탑(牀榻).

【원문】 孝廟 以質子在瀋陽時 與群僚 以詼諧排悶 南公以東宮僚屬 從昭顯 每以俳語奉愍兩宮 言輒提起順平以爲笑資 盖順平位高宗宰 兩宮亦慣知故也 其後二十年 丙申臘月大政 孝廟親政 凡上望筒 自上必詢參望人門地來歷 李必馣擬大興郡守 上問曰 此何人也 南以吏房承旨 參政 率爾對曰 此其順平之子也 其字隱然有瀋中陪話時詼諧之意也 上不覺大笑 因下天点 政院奏曰 南某榻前詼諧 殊甚無禮 請命從重推考 上曰 勿推 其言已及於順平家矣 罷政後 南公直往順平家 賀其除拜守宰 因言己所周旋之意 則順平父子別無喜色 必馣徐謂曰 常時詼諧 亦且不好事 至於榻前提起侵人 可乎 南笑曰 自上有問 不敢以君爲他人子 直對順平君子也 有何侵侮乎 李終不懌 聞者捧腹

二十九, 자네 집사람의 밑이 없는 줄 몰랐다

무릇 수령(守令)으로 처음 벼슬을 받은 자들은 서경(署經)¹ 단자(單子)²를 깨알같이 써서 양사(兩司)³에다 올린다. 서경(署經)에 통과하지 못한 사람만 아니면 제원(諸員)⁴은 관례에 따라 그냥 내보내게 되어 있다.

남공(南公)이 대사간(大司諫)⁵으로 대청(臺廳)⁶에 가 있는데 이대흥(李大興)이 서경단자(署經單子)를 올렸다. 남(南)이 햇빛에다 한참 동안을 자세히 비춰보다가 이(李)가 처(妻)의 호적(戶籍)을 쓰지 않은 사실을 발견하였다. 남(南)이 단자(單子)를 봉하여 돌려주

---

1 조선시대 관리를 등용할 때 일정한 절차를 밟은 다음, 사헌부(司憲府)와 사간원(司諫院)에서 이를 다시 심사하여 서명하는 제도를 말한다. 오늘날의 신원조회 또는 신원증명과 같은 것이다.
2 후보자의 명단이나 물목(物目)을 적은 종이.
3 사헌부(司憲府)와 사간원(司諫院).
4 관아에 소속된 하급 관원.
5 사간원(司諫院)의 정3품직 당상관(堂上官).
6 조선시대에 사헌부(司憲府)와 사간원(司諫院)의 양사(兩司)가 진계(陳啓)할 때 모여서 의논하던 회의실.

며, 서리(書吏)[7]더러 말을 전달하게 했다.

"평소 이웃에 살면서 자네 춘부장(春府丈) 영감의 눈이 없는 줄은 잘 알고 있었네만, 자네 집사람이 밑(本)이 없는 줄은 몰랐네 그려. 어째서 본(本)을 안 썼나?"

여러 대간(臺諫)들이 뱃살을 움켜쥐었다.

【원문】凡守令之初除者 細書署經單子 呈于兩司 若非越署之人 則諸員循例看過出送而已 南公以大諫詣坮廳 李大興呈署經單子 南暎日光細看移時 李不書妻籍 南封還單子 使書吏送言曰 平生同隣 但知尊春府令監之無目 不知尊室內之無本矣 今何漏本耶 諸坮絶倒

---

7 경아전(京衙前)에 속한 하급 서리.

三十、어찌 감히 재상을 치려는고?

순평군(順平君)은 체구가 장대한데다 애꾸눈에 수염이 더부룩하였다.

병자호란(丙子胡亂) 때 우량하(兀良哈)[1]가 칼을 들고 내리치려고 하자 순평(順平)이 눈을 부릅뜨고 수염을 곧추세운 채 호통을 쳤다.

"네놈이 어찌 감히 재상(宰相)을 치려는고? 네놈이 어찌 감히 재상(宰相)을 치려는고?"

이렇게 계속 호통을 쳐대자 되놈이 두려워서 돌아갔다는 말이 사람들에게 우스갯소리로 널리 퍼졌다.

남공(南公)이 순평(順平)을 놀려대면 그때마다 그 아들 필험(必馦)은 나무막대기를 들고 때리려고 하였다. 그럴 때면 남(南)은 잽싸게 이렇게 꾸짖었다.

"네놈이 어찌 감히 재상을 치려는고?"

좌중에 있던 사람들이 모두 뱃살을 움켜쥐었다.

---

1 여진족의 한 부족(部族).

【원문】順平君 軀幹壯大 一目長髥 丙子亂時 遇冗良哈之持釰欲擊 順平瞋目張髥立而叱之曰 汝何敢打宰相乎 汝何敢打宰相乎 連聲大喝 胡畏而還去 爲世笑談 南公每每侵諿順平 其子必馥擧杖欲擊 南急叱曰 汝何敢打宰相乎 一座絶倒

三十一. 그 교동이 나한테는
좋은 젓갈을 안 준다

　　남공(南公)이 여러 명사(名士)들과 탕춘대(蕩春坮)[1]에서 쑥을 삶아 먹을 적에, 일제히 밥상이 올라왔다. 그런데 다른 사람의 밥상에는 모두 품질이 아주 좋은 해(醢, 젓갈)가 있는데 유독 남공(南公)의 밥상에만 없는 것이었다. 남(南)이 물었다.

　　"그 젓갈은 어디서 났소이까?"

　　모두 교동(喬桐) 수사(水使)[2]가 보낸 것이라고들 말했다. 그러자 남(南)이 이렇게 말했다.

　　"피교동혜 불여아호해(彼喬桐兮 不與我好醢, 그 교동이 나한테는 좋은 젓갈을 안 준다)."

　　좌중(座中)에 있던 모든 사람들이 크게 웃었다. 『시경(詩經)에 하기를, '피교동혜 불여아호혜(彼狡童兮 不與我好兮)[3]'라고 있다』

1　연산군 10년(1504년)에 서울 장의문〔藏義門, 창의문(彰義門) 혹은 자하문(紫霞門)으로도 불린다〕 밖에 지은 건물. 연산군이 이곳에서 자주 연회를 베풀었다.

2　수군절도사(水軍節度使). 각 도의 수군을 통솔하는 일을 맡아보던 정3품 외직 무관(外職武官)의 벼슬.

3　원래는 〈시경(詩經)〉 '정풍(鄭風) 교동(狡童)'에 나오는 시. 그러나 여기서는 기자(箕

【원문】南公與諸名士 煮艾於蕩春坮 一時進食 皆有好品醯 獨南公之案無有
南問曰 此醯從何出 皆言喬桐水使所饋也 南曰 彼喬桐兮 不與我好醯 滿座大
笑 [詩云彼狡童兮不與我好兮之句]

子)의 '맥수가(麥秀歌)'를 인용한 것이다. 중국 고대 3왕조의 하나인 은(殷)나라 주왕
이 음락에 빠져 폭정을 일삼자 이를 지성으로 간한 신하 중 삼인(三仁)으로 불리던 세
왕족이 있었다. 미자(微子), 기자(箕子), 비간(比干)이 그들이다. 미자는 주왕의 형으
로서 누차 간했으나 듣지 않자 국외로 망명했다. 기자도 망명했다. 그는 신분을 감추
기 위해 거짓 미치광이가 되고 또 노예로까지 전락하기도 했다. 그러나 왕자 비간은
끝까지 간하다가 결국 가슴을 찢기는 극형을 당하고 말았다. 이윽고 주왕은 삼공(三
公, 왕을 보좌하던 세 제후)의 한 사람이었던 서백[西伯, 훗날의 주문왕(周文王)]의 아들 발
(發)에게 주살(誅殺) 당하고 천하도 바뀌었다. 주나라의 시조가 된 무왕(武王) 발은 은
왕조의 봉제사(奉祭祀)를 위해 미자를 송왕(宋王)으로 봉했다. 그리고 기자도 무왕을
보좌하다가 조선왕(朝鮮王)으로 책봉되었다. 이에 앞서 기자가 망명지에서 무왕의 부
름을 받고 주나라의 도읍으로 가던 도중 은나라의 옛 도읍지를 지나게 되었다. 번화
하던 옛 모습은 간데 없고 궁궐터엔 보리와 기장만이 무성했다. 금석지감(今昔之感)
을 금치 못한 기자는 시 한 수를 읊었다.

보리 이삭은 무럭무럭 자라나고 [麥秀漸漸兮(맥수점점혜)]
벼와 기장도 윤기가 흐르는구나 [禾黍油油兮(화서유유혜)]
교활한 저 철부지(주왕)가 [彼狡童兮(피교동혜)]
내 말을 듣지 않았음이 슬프구나 [不與我好兮(불여아호혜)]

三十二. 아비를 천침(薦枕)케
한 것이 무슨 죄가?

황해도 두 읍(邑)에 무관(武官) 출신 수령(守令) 둘이 있었다. 그런데 그중 하나는 관찰사(觀察使)가 지방을 순시할 때 아비(衙婢)[1]를 단장시켜 내보내 관기(官妓)처럼 천침(薦枕)[2]을 시켰다고 해서 대관(臺官)에 탄핵이 들어왔고, 또 다른 하나는 자신의 아내와 함께 연못에서 상련(賞蓮)[3]을 했다가 대관(臺官)에 탄핵이 들어오게 되었다.

남공(南公)이 때마침 조정(朝廷) 명관(名官)[4]의 모임에 참석을 하고 있는데 이런 보고를 받게 되었다. 여러 명사(名士)들은 저마다 두 수령(守令)의 일에 몹시 통분(痛忿)하고 놀라워했다. 그러자 남(南)이 이렇게 말했다.

"요 근래(近來) 대관(臺官)들의 일 처리방식이 옳고 그름을 가리기보다는 책망과 규탄에만 혈안이 되어 있습니다."

---

1 고을 원이 사사로이 부리던 여자 종.
2 첩이나 기생, 시녀(侍女) 따위의 여자가 웃사람을 모시고 잠자리를 같이 하다.
3 연꽃 구경 나들이.
4 정치를 잘하여 이름이 난 관리.

좌중에 있던 사람들이 모두 이상하게 생각하면서 이렇게 물었다.

"영감(令監)⁵께서 두 고을의 사또와 무슨 친분이라도 있으십니까?"

그러자 남(南)이 이렇게 대답하였다.

"내가 딱히 그들을 알고 있는 것은 아니고, 이치가 그렇지 않습니까? 그가 만약에 어미를 시켜서 천침(薦枕)케 했다면 또 모르겠습니다. 아비(衙婢)를 천침(薦枕)시켰다는데 그게 무슨 죄가 됩니까? 그리고 저 사람으로 말할라치면, 그가 만약 '처(妻)를 상놈'이라고 했다면야 죄가 될지 모르지만 '처를 상년'했다고 하는데 그게 무슨 죄가 된단 말입니까?"

좌중의 사람들이 모두 크게 웃음을 터뜨렸다.

【원문】海西兩邑武弁守令 一則 監司巡歷時 粧出衙婢 以官妓樣薦枕 一則 與其妻 賞蓮於池 俱入於臺彈 南公適參於名官會集 小報來到 諸名士皆以爲兩倅事可痛可駭 南曰 近來 臺謀不察是非 但好彈駁 一座怪問曰 令監與兩邑倅相親耶 南曰 吾無相知 而以理推之 彼若以於未薦枕 則有罪 以衙婢薦枕 則有何罪也 彼若以妻爲常老音 則有罪 以妻爲常連 則有何罪耶 一座大噱

---

5 정3품(正三品)과 종2품(從二品) 벼슬아치를 일컫던 말.

三十三. 홍문연(鴻門宴)에 조무상 (曺無傷)이 왔다

참판(參判) 홍처대(洪處大)[1]가 집에서 잔치를 벌였을 때, 남공 (南公)도 참여했다. 남공(南公)이 여러 홍(洪)씨들을 둘러보더니 이 렇게 말했다.

"아하, 이게 바로 홍문연(洪門宴)[2]이라는 거구먼."

그러자 홍(洪)이 말했다.

---

1 홍처대 〔洪處大, 1609~1676년〕: 본관(本貫)은 남양(南陽). 자(字)는 중일(仲一). 호 (號)는 역헌(櫟軒). 1633년(인조 11년) 사마시(司馬試)를 거쳐, 1639년 알성문과(謁聖文 科)에 병과로 급제, 전적(典籍)·봉교(奉教)를 지내고 1644년 함경도 암행어사가 되었 다. 그 후 이조정랑·정언(正言)·수찬·헌납(獻納)·교리를 역임하고, 1652년(효종 3년) 암행어사로서 호서(湖西) 지방에 실시한 대동법(大同法)이 실효를 거두고 있는가를 조사했다. 우승지·병조참의·황해도관찰사를 지냈으며 1664년 동지부사(同知府事)로 청나라에 다녀왔다. 이어 도승지·한성부우윤(漢城府右尹)을 거쳐 1676년(숙종 2년) 중 추부지사(中樞府知事)로 영남무과전시시관(嶺南武科殿試試官)이 되어 임지로 가던 도 중 군위(軍威)에서 죽었다.
2 홍문연(洪門宴)과 홍문연(鴻門宴)의 음(音)이 같기 때문에 이렇게 말한 것이다. 여기 서 홍문연(洪門宴)이란 '홍씨 문중(門中)의 잔치'라는 뜻이고, 홍문연(鴻門宴)이란 초 나라와 한나라가 천하를 두고 다툴 때 두 맹주 항우(項羽)와 유방(劉邦)이 참석했던 연회를 두고 하는 말이다. 항우(項羽)는 이 연회에서 유방(劉邦)을 죽일 수 있는 절호 의 기회를 놓침으로써 뒤에 천하를 유방(劉邦)에게 빼앗기고 만다.

"영공(令公)[3]은 가는 곳마다 우스갯소리만 하고 다니니 착실한 구석이라곤 찾아볼 수가 없구려."

그러자 남(南)이 이렇게 대답하였다.

"우스갯소리라니 그게 무슨 소립니까? 진담(眞談)입니다. 영공(令公)은 목이 희니까 항백(項伯)[4]입니다. 그리고 아무개 수령(守令)[5]은 목이 크니까 항장(項莊)[6]이고 또 아무개 수령(守令)은 목이 빨가니까 항적(項籍)[7]이라고 할 수 있습니다."

---

3 벼슬아치들끼리 서로 높여 부르는 말.

4 항전 [項纏, ?~B.C. 192]: 이름은 전(纏)이고 자(字)는 백(伯). 항우(項羽)의 숙부(叔父). 젊었을 때 하비(下邳)에서 살인을 하고 장량(張良)과 함께 은신했다. 진(秦)나라 말에 항백은 항량(項梁)을 따랐으며, 장량(張良)은 유방(劉邦)을 따라 진나라에 반기를 들었다. 항우가 신풍(新豊)의 홍문(鴻門)에다 군사를 주둔시키고 있을 때, 유방의 부하 조무상(曺無傷)이 항우 진영에 사람을 보내, 유방이 스스로를 '관중왕(關中王)'이라 칭하고 있다고 밀고했다. 그러자 범증(范增)이 항우에게 유방을 치라고 권하였다. 이 소식을 전해 들은 항백은, 몰래 유방의 군영(軍營)으로 가서 장량에게 그 사실을 알려줌과 동시에 항우더러 유방에게 잘 대해줄 것을 권하였다. 이튿날 유방이 홍문(鴻門)에 항우를 알현하러 오자 항우가 잔치를 베풀어 접대하였다. 홍문(鴻門)의 잔치 석상에서 범증이 다시금 항우에게 죽이라는 신호를 보냈지만 항우는 반응을 보이지 않았다. 그러자 범증은 항장(項莊)을 시켜 검무(劍舞)를 추는 척하면서 유방을 죽이도록 지시했다. 이를 눈치챈 항백이 자신도 검무를 추며 몸으로 유방을 막아 그를 위기에서 벗어나게 해주었다. 후에 유방은 초나라를 멸망시킨 뒤 그의 공적을 인정해, 그에게 유(劉)씨 성을 하사하고 그를 사양후(射陽侯)에 봉하였다.

5 각 고을을 맡아 다스리던 지방관들을 통틀어 이르는 말.

6 항장(項莊). 항우(項羽)의 사촌동생. 항장(項長)과 항장(項莊)은 음(音)이 같으므로 이렇게 말한 것이다.

7 항우(項羽, B.C. 232~B.C. 202)를 말한다. 이름은 적(籍), 우(羽)는 자(字)이다. 임회군 하상현(臨淮郡 下相縣, 江蘇省) 출생. 사마천(司馬遷)의 《사기(史記)》에는, 젊은 시절 '문자는 제 이름을 쓸 줄 알면 충분하고, 검술이란 1인을 상대할 뿐이 하찮은 것'이라 하고, 회계산(會稽山)에 행차하는 시황제(始皇帝)의 성대한 행렬을 보고 '저 녀석을 대신해 줄 테다'라고 호언하였다는 일화가 있다. B.C. 209년 진승(陳勝)·오광(嗚廣)의

말이 채 끝나기도 전에, 참판(參判) 조한영(曺漢英)[8]이 도착했다. 남(南)이 영접을 하며 말했다.

"홍문연(鴻門宴)에 조무상(曺無傷)[9]께서 오셨군요."

좌중(座中)에 있던 사람들이 모두 뱃살을 움켜 쥐었다.

난으로 진나라가 혼란에 빠지자, 숙부 항량(項梁)과 함께 봉기하여 회계군 태수를 참살하고 인수(印綬)를 빼앗은 것을 비롯하여 진군을 도처에서 무찌르고, 드디어 함곡관(函谷關)을 넘어 관중(關中)으로 들어갔다. 이어 앞서 들어와 있던 유방(劉邦)과 홍문(鴻門)에서 만나 이를 복속시켰으며, 진왕 자영(子嬰)을 죽이고 도성 함양(咸陽)을 불사른 뒤에 팽성(彭城, 徐州)에 도읍하여 서초(西楚)의 패왕(霸王)이라 칭하였다. 그러나 각지에 봉한 제후를 통솔하지 못하여 해하(垓下, 安徽省 靈壁縣)에서 한왕(漢王) 유방에게 포위되어 자살하였다.

8 조한영 [曺漢英, 1608~1670년]: 본관(本貫)은 창녕(昌寧). 자(字)는 수이(守而). 호(號)는 회곡(晦谷). 시호(諡號)는 문충(文忠). 이식(李植)·김장생(金長生)의 문인. 1627년(인조 5년) 생원이 되고, 1637년 정시문과에 장원하였다. 1640년 청나라가 명나라를 공격하기 위해 원병 파견과 원손(元孫)을 볼모로 심양(瀋陽)에 보내라고 요청하자 지평으로 이를 반대하는 만언소(萬言疏)를 올렸다. 이에 배청파(排淸派)로서 김상헌(金尙憲)·채이항(蔡以恒) 등과 함께 청나라 선양에 잡혀가서 심한 고문을 받고 투옥, 그때 김상헌과 《설고집(雪集)》을 지었으며, 1642년 의주(義州)에 이감되었다가 석방되었다. 효종 때 동부승지(同副承旨)로서 남인(南人)인 윤휴(尹鑴)의 등용을 적극 반대하다가 면직되고, 현종 때 한성부우윤에 이르렀다. 문장이 뛰어났고, 시조(時調) 2수가 전하며, 여주의 고산서원(孤山書院)에 제향되고, 문집에 《회곡집》이 있다.

9 중국 한나라의 유방(劉邦)이 초나라의 항우(項羽)와 대립할 때에, 유방을 헐뜯으며 죄가 있는 것처럼 항우에게 고해바치던 사람의 이름. 전(轉)하여 남을 참소하는 소인(小人)을 비유적으로 이르는 말. 또 조무상(曺無傷)의 '무상(無傷)'이란 말은 '상처가 없다'는 뜻으로도 풀 수 있으므로 이렇게 말을 한 것이다.

【원문】 洪參判處大家宴集 南公亦與焉 遍視諸洪曰 此所謂洪門宴也 洪曰 令公到處詼諧 何事着實乎 南曰 此眞實談 奚云詼語 令公頸伯乃項伯也 某令頸大 乃項壯也 某令頸赤 乃項籍也 言未了 曹參判漢英追到 南迎謂曰 鴻門宴曹無傷來耶 滿座絶倒

三十四. 깨달음이 늦으시군

창평(昌平) 이목(李穆)과 백헌(白軒) 이경석(李景奭)[1]이 모두 아직 젊었을 때의 일이다. 친구집에서 처음으로 알게 된 두 사람은 서로 통성명(通姓名)을 했다. 백헌(白軒)이 먼저 말을 꺼냈다.

"내 이름 자(字)는, '경앙(景仰)[2]한다'는 경(景) 자(字)에다 '주공단(周公旦)[3], 소공석(召公奭)[4]'할 때의 석(奭)이란 글자를 쓴다오."

---

1 이경석 [李景奭, 1595~1671년]: 본관(本貫)은 전주(全州). 자(字)는 상보(尙輔). 호(號)는 백헌(白軒). 시호(諡號)는 문충(文忠). 정종(定宗)의 후예이며 김장생(金長生)에게 배웠다. 1613년(광해군 5년) 진사시, 1617년 문과에 급제하였으나 북인이 주도하는 인목대비(仁穆大妃) 폐비론에 반대하다 취소되었다. 1623년 인조반정 후 알성문과에 급제하고 승문원에 들어갔다. 그 후 예문관 검열·봉교 등으로 진출하여 핵심 관직을 두루 거쳤고, 1632년 가선대부에 올라 재신(宰臣)에 들었다. 병자호란 끝에 인조가 척화신들을 배격하는 상황에서 도승지를 맡아 국왕을 모셨다. 이때 예문관제학을 겸하여 청나라의 승전을 기념하는 삼전도비(三田渡碑)의 비문을 썼다. 1637년 예문관과 홍문관의 대제학을 겸하고 이조판서를 거쳐 1641년 이사(貳師)가 되어 청나라로 가서 소현세자를 보필하였다. 이때 평안도에 명나라의 배가 왕래한 전말을 사실대로 밝히라는 청제(淸帝)의 명령을 어겼다 하여 청나라에 의해 등용이 금지되었다. 1644년(인조 22년)에 이조판서를 거쳐 우의정·좌의정이 되었으며 이듬해 영의정에 올랐다.

2 덕망이나 인품을 사모하여 우러러보다.

3 주공 [周公, ?~?]: 이름은 단(旦). 주왕조를 세운 문왕(文王)의 아들이며 무왕(武王)의 동생. 무왕과 무왕의 아들 성왕(成王)을 도와 주왕조의 기초를 확립하였다. 무왕이 죽은 뒤 나이 어린 성왕(成王)이 제위에 오르자 섭정(攝政)이 되었는데, 당시 상족(商

그러자 이 창평(李昌平)이 이렇게 대답을 했다.

"내 이름 자(字)는 목(穆)이라고 하는데 '목문왕(穆文王)[5]'의 목(穆)이란 글자를 쓰오."

대개 주공(周公)과 소공(召公)은 모두 문왕(文王)의 아들이었기 때문에 은근히 골려준 것이었다.

처음에는 모르고 있다가 한참 후 집에 돌아갈 무렵에야 그 사실을 깨달은 백헌(白軒)이, 다시 이렇게 물었다.

"자네, 왜 날 욕하고 그러나?"

그러자 창평(昌平)이 껄껄 웃으면서,

族)의 대표자 무경(武庚)과 녹부(祿夫), 그리고 주공의 동생 관숙(管叔)·채숙(蔡叔) 등이 동이(東夷)와 결탁하여 대반란을 일으켰다. 주공은 소공(召公)과 협력하여 이 난을 진압하고 다시 동방을 원정(遠征)하여 하남성(河南省) 낙양(洛陽) 부근 낙읍(洛邑, 成周)에 진(鎭)을 설치하였다.

4 소공 [召公, ?~?]: 이름 석(奭). 소공은 칭호(稱號). B.C. 11세기 때의 사람으로 주나라 무왕(武王)의 동생이다. 같은 형제인 주공(周公)과 함께 어린 성왕(成王, 무왕의 아들)을 보필하여 주나라 왕조의 기반을 확립시켰다. 무왕이 죽자 무왕에 의하여 멸망한 은(殷)나라 왕조의 후손 무경(武庚)이 동남방의 이민족인 이(夷) 등과 짜고 반란을 일으켜 은왕조를 부흥시키려고 하였다. 소공은 주공과 함께 젊은 성왕을 옹립하고 출정하여 반란을 진압하고 무경 등을 죽였으며, 다시 동쪽의 산동반도(山東半島)에 있는 이족의 본거지까지 원정하여 동방경략의 대업을 완성시켰다. 주공은 성왕 초에 죽었으나 소공은 다음 왕인 강왕(康王) 때까지 생존하여 고령에도 불구하고 정치를 보살폈다.

5 문왕 [文王, ?~?]: 주나라의 기초를 닦은 명군. 이름은 창(昌). 계왕(季王)의 아들, 무왕의 아버지. 어머니는 상(商)나라에서 온 태임(太任). 서백(西伯)이라고도 한다. 만년에 현상(賢相) 여상(呂尙, 太公望)의 도움을 받아 덕치에 힘썼고, 상나라와 화평주의적 태도를 취했다. 우·예 두 나라의 분쟁을 중재, 제후들의 신뢰를 얻었다. 뒤에 유가로부터 이상적 성천자로 숭앙받았다. 목문왕은 '穆穆文王'에서 온 말로 '훌륭하신 문왕' 정도로 번역할 수 있다. 『시경』과 『대학』에 나온다.

"이제야 깨달았나?"

하였다.

【원문】李昌平穆興李白軒景奭俱少 始識面於友人家 各通姓名 白軒曰 吾名
乃景仰而景字 周公旦召公奭之奭字也 李昌平答曰 吾名 乃穆 穆文王之穆字
也 盖周公召公 皆文王之子故 隱隱侵辱而 白軒初不覺悟 歸至半路 始悟 還謂
曰 君何辱我耶 昌平笑曰 覺之晩矣

三十五. 물만밥 몇 숟가락에 생선회 한 점

    판서(判書) 이경증(李景曾)[1]은 창평(昌平)의 계부(季父)[2]였다. 나이 차이가 좀 나고 어렸을 때 학문을 배운 처지였는지라 감히 존항(尊行)[3]으로 행세하지 못하였다.

    이 판서(李判書)가 사용원(司饔院)[4] 제조(提調)[5]를 맡고 있을 때였다. 갓 잡은 웅어[6]를 임금께 드린 뒤에 제조(提調)들의 집에 분아

---

1 이경증 [李景曾, 1595~1648년]: 자(字)는 여성(汝省). 호(號)는 송음(松陰). 1624년 (인조 2년)에 알성시 갑과(甲科) 1인으로 급제하였으며 이조판서와 병조판서를 사급 (賜給)받았다.
2 아버지의 막내 아우.
3 부모의 항렬(行列) 이상의 항렬을 이르는 말.
4 조선시대 때 궁중(宮中)의 음식에 관한 일을 맡아보던 관청.
5 각 사(司) 또는 각 청(廳)의 관제(官制) 상(上)의 우두머리가 아닌 사람이 그 관아(官衙)의 일을 다스리게 하던 벼슬로서, 종1품(從一品) 또는 2품(二品)의 품질(品秩)을 가진 사람이 되는 경우를 일컫는다.
6 멸칫과의 바닷물고기. 몸의 길이는 22~30cm이다. 몸은 옆으로 납작하고 뾰족한 칼 모양이며, 비늘이 잘다. 몸빛은 은빛을 띤 백색이다. 봄과 여름에 강으로 올라와 산란한다. 압록강, 대동강, 임진강, 한강, 금강, 영산강 등지의 민물과 짠물이 합쳐지는 곳에 분포한다. 특히 한강 하류는 웅어의 명산지였다.

(分兒)[7]하게 되자, 창평(昌平)이 점심으로 생선회나 실컷 먹어볼 심산으로 불고염치(不顧廉恥)[8]하고 찾아갔다. 대문에 다다랐을 때, 이 판서(李判書)가 탈것을 준비시켜 놓고 예궐(詣闕)하려다가 창평(昌平)을 보더니 이렇게 말했다.

"내 금방 돌아올 터이니 자넨 좌우(左右)[9]와 아이들하고 함께 좀 머물러 있다가 회를 먹고 가게나."

그런 다음, 안채로 들어가서 부인에게 말했다.

"창평(昌平)을 못 가게 붙들어 놓은 뒤 점심과 생선회를 잘 접대하시오."

이렇게 여러 차례 부탁을 하고 갔다.

혼자 남은 창평(昌平)이 아랫것들과 누웠다가 앉았다가 하는 사이 어느덧 저녁이 되었다. 그는 평소 자신의 숙모(叔母)가 슬기롭지 못하다는 사실을 잘 알고 있었는지라 꾹 참고 기다렸다. 해질녘이 되어서야 밥상이 올라오는데 몇 술 안 되는 물만밥에 생선회 세 점이 고작이었다. 내심 화가 치밀어 올랐으나 하도 배가 고팠는지라 먹지 않을 수가 없었다.

좀 있으니까 주인집 계집종들 사이에 갑자기 싸움이 벌어졌다. 부인이 뜯어 말리다가 안 되자 급히 창평(昌平)을 불렀다.

"창평(昌平), 창평(昌平)! 종년들이 저렇게 함부로 구는데 어떻게

---

7 벼슬아치들에게 연례(年例)에 따라 물품을 나누어주던 일.
8 염치를 돌아보지 아니하다.
9 주위에 거느리고 있는 사람.

좀 해보세요."

창평(昌平)이 말했다.

"내가 어떻게 해볼 테니, 종들을 시켜서 마당으로 끌고 나오세요."

그리고는 이렇게 물었다.

"네 이년들, 왜 이렇게 소란을 피우느냐!"

그러자 이쪽 계집종은, "저년이 이러저러했습니다"라고 하고, 저쪽 계집종은, "저년이 이러저러했습니다"라고 하면서 서로 고자질을 해대는데 들어보니 별로 큰 문제도 아니었다. 그러자 창평(昌平)이 침착한 어조로 이렇게 말했다.

"너희들의 말을 들어보니 둘 다 맞는 말이다. 그러나 삼사월 긴긴날에 하루종일 굶고 앉았다가 물만밥 몇 숟가락에 생선회 한 점 얻어먹고도 화를 안 내는 사람도 있다. 그런데 너희는 어째서 그런 사소한 일로 싸움질을 해대는고?"

듣고 있던 부인은 부끄러워서 아무 말도 하지 못했다. 계집종들도 웃음을 머금고 물러났다.

집에 돌아와 그 말을 들은 이 판서(李判書)는 몇 달 동안을 부끄러워하며 탄식을 했다.

【원문】李判書景曾 乃昌平之季父也 年齒懸少 兒時受學故 不敢以尊行處之 李判書爲司甕提調時 新出葦魚供上後 分兒於提調家 昌平委往以爲午飯魚膾 一飽矣 及到大門則 李判書命駕詣闕 謂昌平曰 吾當卽還 君與左右與兒輩少 留 喫鱠好矣 入內謂其夫人曰 挽留昌平 午飯及魚膾 着意接待爲可 再三丁寧

而去 昌平獨與少從輩 或臥或坐 日已夕矣 素知其叔母之不慧 忍苦强留 日暮
始進食而 水飯數匙 魚鱠三莖 心甚憤歎 然久留飢乏 不得已食之 少頃 主家婢
子 忽然相鬨 夫人禁止不得 急呼曰 昌平昌平 婢輩若是无嚴而 不宜禁耶 昌平
曰 適有少思矣 命奴捉致庭下 問曰 汝輩何敢相鬨也 彼婢曰 此婢如此如此 此
婢曰 彼婢如此如此 互相指摘 不是大事也 昌平徐曰 汝輩之言 皆以爲是 然
三四月長長日 終日飢坐 得喫水飯數匙 魚膾一箸而 尙不怨怒 汝輩以些少之
故 何敢乃爾 夫人聽之 慙不能出一言 婢輩亦含笑而退 李判書還歸 聞之 亦慙
歎彌月矣

三十六. 사또 당상관(堂上官) 시절의 생원

　도사(都事)[1] 배유화(裵幼華)는 영천(榮川)에 살았으며 우스갯소리를 잘했다.

　최여두(崔汝斗)[2]가 영천(榮川) 군수(郡守)가 되었을 때의 일이다. 평소에 그 이름을 익히 들어왔던 터라 바야흐로 초대를 하려고 하는데 때마침 배(裵)가 찾아와 전갈을 보내왔다.

　"본읍(本邑) 배 생원(裵生員) 알현이오."

　그러자 최(崔)가 급창(及唱)더러 문밖에 나가서 묻게 했다.

　"언제적 방(榜)[3]의 생원(生員)이신가?"

　그러자 배(裵)가 이렇게 대답했다.

　"사또 당상관(堂上官)[4] 시절의 생원(生員)올시다."

1　주로 관리의 감찰과 규탄을 맡아보는 종5품의 벼슬. 중앙의 경우, 충훈부(忠勳府)·의빈부(儀賓府)·의금부(義禁府)·개성부(開城府)·충익부(忠翊府)·중추부(中樞府)·오위도총부(五衛都摠府) 등에 딸렸으며, 각도 감영(監營)의 경우에는 감사 다음가는 벼슬로 지금의 부지사(副知事)와 같으며 지방관리의 비행을 감찰하고 과시(科試)를 맡아보았다.
2　미상.
3　벽 등에 붙인 과거 합격자의 명단.
4　조선시대 관리들의 품계 가운데 정1품부터 정3품까지를 가리키는 말. 동반(東班)의

대개 수령(守令)들이 관례적으로 영감(令監)을 모칭(冒稱)함은, 유학(幼學, 벼슬하지 않은 유생)들이 생원(生員)을 모칭(冒稱)함과 별반 차이가 없다는 의미였다.

최(崔)는 그의 기발한 대답에 탄복을 하고 말았다.

【원문】 裵都事幼華 居在榮川 善詼諧 崔汝斗爲榮川守 素聞其名 方欲邀致之際 裵通名曰 本邑裵生員請謁 崔使吸唱出門問曰 何榜生員乎 答曰 城主堂上時生員 盖守令例稱令監也 與幼學之冒稱生員同 崔奇其對

정3품 통정대부(通政大夫) 이상과 서반(西班)의 정3품 절충장군(折衝將軍) 이상을 당상관이라 불렀다.

三十七、저자 가서 사온 밤

하루는 배(裵)가 관가(官家)¹에 갈 일이 있었는데 고을 사또가 요리하는 사람에게 미리 분부를 내려, 밤을 쪄서 알맹이는 빼고 빈 껍질만 버들 상자에 담아 대접하게 했다. 그리고는 배(裵)가 오자 갖다주었다. 배(裵)가 몇 개를 까보니 모두 알맹이 없는 빈 껍질뿐이었다. 배(裵)는 하던 일을 멈추고 단정히 앉아 이렇게 말했다.

"이건, '저자 가서 사온 밤'이군요?"

세속(世俗) 사람들이 어린아이를 놀릴 적에, '저자 가서 사온 밤, 아비에겐 껍데기, 어미에겐 알맹이'라고들 하기 때문이었다.

사또는 크게 낭패하여 자리를 뜨고 말았다.

【원문】 裵一日 將進官家 主倅豫爲分付廚人煮栗去其實 令其空殼盛柳笥待之 及裵之來 使之進之 裵開視數顆 皆无其實 乃斂手却坐曰 此栗市上貿來乎 俗說 弄兒 有買栗於市 給父殼 給母肉皮之故也 倅狼狽而起

---

1 벼슬아치들이 나랏일을 보던 집.

三十八, 시골 아낙네들은 남편을 '아빠'라고 한다

하루는 배(裵)가 관아(官衙)에 들어갔더니 사또가 업쟁(業爭)이라는 기생에게, 사또에게는 '아빠'라고 부르고 배(裵)에게는 '할아버지'라고 부르라고 분부하였다. 그러자 배(裵)가 느긋한 어조로 이렇게 말했다.

"시골 여자들은 남편을 부를 때 '아빠'라고 하고, 시아버지를 부를 때는 '할아버지'라고 말합니다. 그런데 말이 거꾸로 됐으니 이상하기 짝이 없네요."

사또는 말문이 막히고 말았다.

【원문】裵一日 入衙內 主倅分付妓業爭 呼主倅曰吾翁吾翁 呼裵曰吾爺吾爺 裵徐言曰 鄕曲女人 呼其夫曰翁阿 呼其舅曰爺阿 言辭倒着 可怪可怪 倅無以應

三十九、본전을 다 뽑겠다는 말씀

하루는 배(裵)가 또 관아(官衙)에 갔더니 동헌(東軒)[1] 앞 시렁에 훌륭한 매 한 마리가 매어져 있었다. 배(裵)가 들어가 앉으면서 말했다.

"제가 평소에 취미 삼아서 매를 키우는데 이놈을 저한테 주시면 안 될까요?"

그러자 사또가 말했다.

"우리 서로 바꾸는 게 어떻겠나?"

"집안이 가난해서 돈이 없는데 어떡하죠?"

"돈을 받자고 하는 얘기가 아닐세. 듣자 하니 자네에게는 현숙(賢淑)한 처(妻)와 아리따운 첩(妾)과 좋은 말이 있다고들 하던데, 이 세 가지 것 하고 바꾸겠다면 당장에라도 끈을 풀어서 줌세."

말이 채 끝나기가 무섭게 배(裵)가 이렇게 말했다.

"그러니까 사또의 말씀인즉슨, 들어간 본전만큼은 다 뽑아야겠다는 말씀인가요?"

---

1 지방 관아에서 고을 원(員)이나 감사(監司), 병사(兵使), 수사(水使) 및 그 밖의 수령(守令)들이 공사(公事)를 처리하던 중심 건물.

사또는 말문이 막혀 아무 대답도 하지 못했다.

【원문】裴一日 又到官 東軒前架上 繫一名鷹 裴入座曰 民平生有鷹癖 願以此
給之 倅曰 交易何如 裴曰 貧甚無價 奈何 倅曰 不求他直 聞君有賢妻美妾駿
馬云 若以此三件物交易則 當卽解絛以贈 裴卽對曰 城主必欲盡捧所入本價乎
倅無以應

四十. 저는 사또댁 산지기가 아니라서

하루는 배(裵)가 사또와 함께 연포(軟泡)[1]를 만들어서 나들이를 나갔다. 산과 내를 지나칠 적에 무너진 옛 무덤이 하나 있었다. 그러자 사또가 배(裵)를 돌아다보며 말했다.

"자네 왜 흙을 돋우고 잔디를 새로 덮지 않았나?"

그러자 배(裵)가 이렇게 대답했다.

"저는 사또댁 산지기가 아니라서, 그 명령에는 따르지 못하겠습니다."

멋지게 당하고 만 사또는 묵묵히 갈길을 재촉하였다.

【원문】裵一日 與主倅共作軟泡之遊 行過山河 有崩頹古塚 倅顧謂裵曰 君何不加土改莎耶 裵曰 民非城主宅墓直 恐難聞命 倅大敗而行

---

1 얇게 썬 두부를 꼬치에 꽂아 기름에 지진 다음 닭국에 넣고 끓인 음식.

四十一, 올챙이 시절의 공론(公論)이 일어날까 무섭다

길주(吉州) 변응벽(邊應壁)[1]은 천성이 예절(禮節)이라든지 소소한 일에 매임이 없는 호방(豪放)한 사람이었다. 그는 우스갯소리도 곧잘 하는가 하면 시(詩) 또한 곧잘 하였다.

일찍이 그가 지은 시 한 구절은 이러했다.

桑田本須臾   상전(桑田, 뽕나무 밭)은 원래 한순간이요,

碧海眞朝暮   벽해(碧海, 푸른 바다)는 진실로 조석지간(朝夕之間)이

　　　　　　　　로다.

潮落又潮生   조수(潮水)가 밀려갔다 또 밀려오는 사이,

人間幾今古   인간 세상에는 또 얼마나 많은 세월이 흐르고 흘렀으랴?

이 시는 많은 사람들 사이에 회자(膾炙)되었다.

---

1 변응벽 [邊應壁, 1562~?]: 자(字)는 명숙(明叔), 호(號)는 구강(九江), 1600년(선조 33
년)에 별시 병과(丙科) 12인. 주서(注書)와 승지(承旨) 벼슬을 지냈다.

계해반정(癸亥反正)[2] 초에 이웃 손님들이 여기저기서 찾아와 이렇게 축하를 했다.

"공(公)이 오랫동안 매몰되어 있더니 이젠 정권을 잡을 수 있게 되었습니다 그려."

그러자 변(邊)이 웃으면서 이렇게 말했다.

"하신 말씀이 그럴 듯은 합니다만, 다만 한 가지, 올챙이 시절에 대한 공론(公論)이 일어날까봐 걱정스럽습니다."

"무슨 말씀입니까?"

"옛날에 진노(震怒)하신 상제(上帝)가 꼬리 달린 동물들을 처벌하고자 했답니다. 기린, 봉황새, 말, 소, 돼지, 양, 이런 동물들이 모두 형장(刑場)을 향해 가고 있었지요. 그런데 앞에 보니까 두꺼비 한 마리가 어기적어기적 기어가고 있더랍니다. 여러 꼬리 달린 동물들은 두꺼비를 부러워하면서 이렇게 말했지요. '넌 무슨 복이 그렇게도 많아서 꼬리가 없냐?' 그러자 두꺼비가, '지금은 꼬리가 없지만 옛날 올챙이 시절에는 나도 꼬리가 있었지. 그래서 행여 올챙이 시절에 대한 공론(公論)이 일어나지 않을까 걱정스럽구나.' 이러더랍니다. 저도 얼마 전 임자년(壬子年)[3] 봄에 사헌부(司憲府)에 다시 들어간 적이 있었지요. 이게 바로 저의 올챙이 시절이랍니다."

이 말을 들은 여러 손님들은 뱃살을 움켜쥐고 웃었다.

---

2 인조반정(仁祖反正). 조선 광해군 15년(1623년)에 이귀·김류 등 서인(西人) 일파가, 광해군 및 집권파인 대북파(大北派)를 몰아내고 능양군(綾陽君)인 인조를 즉위시킨 정변.
3 1612년(광해 4년)을 말한다. 그의 나이 50세 때이다.

【원문】邊吉州應璧 性豪逸 善諧工詩 常作一絶曰 桑田本須臾 碧海眞朝暮 潮落又潮生 人間幾今古 膾炙人口 癸亥反正初 隣客多來賀曰 公積年沈埋 今可當塗矣 邊笑曰 客言似然 但恐蝌蚪時公議發也 客曰 何謂也 曰 昔上帝大怒有尾蟲 欲震之 麟鳳馬牛猪羊之屬 咸就死所 一蝦蟆橫踞其前 諸尾蟲不勝健羨曰 爾以何福得無尾 蝦蟆曰 今雖無尾 昔爲蝌蚪時有尾 吾恐蝌蚪時公議發也 吾亦頃年壬子春 再入烏坮 此吾蝌蚪時也 諸客捧腹

四十二. 술독 흉내

원주(原州) 땅에 박생(朴生)이라고 하는 사람이 있었다. 계집종을 친압(親狎)[1]하려고 하는데 처(妻)가 두려워서 감히 마음대로 하질 못하였다. 그래서 그 계집종과 은밀하게 약속을 했다.

"내일은 병이 났다고 핑계를 대고 나오지 말거라. 그렇게 하면 굳이 밤에 약속을 정하지 않고도 언제든지 만날 수가 있을 것이다."

계집종이 그 말대로 하자 생(生)이 처(妻)에게 이렇게 말했다.

"옷 좀 가져오시겠소? 친구 아무개한테 다녀와야겠소."

처가 옷을 가져오자 그는 옷을 들고 허겁지겁 나갔다. 그런 모습을 이상하게 생각한 처(妻)는 높은 곳에 올라가서 가만히 엿보았다. 남편은 계집종이 있는 방으로 가더니, 문 앞에서 좌우를 살피다가 신발을 손에 들고 황급히 들어갔다. 화가 난 처(妻)가 몰래 계집종의 집으로 가서 엿들었더니 마침 생(生)이 그 계집종을 희롱(戲弄)하면서 이렇게 말하는 것이었다.

"내 꾀가 아니었더라면 어떻게 이런 좋은 기회가 생겼겠니. 오늘

---

1 버릇 없이 너무 지나치게 친하다.

은 우리 마누라가 내 꾀에 완전히 속아넘어갔다."

그 처는 당장에라도 문을 박차고 뛰어들어 가고 싶었다. 그러나
어쩐지 부끄러운 생각이 들었다. 그래서 짐짓 약간 뒤로 물러났다가
일부러 신발 소리가 들리게끔 질질 끌면서 앞으로 걸어갔다.

생(生)이 너무 급한 나머지 어쩔 줄을 몰라 하자, 계집종이 꾀를
내서 돗자리로 그를 싸서 방구석에다가 세워놓은 뒤 자신은 숨을 가
쁘게 몰아쉬면서 억지로 신음소리를 내고 있었다. 처(妻)가 창문 밑
난간에 걸터앉아 계집종에게 이렇게 물었다.

"아픈 척하고 누워 있으면 누가 모를 줄 아느냐?"

"아니에요. 진짜로 아파요."

"숨소리는 왜 그러는 거니?"

"많이 아파서 그래요."

"저기 돗자리 안에 든 건 대체 무슨 물건이냐?"

"술독이에요."

그러자 생(生)이 꾀를 내서 입으로 '폴쏙폴쏙!' 하고 술 익는 소리
를 냈다. 그 처가 손으로 잡아당겨 넘어뜨리자 생(生)은 자신의 몸뚱
이가 이미 드러난 것도 알지 못한 채 계속 속이려고 '퐁퐁퐁!' 하면서
술독 주둥이로 술이 쏟아지는 소리를 냈다. 그 처가 소리를 지르며
뺨을 때리고 나서야 생(生)은 탄로가 난 사실을 깨닫고 손이 발이 되
도록 싹싹 빌며 이렇게 말했다.

"죽을 액운(厄運)이 뻗쳐서 죽을 죄를 지었소. 하지만 본심(本心)
은 아니었소. 마누라, 한 번만 용서해줘요. 한 번만!"

이 이야기를 들은 사람들은 깔깔거리며 뱃살을 쥐었다.

【원문】原州地 有朴生者 欲狎婢子 畏妻不敢肆然 與其婢私約曰 明日托病不
出 則雖不卜夜卜其盡矣 婢如其言 生紿其妻曰 取衣來 當往見某友矣 遂攝衣
而出 多有忙迫之狀 其妻怪之 登高覘視 則行到厥婢房 門前左右視而 持鞋急
入 其妻恚怒 潛往婢家窺聽 則生方戱弄其婢曰 我無智略 何以得此 吾妻今日
墮吾術中 其妻直欲排戶突入 而反生慙愧 故故少退 警勅曳履而進 生蒼黃罔
措 婢生一計 裹以茵席 竪置房隅 喘息 强作呻吟聲 其妻踞坐窓檻 謂婢曰 汝
何佯病而臥 婢曰 實病實病 又問曰 汝何呼吸之喘急也 對曰 病重故也 又問曰
這箇茵席內 有何物 對曰 酒盎酒盎 生暗生一計 口作乼(甫+乙)屬乼(甫+乙)
屬酒熟之聲 其妻以手曳倒之 生不知其體之已露 猶欲紿之 仍作酒瀉盎口風風
之聲 其妻大吼批頰 生始覺現發 叩頭祝手曰 死厄迫身 有此死罪 而實非本心
惟願枺樓下赦罪赦罪 聞者呵呵絶倒

四十三, 그럼, 나 먼저 죽여줘요

어떤 유생(儒生)[1]이 어떤 계집종에게 마음을 두었다. 그 처는 그런 사실을 전혀 모르고 있었지만, 그 계집종은 그 사실을 눈치채어 알고 있었다. 그래서 유생(儒生)이 가끔씩 불러서 심부름을 시킬라치면 그때마다 요리조리 핑계를 대어 회피하곤 했다. 어쩌다가 손님이 와서 사랑채에 나가 혼자 있기라도 하면 불을 찾건 물을 찾건 다른 계집종을 대신 보내고 일절 서로 가까이하는 법이 없었다. 그리고 밤에는 안방에서 자면서 밤을 지켜야 하기 때문에 생(生)으로서도 어떻게 해볼 도리가 없었다.

몹시 화가 난 생(生)은 하룻저녁 안채에 들어가 아무 상관도 없는 죄를 뒤집어 씌워 짐짓 때려 죽일 듯한 태세를 해보였다. 아무것도 모르는 그 처(妻)는 용서해달라며 애걸복걸을 했지만, 생(生)은 들은 채도 하지 않고 계집종의 머리채를 끌고 곧장 사랑채로 향하였다. 그 처는 속으로 필시 때려죽이고야 말리라고 생각을 했다. 그러나 아무런 소리도 들려오지 않았다. 의아한 생각이 든 처는 몰래 가서 살

---

1 유학(儒學)을 공부하는 선비.

펴보기로 했다. 그런데 분명히 방 안으로 끌고 간 흔적은 있는데 두 사람 중 그 누구의 소리도 들려오질 않는 것이었다. 그래서 필시 입을 틀어막고 몰래 때려 죽였으련 하고 생각하면서 문구멍으로 안을 살짝 엿보았더니 바야흐로 방사(房事)가 한창 무르익고 있는 것이었다. 이를 본 그 처가,

"그게 계집종을 죽이는 일인가요?"

하고 소리를 질렀더니 생(生)은 별로 놀란 기색도 없이 엎드린 자세로 뒤를 돌아다보며 이렇게 말했다.

"이렇게 찔러대면 오장육부(五臟六腑)[2]에 상처를 입고 즉사(卽死)하지 않겠어?"

그 처가 말했다.

"그럼 나 먼저 죽어줘요!"

【원문】有一儒生 屬意於一婢 其妻全然不知 婢則領會其意 儒生時招使喚 則每每巧避 客來 時或出獨在 則雖呼火索水 代送他婢 一不相近 夜則直宿於內房 生終無奈何 不勝憤怒 一夕 入內搆誣他罪 佯若打殺者 然其妻未會其意 懇乞容貸 而生不聽 捽曳婢頭髮 直向外廊 其妻意謂 必致撲殺矣 仍闃然无聲 其妻疑之 潛往視之 有曳入房中之痕 上下俱無出聲 以爲塞口暗打而死 穴窓窺見 則雲雨方濃 進進退退 其妻高聲曰 此是殺婢之事耶 生不爲驚動 伏臥顧謂曰 如是衝刺 五臟必傷 豈不卽死乎 其妻曰 然則 先殺我先殺我

---

2 내장(內臟)을 통틀어 일컫는 말.

四十四, 벌거벗은 도깨비

도헌(都憲)[1]이 된 뒤에 신사(神祀)[2] 금란(禁亂)[3]을 매우 엄격하게 한 어떤 재상(宰相)이 있었다. 그는 한밤중만 되면 언제나 알몸으로 안방의 직숙처(直宿處)[4]에 숨어들어가 계집종을 친압(親狎)하곤 했는데, 그 부인에게 들킬까 두려워 걸음을 제대로 걷지 못하고 마루에서 비틀대곤 했다. 부인은 일찍부터 다 알고 있었지만 일부러 모른 척하고 있었다.

하루는 퇴근하고 집으로 돌아오는데, 안채에서 굿판이 크게 벌어졌는지 둥둥 북 치는 소리가 저 멀리까지 들려오는 것이었다. 몹시 화가 난 재상(宰相)은 사랑채로 행수 비자(行首婢子)[5]를 잡아들여서 힐문을 했다. 그랬더니 이렇게 대답을 했다.

"마마께 말씀을 올려도 듣질 않으시니, 쇤네[6]가 어찌하오리까?"

---

1 대사헌(大司憲).
2 산천이나 성황당, 또는 내력이 바르지 아니한 귀신에게 제사를 올리다.
3 나라의 금법(禁法)·금제(禁制)를 어기고 어지럽히는 것을 금지하는 것.
4 밤에 건물이나 방을, 번(番)을 들어 맡아서 지키는 곳.
5 계집종들의 우두머리.
6 '소인(小人)'을 조금 더 낮추어 이르는 말.

노기충천(怒氣衝天)한 재상은 안채에 전갈을 보냈다.

"내가 지금 신사(神事)[7]를 엄금하고 있는 마당에, 우리 집에서 먼저 법을 어기기 시작하면 법이 지켜지겠소?"

그러자 부인이 이렇게 답변을 보내왔다.

"요 근래 벌거벗은 도깨비가 대청에 숨어들었다가 가끔씩 안방으로 들어오기도 하는 등, 사태가 심각하여 푸닥거리를 하지 않으면 안 되겠어요. 그래서 법을 어겨가면서까지 굿판을 벌이게 된 것이오니 용서해 주세요."

크게 부끄러운 생각이 든 재상은 군말 없이 허락해 주면서 말했다.

"그래요? 그렇다면 마음대로 하시구려."

【원문】有一宰相 爲都憲 禁亂神祀 極其峻嚴 每於夜深 赤脫潛行狎婢於內房 直宿處 畏其夫人 不敢穩步重足 蹣跚於廳事 夫人早知 而佯若不知 一日 退朝 歸家 則自內大張神事 坎坎之聲聞於遠邇 其宰大怒 坐外堂 捉致首婢 詰問 答 云 林樓下諫不聽 少女輩何以爲之 其宰尤怒 送言于內曰 吾方嚴禁神事 而自 吾家先犯之 法可行乎 夫人答曰 近有獨脚鬼 赤脫潛行於廳上 時入內房 變異 非常 不可不禳災 故觸冒威令 作此神事 幸望恕聽云 其宰大慙 疾聲應曰 然則 任意爲之任意爲之

---

7 신에게 제사를 지내는 의식.

소화(笑話)류 이야기   261

四十五, 어젯밤에 귀를 팔았다

또 어떤 선비가 있었는데 친압(親狎)하는 계집종과 딱히 만날 만한 장소가 없어 매일 밤 짚더미 아래서 밀회를 즐겼다.

하루는 작은 분토(分吐)[1]신을 하나 사서 소매에다 감추고 가서 사랑의 표시로 건네줄 생각을 했다. 그 사실을 눈치챈 그 처가 그 계집종을 불러서,

"오늘 저녁에는 넌 가만히 좀 있거라. 내가 좀 속여줘야겠다."

하고는 초저녁이 지나자 그 계집종의 옷으로 갈아입은 뒤, 짚더미 아래서 그가 오기만을 기다렸다. 잠시 후 분토신을 소매 속에 감춘 선비가 불쑥 나타나더니 그녀를 이리저리 끌어안고 희롱하다가 분토신을 꺼내주며 말했다.

"날 즐겁게 해준 보답으로 네게 줄 선물을 사왔다. 우리 마누라한테는 절대로 이르면 안 된다."

그 처가 목소리를 낮춰 계집종 목소리 흉내를 내며 말했다.

---

1 분토(分土)라고도 한다. 신발의 일종으로 일반 서민들은 신는 것이 금지되었다. 구체적인 외관과 모양은 알 수 없지만 분토(粉土, 분처럼 하얀 흙)를 바른, 하얗고 예쁜 신발을 의미하는 것으로 추정된다.

"마님처럼 모든 걸 다 갖추신 분은 돌아다보질 않고, 어째서 매번 쉰네처럼 못생긴 추물(醜物)만을 찾으시나요?"

"마님의 아랫도리는 귓구멍만큼 작아서 도무지 맞질 않는지라 너처럼 감칠맛이 나지 않는단다."

이렇게 말하고는 한바탕 즐거움을 다했다.

이튿날 아침, 선비가 안채로 들어가자 그 처가 바로 그 분토신을 신고 뜰을 돌아다니고 있는 것이었다. 선비가 깜짝 놀라면서 물었다.

"지금 신고 있는 그 분토신 어디서 났소?"

그 처가 침착한 어조로 대답했다.

"돈 한 푼 없는 제가 나기는 어디서 났겠어요? 어젯밤에 귀를 팔았더니 귓구멍이 크다고 주던데요?"

선비는 너무 부끄러운 나머지 밖으로 나가서 사흘 동안을 집에 돌아오질 못했다.

【원문】又有一士人 有所狎之婢而 無靜閑之處 每約於積藁之下 夜夜交歡 買一少分吐 以爲袖往面給表情之計 其妻先已知之 招謂其婢曰 今夜 汝勿往 吾當瞞過矣 初昏後 換着厥婢衣裳往 時候於藁堆下 士人袖分吐欻來 抱持玩弄 無所不至 出給分吐曰 買此贈汝以償樂意 愼勿使夫人知之 其妻 低聲佯作婢語曰 林樓下百體俱美 捨而不爲 每索小女蠱醜物 何也 士人曰 林樓下下體如耳饍觜 甚不合足 豈若汝味之特別乎 因講歡而罷 明朝 士人入內則 其妻着其分吐而 徘徊中庭 士人驚怪問曰 彼分吐 從何得着而行耶 其妻徐答曰 吾無分錢 從何買得 去夜 賣耳 大也得之 士人大慙 出外 三日不返

四十六. 처남의 비자(婢子)는 상피(桑皮)

어떤 유생 하나가 있었는데, 문자(文字)는 좀 깨쳤으나 천성이 어리석어서 늘 남에게 속고만 다녔다.

그의 처갓집에 어여쁜 계집종 하나가 있어서 어떻게 좀 해보고자 했지만, 속마음을 털어놓을 수도 없었을 뿐더러 또 그럴 기회조차도 없었다. 바야흐로 봄이 지나고 여름이 시작될 무렵이었다. 그 계집종이 어둠을 틈타서 생(生)의 집 뒷마당에 있는 뽕잎을 훔쳤다. 대체 누가 뽕잎을 훔치는지 도둑을 붙잡을 양으로 생(生)이 몰래 가서 살펴봤더니 바로 그 계집종이었다. 속으로 '옳거니' 하고는 살금살금 다가가서 나무 밑에 서서 작은 목소리로 물었다.

"너 왜 남의 집 뽕잎을 훔치느냐?"

계집종은 나무 위에서 감히 내려오지 못한 채 이렇게 대답했다.

"누에에게 먹을 걸 주지 못한 지가 한참 됐는데 딱히 뽕잎을 구할 곳이 없었습니다. 때마침 영공(令公)께서 절 아끼신다는 사실에 생각이 미쳐서, 이렇게 오게 됐습니다."

"내가 너에게 마음을 두고 있다는 건 너도 잘 알고 있지? 오늘 밤 아무도 없는 뽕나무 숲에서 서로 만나게 됐으니 내가 시키는 대로 따라 하겠느냐?"

"기왕에 이렇게 된 일, 뽕잎이나 다 따고 나서 말씀대로 하겠습니다."

생(生)은 조급한 나머지 함께 뽕잎을 따서 소쿠리에다 듬뿍 채워준 뒤 밭이랑 안에서 그녀를 끌어안고 누웠다. 그러자 여자가 이렇게 말했다.

"소녀(小女)가 비록 천한 종년이기는 하지만 풀더미 위에 몸을 눕혔다가 옷에 풀물이라도 들어 집안 사람들이 이상하게 생각하게 되면 어쩌겠습니까? 지의(地衣)[1]라도 깔고 했으면 좋겠습니다."

그 말에도 일리(一理)가 있다고 생각한 생(生)은 급히 집으로 돌아가서 돗자리 하나를 안고 왔다. 다시 와보니 그 계집종은 이미 뽕잎을 들고 도망가버린 뒤였다. 혹시 그녀가 일부러 숨은 것은 아닐까 생각한 생(生)은 이리저리 보리 이랑을 샅샅이 뒤져보았다. 그러나 계집종의 그림자조차 보이질 않았다. 그제서야 속은 걸 알고 분해 하였지만 그렇다고 집에 돌아가서 그 일을 입 밖에 꺼내기도 어려운 노릇이었다.

그 뒤 그 계집종이 또다시 뽕잎을 훔치러 왔다. 이번에도 생(生)은 지난번처럼 또 그녀를 붙잡았다. 그는 마음속으로 '이번엔 절대로 속지 않으리라'고 생각하면서 그녀를 꼭 끌어안았다. 그러자 어쩔 도리가 없게 된 계집종은 순순히 말을 들었다. 바야흐로 일을 치르려고

---

1 헝겊으로 가장자리를 꾸미고 여러 개를 마주 이어서 크게 만들어 제사(祭祀) 때에 쓰는 돗자리.

할 즈음, 그녀가 이렇게 말했다.

"이러시면 안 될 일이 있습니다. 공(公)은 처남의 비자(婢子)가 상피(桑皮)²란 사실을 모르시는지요?"

속칭(俗稱) 상피(相避)³란 말과 음(音)이 서로 비슷하므로 상피(桑皮)라고 말을 한 것이다. 생(生)이 움찔하고 물러서면서 말했다.

"그게 대체 무슨 말이냐?"

"쇤네의 상전(上典)과 댁 아기씨는 동기(同氣)니 상피(相避) 아닌가요?"

생(生)이 한동안 말이 없다가,

"그렇다면 안 될 일이지. 너 아무한테도 말하지 말거라."

라고 한 뒤 멈추고 말았다.

【원문】有一儒生 稍解文字 然性本愚迷 每多見瞞於人 其妻家一婢 頗有容色 生欲之而 不能對吐 且無暇隙 春夏之交 其婢乘昏偸桑於生家後園 生不知誰某 欲捉偸桑者 潛往視之 乃厥婢也 意謂 平生所欲 今夕可成 輕步卽進 立於樹下 細問曰 爾何偸桑耶 婢在樹上不敢下來而對曰 蠶飢累日 無處求桑 且念令公眷愛故 來此也 生曰 吾之有意於汝 汝亦應知矣 今夜 無人之際 相逢於桑間 爾可聽我言耶 女曰 事已至此則 摘桑後 當依爲之耳 生反憫其少遲 共把桑枝 忙手實筐 仍抱臥於田畝中 女曰 小女 雖是賤迹 飜身於生草上 衣染草色則 家人怪之 將奈何 布一地衣則 好矣 生然其言 急回其家 抱一方席而往 厥婢

2　뽕나무 껍질. 종이 만드는 재료. 여기서는 '뽕나무 껍질처럼 피부가 거칠다'는 말인 듯하다.
3　가까운 친척 사이의 남녀가 성적(性的) 관계를 맺는 일. 관습적으로 엄격하게 금지되어 있었다.

携桑已無去處 生疑其故故隱避 遍索麥壟 不見形影 生忿其見瞞而 回亦不能
吐舌 其後 厥婢又來偸桑 生如前捕得 心思曰 今番則 必勿見欺 抱持甚緊 厥
婢知其無可奈何而 從之 方其擧脚之際 女曰 有不然者 公不知妻男之婢 爲桑
皮乎 俗稱與相避 音相似故 謂之桑皮 生驚而少退曰 是何言也 女曰 小人之上
典 與宅阿只氏 同氣也 豈非相避乎 生黙思良久曰 然則 駭擧也 爾勿泄也 仍
止之矣

四十七. 너희 좌수(座首)가 있었더라면

한 좌수(座首)네 집에서 닭을 많이 키우고 있었다. 동네 아이들이 좌수가 번(番)들러 간 틈을 타서 몰래 그 집에 침입해 들어갔다. 막 닭서리를 하려고 할 즈음, 안방에 불이 켜지면서 한밤중이 다 되도록 불이 꺼지질 않는 것이었다. 아이들은 창에 구멍을 뚫고 들여다 보았다. 그랬더니 홀로 앉아 바느질을 하던 좌수의 처가 불도 안 끈 채 바지를 벗고 아랫도리를 드러내 놓더니 손으로 애무를 하면서 이렇게 말했다.

"너희 좌수(座首)가 있었으면 지금쯤 격렬한 전투가 벌어졌을 텐데······."

아이들은 저도 모르게 웃음을 터뜨리며 달아나 버리고 말았다. 화가 난 좌수의 처는 날이 밝기를 기다렸다가 좌수에게 글을 보내 관(官)에 고발하여 죄(罪)를 묻게 했다. 그러자 사또가 패(牌)[1]를 보내 잡아들이게 했다.

바야흐로 벌을 주려고 하는데 아이들이 이렇게 말했다.

---

1 군대의 가장 작은 부대를 이르던 말. 입번(入番)한 그대로 군대(軍隊)를 편성한 데서 유래한다. 대개 40~50명이 한 조(組)를 이룬다.

"한 말씀만 올린 뒤 벌을 받게 해주십시오."

"무슨 말이냐?"

"밤새도록 글을 읽다 허기를 견디지 못한 저희가, 시골 습속(習俗)대로 닭서리를 하러 갔는데 그게 공교롭게도 좌수네 집이었습니다. 그런데 좌수의 처가 이러저러하기에 저희도 모르게 웃음을 터뜨리며 도망을 가게 됐습니다."

그 말을 들은 사또도 껄껄껄 웃자 좌수는 부끄러워 물러가 버렸다. 이렇게 하여 그들은 벌을 받지 않게 되었다.

이 이야기를 들은 자들은 뱃살을 쥐었다.

【원문】 有一座首家 多養鷄 洞中兒輩 伺其入番 潛入其家 將欲獵鷄而 內房明燈 入夜不滅 兒輩 穴窓窺之 座手之妻 獨坐縫紅綴針 而猶不滅燭 脫袴露體 手撫其下而言曰 汝座手若在 必一場鏖戰矣 兒輩不覺失笑而走 座手妻大怒 待曉 抵書於座首告官治罪 太守發牌捉致 方欲治罪 兒輩曰 願一言而受罪 守曰 何言 對曰 吾等 終夜讀書 不耐虛乏 循俗獵鷄而行 適入座首之家 座首之內子如此如此 不覺失笑而散矣 太守亦大笑 座首慙愧而退 竟不能治其罪 聞者絶倒

四十八. 제수씨 말이 맞네

한 사람이 그의 처와 시시덕거리고 있었다.

"오늘 밤에는 행방(行房)[1]을 꼭 아홉 번만 하도록 하자."

이렇게 약속을 정한 뒤 방사(房事)를 펼치는데, 한 번 전진을 하고 한 번 후퇴를 할 때마다 수를 세며, '한 번! 또 한 번!' 이러는 것이었다. 그러자 그 처가 이렇게 말했다.

"그렇게 세는 법이 어디 있어요?"

부부가 이렇게 서로 싸우고 있을 때, 그 사람의 친구 몇 명이 닭서리를 하러 몰래 들어와 엿듣고 있다가 창밖에 서서 이렇게 소리를 질렀다.

"제수씨 말이 맞네 그려."

그 사람은 너무도 부끄러운 나머지 입을 꼭 다문 채 문을 열지 못하였다. 그러는 사이, 친구들은 그 집 닭을 모조리 잡아가고 말았으나 그는 끝내 아무 말도 하지 못하였다.

---

1 남녀가 성적으로 관계를 맺다.

【원문】 有一人 與妻狎弄曰 今夜行房 當以九番爲限 約誓而擧事 以一進一退
爲度數 輒唱一番又一番 其妻曰 此豈番數耶 夫婦相爭之際 其友數人 獵雞次
潛入竊聽 立於窓外 勵聲言曰 嫂氏之言 良是 其人大慙 不出聲 又不能開戶
友人盡捉其雞而去 無一言矣

四十九. 그 손은 제 손이었던 것 같네요

　어떤 시골 아낙네가 간부(間夫)와 놀아나자, 남편 집에서 관(官)에다 소장(訴狀)을 올렸다. 관(官)에서 붙잡았다가 신문(訊問)을 했더니 여자가 이렇게 말했다.

　"마침 본 남편이 출타하고 없는 사이에 어떤 악소년이 밤을 틈타 들이닥치더니, 한 손으로는 제 머리채를 휘어잡고, 한 손으로는 양손목을 잡고, 한 손으로는 그 물건을 집어넣는지라 꼼짝없이 그놈에게 겁간을 당하고 말았습니다."

　그러자 사또가 말했다.

　"한 손으로는 머리채를 잡고 또 한 손으로는 양손을 잡았다면, 물건 집어넣은 손은 대체 어떻게 된 손이란 말이더냐?"

　한동안 말이 없던 여인은 이윽고 이렇게 말했다.

　"그 손은 아마 제 손이었던 것 같습니다."

　그 말에 사또도 크게 웃고, 좌우에 있던 사람들 또한 모두 입을 가리고 웃음을 참지 못하였다.

【원문】 有一村女 作間夫 夫家呈狀 自官捉致推問則 女曰 適値本夫出他 有一
惡少 乘夜突入 一手握頭髮 一手捉兩手 一手納下物 不能運動 被其劫奸 太守
曰 一手握頭髮 一手捉兩手則 又有何手而 納鳥乎 其女 沈思良久曰 一手則
似是吾手也 太守大笑 左右莫不掩口矣

五十、사또의 걸음걸이 값

　어떤 고을 사또가 급창(及唱)의 처가 절색(絶色)이란 말을 듣고 빼앗고자 했다. 그러나 좋은 꾀가 생각나질 않자 하루는 급창을 불러 이렇게 약속을 정했다.

　"너와 내가 우스갯소리로 서로 문답(問答)을 하기로 하되, 흔히 말하는 '숫자 알아맞히기'를 해서 만약에 내가 널 못 이길 것 같으면 널 속량(贖良)[1]하고 미포(米布)[2]를 많이 주기로 하고, 만약에 네가 날 못 이길 것 같으면 너는 나한테 네 처를 바쳐야 할 것이다."

　그런 뒤 그에게 물었다.

　"담장 밖에 있는 배나무에 매번 참새떼가 모이는데 그 참새의 숫자가 얼마나 되겠느냐?"

　"잘 모르겠습니다."

　그러자 또 물었다.

　"해가 동쪽에서 떠서 서쪽으로 지는데 하루에 몇 리나 가겠느냐?"

　"잘 모르겠습니다."

1　몸값을 받고 종을 풀어 주어서 양민(良民)이 되게 하다.
2　쌀과 베.

그러자 또 물었다.

"내가 느린 걸음으로 안마당을 거닐 때면 걸음걸이가 아주 멋있는데 그걸 값으로 치면 대략 얼마나 되겠느냐?"

"잘 모르겠습니다."

사또가 기뻐하며 말했다.

"세 번 질문을 던졌는데 모두 못 맞혔으니, 약속대로 어서 네 처를 바치도록 해라."

어쩔 수 없이 대답을 하고 집에 돌아온 급창은, 집에 돌아와서 밥도 먹지 않고 자리에 드러누운 채 눈물만 하염없이 흘리고 있었다. 그러자 그 처가 물었다.

"오늘 관(官)에서 무슨 벌이라도 받으셨나요?"

그는 아니라고 하면서 사또와 내기를 해서 처를 바치기로 한 일에 대해 얘기해 주었다. 그러자 그 처가 기뻐하며,

"급창의 아내가 사또의 첩이 되다니, 가위(可謂) 만복(晩福)[3]이로다."

하고는 즉시 일어나 머리를 곱게 빗고 새옷으로 갈아입은 뒤 그 길로 사또를 찾아 떠나가 버렸다. 그 남편은 끓어오르는 분노를 참을 수 없어 그대로 죽고만 싶었다.

급창의 처가 관아(官衙)에 와서 알현(謁見)을 하는데, 사또가 보니까 과연 절색(絶色)이었다. 즉시 맞아들여 방으로 들어가서 잠자리에 들고자 했더니 여자가 이렇게 말했다.

---

3 늘그막에 누리는 복.

"기왕에 이렇게 찾아 뵙고 마루에 오르고 또 방에까지 들어왔는데 좀 늦은들 무슨 상관이 있겠습니까? 듣자 하니 우스갯소리 때문에 일이 이렇게까지 됐다던데 첩에게도 질문을 하셔서 또다시 대답을 못하면 다시는 군말을 하지 않겠습니다."

'제 남편도 알지 못하는 걸 저라고 알랴?'

이런 생각이 든 사또는 재미있겠다 싶어 그러자고 허락을 한 뒤, 첫 번째 질문을 던졌다. 그러자 급창의 처가 이렇게 대답했다.

"석섬 서말입니다."

"어째서 그러냐?"

"첩(妾)[4]의 아비가 관청색(官廳色)[5]으로 있을 적에, 배나무 열매가, 앉아 있는 새의 숫자와 같길래 따서 양(量)을 재봤더니 석섬 서말이었습니다. 이를 미루어서 알 수 있습니다."

그래서 이번에는 두 번째 질문을 던졌다. 그러자 여자가 이렇게 대답했다.

"하루에 120리(里)를 갑니다."

"어째서 그러냐?"

"나그네가 해뜰 때부터 해질 때까지 빠르지고 않고 느리지도 않은 걸음으로 걸으면 으레 120리를 갑니다. 이를 미루어서 알 수 있습니다."

---

4 예전에 결혼한 여자가 윗사람을 상대하여 자기를 낮추어 이르던 일인칭 대명사.
5 관아의 주방(廚房)에 관한 사무를 담당하던 향리(鄕吏). 수령과 그 가족들의 식생활 및 공사 빈객의 접대와 각종 잔치에 필요한 물품의 조달 및 회계를 담당하였다.

다시 세 번째 질문을 던지자 이렇게 대답했다.

"그 값은 정목(正木)⁶ 세 필(疋)⁷입니다."

"어째서 그러냐?"

"첩(妾)의 아비가 육지기⁸로 있을 때 정목(正木) 세 필(疋)로 삼화(三禾)⁹ 송아지를 사서 끌고 오는데 걸음걸이가 흡사 사또 나으리의 걸음걸이와 같았습니다. 이로 미루어서 알 수 있습니다."

말을 마친 그녀는 소매를 뿌리치고 가버렸다. 사또는 넋을 잃고 우두커니 그 뒷모습만 바라볼 뿐이었다. 그 남편은 매우 통쾌하게 생각하였다.

아아, 관장(官長)¹⁰이 어찌 아랫것들과 이런 말장난을 할 수가 있으며, 어찌 남의 처첩을 빼앗는 일을 할 수가 있단 말인가? 이는 필시 호사가(好事家)¹¹들이 만들어낸 항간(巷間)의 이야기거나 탐관오리(貪官汚吏)를 욕보이는 말일 것임에 분명하다. 대저 수양을 쌓지 못한 사람은 욕(辱)을 당하게 돼 있는 법이니 경계(警戒)하고 경계할진저. 그냥 기록해둔다.

---

6 품질이 매우 좋은 무명베.
7 일정한 길이로 말아 놓은 피륙을 세는 단위.
8 육고(肉庫)에 속하여 관아에 육류(肉類)를 바치던 관노(官奴). 육고(肉庫)란, 각 관아에 속하여 육류를 공급하던 푸줏간을 말한다.
9 혹시 평양 부근의 지명인 '삼화(三和)'의 오기(誤記)인지? 그러나 자세하지 아니하다.
10 관가의 장(長)이란 뜻으로, 시골 백성이 고을 원을 높여 이르던 말.
11 남의 일에 특별히 흥미를 가지고 말하기 좋아하는 사람.

【원문】有一邑宰 聞吸唱之妻絶色 欲奪之 而無計可施 一日 招吸唱約曰 吾與
汝俳語問答 俗所謂水[12]之較勝 我若不勝則 贖汝爲良 多給米布 汝若不勝 則
當納汝妻 仍問曰 墻外梨樹 黃雀每集 其數幾何 答曰 不知 又問曰 日出東方
入於西方 日行幾里 曰 不知 又問曰 吾緩步中庭 步法甚好 若論其價 當直幾
許 答曰 不知 倅喜曰 三問 不能對 當如約速納汝妻 吸唱只言唯唯而歸 涕泣
不食而臥 其妻問曰 今日受罪於官耶 曰非也 因言與倅較言納妻之事 其妻喜
曰 初爲吸唱妻 今爲太守妾 可謂晚福也 卽起梳洗 着新衣飄然去 其夫不勝忿
恨 直欲自處 其妻入衙現謁 倅見之 果絶美矣 卽欲迎入房以致慇懃 女曰 旣已
來現 升堂入室 寧有早晚 聞 以俳語事至此云 使妾問難 又不應對 則更無後言
矣 倅思曰 其夫不知 渠何以知之 且欲盡其意 許之 問其第一條 答曰 三石三
斗 守曰 何以知之 女曰 妾父爲官廳色時 梨樹結子如鳥坐之數 摘取斗量則三
石三斗 故推此知之 又問第二條 對曰 日行一百二十里 守曰 何以知之 對曰
行人自日出至日入 不疾不徐 例行百二十里 故推此知之 又問第三條 對曰 價
直正木三疋 守曰 何以知之 對曰 妻父爲肉直時 以正木三疋買三禾犢 牽來 行
步洽似官司主步法 故推此知之 言訖 拂衣而去 守自無聊 悵望而已 其夫甚快
之 噫 焉有以官長與下隸較言如是乎 且豈有奪人妻妾之事乎 此必是好事者做
出俚語 侵辱貪官之說也 大抵 人不能自修 反受其辱 可不戒哉 第記之

12 '水'라는 글자는 문맥상 '數'의 오기(誤記)로 추정된다.

五十一. 여우의 음모(陰毛)

어떤 머슴이 산골짜기에서 나무를 하고 있었다. 그런데 갑자기 늙은 여우 한 마리가 나타나 포수에게 쫓기고 있다며 머슴에게 도와달라고 애걸을 하는 것이었다. 그래서 머슴은 여우를 땔나무 속에다 감춰주었다. 좀 있다가 포수가 나타나 여우의 종적을 묻다가 모른다고 하자 가버렸다. 여우는 충심으로 고마움을 표한 뒤, 감사의 표시로 음모(陰毛) 한 올을 뽑아주면서 이렇게 말했다.

"이걸로 보답을 하겠습니다."

그 사람이 화가 나서 말했다.

"겨우 털 한 올이라니? 이거보다는 차라리 네 껍질을 벗겨 귀덮개를 만들고 네 고기를 삶아 허기를 채우는 편이 더 낫겠다."

여우가 웃으면서 말했다.

"이 털을 갖고 가서 항문에다 끼우면 벼락부자가 될 수 있답니다."

그 사람은 한번 시험해 보고자 하여 오이밭으로 가서 파수(把守)를 보았다. 밤이 깊어 깊은 잠에 빠졌는데 항문에서 크게 부르짖는 소리가 났다. 그러자 서리하러 온 아이들이 따놓은 오이를 모조리 버린 채 달아나고 말았다.

그 사내는 그 오이를 주워서 '장재가(長財家)'의 집을 찾아갔다. 《세속(世俗)에서 부자를 부를 때 '장재(長財)'라고 한다.》 그리고 가져간 오이를 모조리 아이들에게 나눠주며 그 집 처녀가 소변 보는 곳을 자세히 물은 다음, 몰래 그 털을 거기다가 꽂아 놓았다. 처녀가 소변을 볼 때 털이 성기 안으로 들어갔다. 그 뒤부터 처녀가 입을 열어 말을 하면 아랫도리에서도 소리가 났다. 그로 인해 그 처녀는 병이 나게 되었고, 병을 고치지 못한 처녀의 부모는 고민으로 밤을 지새게 되었다. 그러자 그 사내가 그 이웃에 사는 사람을 찾아가서 이렇게 말했다.

"내가 그 병을 고칠 수 있습니다."

부자는 그 말을 믿을 수 없었지만 시험삼아 불러다 물어보기로 하였다. 그러자 그 사내가 이렇게 말했다.

"따님을 저한테 주시면 즉시 고쳐 드리겠습니다."

부자는 죽는 것보다는 낫다는 생각에 할 수 없이 그러겠다고 허락을 하였다. 그 사내는 그 털을 빼내고 그 처녀를 아내로 삼아서 의식(衣食)이 풍족하게 되었다.

또 한 번은, 그 털을 들고 산골짜기로 들어가 부잣집의 튼튼한 소 엉덩이에다 털을 꽂아 넣은 다음, 소를 끌고 와서 자기 소라고 우겼다. 그러자 소의 주인과 언쟁이 붙게 되었으며 마침내 관가(官家)에까지 가게 되었다. 그 사내가 말했다.

"제 소는 위아래로 소리를 냅니다."

그래서 소를 때려보았더니 과연 위아래에서 소 울음소리가 났다.

관가(官家)에서 그 사내에게 이런 판결문을 내렸다.

'요사(妖邪)스럽고 해괴하다. 도살을 해서 가죽을 벗기고 북을 만들도록 하라.'

그래서 가죽을 벗겨 북을 만들어서 쳤더니 관속(官屬)[1]들이 일제히 웅크리고 앉아 용두질을 시작하는 것이었다. 사또가 못하게 해도 소용이 없었다. 그 사내가 계단으로 올라가 다시 북을 치자 사또 또한 용두질을 쳤다. 그리고 그 사내가 나간 뒤에야 모두들 진정(鎭靜)을 하는 것이었다. 이상하게 생각한 사또는 그를 멀리 쫓아내고 말았다.

그 사내가 이번에는 절간을 찾아갔다. 북을 몇 번 울리자 중과 비구니들이 또한 일제히 손을 바쁘게 놀리며 머리에 쓴 고깔들이 모두 벗겨졌다. 때마침 감사(監司)가 순시차(巡視次) 절의 문간에 이르렀다. 그런데 중들이 한 놈도 나와서 맞이하질 않는 것이었다. 화가 치민 감사(監司) 일행이 들이닥쳤다. 그 사내는 그들을 향해서도 북을 쳤다. 그러자 관속(官屬)과 하인배(下人輩)들 또한 용두질을 시작했고 감사도 사인교(四人轎) 안에서 용두질을 쳤다. 북소리가 그치자 모두들 멈추었다. 감사는 매우 이상하게 생각해서 그 북을 빼앗아 갔다.

후에 병자호란이 일어났을 때 양군(兩軍) 진영(陣營)이 각각 반원(半圓)을 그리며 대치를 하게 되었다. 우리 측에서는 먼저 병사들에게 귀를 막게 한 다음, 그 북을 울렸다. 그러자 여러 되놈들이 무기

---

1 지방 관아의 아전과 하인을 통틀어 이르던 말.

를 내던지고 나란히 주저앉아서 용두질을 치며 교전(交戰)할 생각을 하지 않는 것이었다. 이 틈에 엄살(掩殺)[2]을 하여 큰 승리를 거두게 되었다. 그 덕분에 그 사내 또한 변장(邊將)[3]을 제수(除授)받았다고 한다.

이 이야기야말로 제동야인(齊東野人)들의 말[4]이라고 하겠지만 잠을 물리치는 방편이 될 수 있을 것 같아서 기록해둔다.

【원문】有一雇工 刈柴於山谷間 忽有老狐 見逐於砲手 乞憐於雇工 工藏置於 柴堆中 砲手追蹤而至 詰問 不得而去 狐百般致謝 因拔陰毛一莖 贈之曰 以此 報公 其人怒曰 剝汝之皮 可以作耳掩 煮汝之肉 可以充飢腸 豈不愈於一毛乎 狐笑曰 持此毛 揷於肛門則 可以卒富貴矣 其人第欲試之 往守苽田 夜深睡熟 而肛門有聲 遠曙叫號 偸兒盡棄所摘之苽而走 其漢拾取其苽 往尋長財家 俗 說 富者之稱 爲長財 盡給小兒輩 細問其家處女放溺之處 潛以其毛 揷置之 處 女放溺時 毛入陰戶 自是之後 開口出聲 自下亦應 其女成病而 其父母 不能治 日夜憂憫 其人語其隣人曰 吾能醫之 長者雖不信其言 第招問之 其人曰 願以 女許我 我當卽治 長者謂以猶勝於死也 不得已許之 其人拔其毛而妻焉 衣食 有餘 又將其毛 往山谷間 揷毛於富人健牛之肛而 牽來曰 己之牛也 牛主爭之 不已 至於官卞 其人曰 吾牛則 上下有聲 因以打牛 牛鳴果出上下 自官決給其 漢 以爲 妖異 命屠之剝皮作鼓 鼓聲一出 官隷輩一齊蹲坐 弄鳥 太守禁之不得 其人登堦鼓之 太守亦忙手弄鳥 其人出去 上下皆鎭定 太守怪之 遠逐之而已 其人走入山寺 鳴鼓數聲 僧尼又一時弄下 頭弁盡脫 適會監司巡到寺門 僧無

---

2 별안간 습격하여 죽이다.

3 변경(邊境)을 지키는 장수(將帥)로, 첨사(僉使), 만호(萬戶), 권관(權管)을 통틀어 이르는 말.

4 《孟子》萬章上에 나온다. '제(齊)나라 동쪽 시골 사람들의 말'이란 뜻으로, '근거 없는 말', 혹은 '믿을 수 없는 말'을 의미한다.

一人出迎 監司大怒馳入 其漢向前擊鼓 管屬下人 又坐弄鳥 監司亦於轎內弄鳥 鼓止亦止 心甚怪之 奪其鼓而去 後有防胡之役 兩陣對圓 先塞其士卒之耳而 擊其鼓 群胡抛棄軍器 列坐弄鳥 不遑交戰 因以掩殺 大成功名 其漢亦除邊將云 此眞齊東說而 可作罷睡之資 故記之

五十二. 신랑과 신부가 우는 이유

갓 시집온 여자아이가 새벽에 밖에 나와 턱을 괴고 훌쩍훌쩍 울고 있었다. 부모가 그 까닭을 물었더니 끝내 말을 하지 않는 것이었다. 할 수 없이 유모(乳母)를 시켜서 이리저리 달래서 물어보았더니 여자아이가 가만히 말하기를,

"신랑의 물건이 너무 커서 아파 견딜 수가 없어 우는 것이라"

고 했다.

며칠 후, 이번에는 신랑이 혼자 앉아서 울고 있었다. 유모가 그 까닭을 물었더니 신랑이 이렇게 말했다.

"너희집 아기씨가 행방(行房)을 할 때 내 엉덩이를 너무 세게 끌어당기는 바람에 손톱이 내 엉덩이에 파고 들어가서 너무 아파서 울고 있단다."

유모가 웃음을 머금고 물러나오면서 말했다.

"그게 바로 윤증(輪證)[1]이라는 거예요. 우실 것 없습니다."

---

1 미상. 혹시 '淪證(빠져드는 증상)'을 말함인가?

【원문】有一新嫁女 曉出 支頤涕泣 父母問其故 終不言 使其乳娘百搬勤問 則
其女抵聲言曰 新郎之物 甚大 痛不可堪 以是泣之 越數日 新郎 獨坐亦泣 乳
母問其故 新郎曰 汝娘子每於行房時 引臀太過 不覺瓜入臀 尖痛不可堪 以甚
泣之 乳母含笑而退曰 此是輪證也 何足泣也

五十三, 시간이 지날수록 작아진다

　　어떤 신부(新婦)가 신랑을 맞아들인 뒤 2, 3일이 지났다. 그런데 울면서 말을 하지 않는 것이었다. 부모가 그 이유를 물었더니 신부가 가만히 말하기를,

　　"신랑의 물건이 너무 커서 아파 견딜 수가 없어요. 그래서 우는 거예요."

라고 했다.

　　며칠이 지나자, 신부는 더 이상 울지도 않을 뿐더러 평소처럼 웃고 떠들고 했다. 그래서 그 어미가 물었다.

　　"오늘은 좀 어떠니?"

　　그러자 딸이 이렇게 대답했다.

　　"그 물건이 시간이 지나면 지날수록 작아지니, 참 이상도 하죠?"

【원문】有一新婦 延客後二三日 涕泣不言 父母問其故 低聲應曰 新郎之物 過大 痛不可堪 是以泣 過數日後 非但不泣 言笑自若 其母曰 今則 所痛何如 女曰 其物 愈久愈小 可怪可怪

五十四、원장(遠場)이 싫으면 오산장(汚山場)으로

한 소금장수가 수원(水原) 오산장(汚山場)[1]에서 가까운 어떤 마을의 바깥 대청에서 잠을 잤다. 밤이 이슥해진 뒤, 방사(房事)를 벌이기 시작한 주인 부부가 원장법(遠場法)을 행하다가 잘못해서 항문으로 들어가고 말았다. 아픔을 견디지 못한 그 처가 소리를 질렀다.

"원장(遠場)은 싫어요!"

그 소리에 잠에서 깨어난 소금장수가 이렇게 말했다.

"아주머니! 원장(遠場)이 싫으시면 가까운 오산장(汚山場)에 가보시지요."

이 말을 들은 주인은 몹시 부끄러웠다.

【원문】 有一鹽商 宿水原汚山場近村外廳 夜深後 主人夫妻 擧事 爲遠場法 懸脚突衝 誤入肛門 其妻痛甚 疾呼曰 勿爲遠場 勿爲遠場 聲頗出外 鹽商睡覺 徐謂曰 嫂氏 若厭遠場 則何不近就汚山場乎 主人大慙

---

1 오산(烏山)에서 선 재래시장을 말한다. 예전에 오산은 행정구역상 수원부(水原府)에 소속되어 있었다.

五十五. 원장법

전라감사(全羅監司) 부인이 부윤(府尹)[1]과 판관(判官)[2]의 처들과 내연(內宴)[3]을 크게 베풀어 함께 즐겁게 놀다가 어느덧 밤이 깊어졌다. 그러자 감사 부인이 이런 제안을 했다.

"타향에서 만나뵙게 되니 즐겁고 마음도 잘 맞습니다. 밤도 깊고 사람도 없고 하니 우리 서로 속엣말을 해보는 게 어떨까요?"

판관(判官) 처가 여러 번 머뭇거리다가 이렇게 말을 꺼냈다.

"저희 집 양반이 얼마 전에 반사(頒赦)[4] 차사원(差使員)[5]으로

---

1 지방 관아인 부(府)의 우두머리. 종2품 문관의 외관직으로 영흥부와 평양부, 의주부, 전주부, 경주부의 다섯 곳에 두었다.
2 지방 장관 밑에서 민정을 보좌하던 벼슬아치. 관찰부, 유수영 및 주요 주(州) · 부(府)의 소재지에 두었다.
3 여기서는 부인들만의 연회를 의미한다.
4 죄인들을 사면하는 교서를 반포하는 것. 가뭄이나 홍수와 같은 자연재해가 들거나 왕실의 어른이 질병에서 회복되었을 때 또는 원자 탄생, 세자 책봉, 국왕 등극 등의 경사가 있을 때 반사를 하는 경우가 많았다. 자연재해는 국왕의 부덕과 억울한 사람들의 한이 모여서 발생한다는 사고방식에서 임금의 부덕을 반성하고 억울한 사람들의 한을 푼다는 취지에서, 왕실의 경사는 국민과 함께 한다는 취지에서 반사를 행한 것이었다.
5 중요한 임무를 지워 파견하는 임시 관원. 조선 초기에는 오직 관찰사(觀察使)만이 수령(守令)을 차사원(差使員)으로 정하여 파견할 수 있었으나, 차츰 병마절도사(兵馬

도내(道內)를 한 바퀴 순행(巡行)하고 왔는데, 묘한 법을 새로 배워 와서 매일 밤 연습하고 있어요. 다른 집에서도 이런 일이 있는지 모르지만, 가는 명주로 만든 주머니로 두 다리를 들어 허리에다 묶고 한 자리쯤 물러 앉았다가 들입다 부딪치는 것을 원장법이라고들 하는데 그 맛이 황홀하기 그지없지요."

부윤(府尹)의 처는 깜짝 놀라서 얼굴이 잿빛으로 변하더니 이렇게 말했다.

"에구머니나! 항문 조심하셔야죠!"

감사 부인이 빙그레 웃으며 말했다.

"아무렴. 좋고 말고!"

대개 경험이 많아서 벌써 겪어보았다는 말이다.

【원문】 全羅監司夫人 與府尹判官之妻 大設內宴 終日團欒 仍爲夜話 監司夫人曰 他鄕相逢 歡喜款洽 夜深無人 吐盡情談 少勿隱諱 可乎 判官之妻 再三囁嚅而言曰 某之家翁 近以赦差員 周行一道 新學一妙法而來 每夜習之 未知他家亦有是事否 以細絹帒 擧兩脚 繫之於腰 退坐一坐許 突進直衝 謂之遠場法 恍惚不知其味矣 府尹之妻 瞿然變色曰 危哉危哉 肛門可畏 監司夫人微笑曰 快甚 快甚 盖老熟曾經故也

節度使)·수군절도사(水軍節度使)도 임의로 차사원을 차정(差定)하는 경우가 있었다. 차사원에는 점마차사원(點馬差使員)·반사차사원(頒赦差使員)·양전차사원(量田差使員)·약재차사원(藥材差使員)·조운차사원(漕運差使員)·전문차사원(箋文差使員)·승호차사원(陞戶差使員) 등 여러 종류가 있었는데, 점마차사원·반사차사원은 당하 조관(堂下朝官)이 임명되었다.

五十六. 건망증이 심하다는 건 무슨 말씀?

얼굴이 반반한 한 시골 여인이 있었는데, 젊은 나이에 과부가 된 뒤, 가끔씩 그 남편의 무덤가에 가서 통곡을 하며 슬픔을 이기지 못하곤 하였다.

하루는 어떤 소년이 그 앞을 지나치다가 불문곡직(不問曲直)하고 자신도 무덤 앞에 앉더니 목을 놓아 우는 것이었다. 이상하게 생각한 여인이 "왜 그러냐"고 물었더니 소년이 이렇게 대답했다.

"우리 처도 죽은 지 얼마 안 되는데, 마침 여길 지나치다 아주머니의 불쌍한 모습을 보고 슬픈 울음소리를 듣고 있자니 저도 모르게 울음이 터져 나오네요."

여인도 남편을 여의게 된 사유를 밝히며 계속 통곡을 하였다. 그러자 소년이 더욱 큰 소리로 통곡을 하면서 말했다.

"우리 마누라는 살아 있을 때 늘 자신의 손가락이 짧은 것을 한탄하고 내가 건망증이 심한 것을 꾸짖곤 했답니다. 우리 마누라 같은 사람을 어디서 다시 얻을 수 있을는지요?"

이러면서 통곡을 하고 또 통곡을 했다. 그 여자가 물었다.

"손가락이 짧다니요. 그게 대체 무슨 말인가요?"

"부끄러워서 차마 말을 못하겠네요."

여인이 계속해서 묻자 소년이 이렇게 대답했다.

"우리 마누라는 내 물건 쥐는 걸 좋아했었는데 그 물건이 너무 커서 손가락이 돌아가질 않자 늘 손가락이 짧은 걸 한탄하곤 했었지요."

여인이 또 물었다.

"건망증이 심하다는 건 또 무슨 말인가요?"

"제가 양기(陽氣)가 너무 좋아 매일 밤 방사(房事)를 할 때면, 하고 나서 또 하고 또 하곤 했답니다. 그러다가 마누라가, '방금 했는데 왜 또 하느냐'고 물으면, 내가 늘 하는 말이, '까먹었다'고 하곤 했지요."

그러면서 또다시 크게 통곡을 했다.

그 말을 듣고 춘정이 발동한 그 여인이 기지개를 켜고 일어서며 말했다.

"듣고 보니, 한 사람은 젊은 나이에 아내를 여의었고, 또 한 사람은 젊은 나이에 남편을 여의었으니 서로 처지가 비슷하네요. 아득한 저 저승에까지 통곡소리가 들릴 리도 만무한데 울면 뭘 하겠습니까? 당신을 따라가도 되겠어요?"

"서로 생각도 같고 한데, 까짓것 그럽시다."

두 사람은 가벼운 패물을 꾸려서 어딘가로 사라지고 말았다.

대개 소년이 처를 여의었다고 한 말은 사실이 아니었다.

【원문】有一村女 頗有姿色而早寡 時時往哭於其夫墓旁 不勝悲哀 有一少年
經過其前 不問曲折 亦坐墳前 失聲大哭 女怪而問之 少年答曰 某妻新亡 恒切
悲懷 今適過此 見嫂戚容 聞嫂哀哭 不覺發哭也 女亦言喪夫之由 哭之不已 少
年尤大哭曰 吾妻在時 每恨渠手之指短 又責我健忘之甚矣 如妻之人 何處更
得 哭而又哭 其女問曰 指短何謂也 少年曰 羞愧難言也 女强問之 對曰 吾物
甚大 妻愛握而 手指未周 故常恨指短矣 女又問曰 健忘何謂也 少年曰 吾陽氣
太盛 每夜行房 爲而復爲 妻曰 纔罷而復爲 何也 余答曰 健忘前事也 因又大
哭 其女聞其言 春情忽發 欠伸起立曰 彼此同懷也 年少喪耦 子哭其妻 我哭其
夫而 冥漠重泉 哭聲不聞 哀號無益 與子同歸 可乎 少年曰 心事旣同 居無妨
因與之歸 裝束輕寶 不知所向 蓋少年非眞哭妻也

五十七、여긴 천안참(天安站)올시다

안성 땅에 한 과부(寡婦)가 있었는데 자신의 신세를 비관(悲觀)하여 산속에 들어가 머리를 깎고 중이 되고자 하였다. 그녀는 가는 도중에 겁간당할 것에 대비해서 평발(平髮)한 사내아이처럼 남장(男裝)을 하고 길을 떠났다. 천안(天安)쯤 와서 날이 저물자, 주막(酒幕)에서 묵어가게 되었는데 어떤 중과 같은 방에 들게 되었다.

밤이 깊어 주위가 고요한데, 중이 배충(北衝)을 하자고 조르며 꼭 끌어안는 것이었다. 체력이 약한 과부의 몸으로 그를 당해낼 재간도 없었을 뿐더러, 또 가만히 생각을 해보니, 이미 남자처럼 행세를 해왔는데 이제 와서 소리를 내봤자 아무런 소득도 없을 것 같아, 차라리 그럴 바엔 조금 양보를 해서 정체가 탄로나지 않게 하느니만 못하단 생각이 들었다. 그래서 하자는 대로 내버려두기로 했다.

뒤에서 진퇴(進退)를 거듭하던 그 중은 천만 뜻밖에도 그만 요처(要處)에 넣고 말았다. 중은 너무 즐거운 나머지 저도 모르게 이렇게 소리를 질렀다.

"여기가 대체 어디냐!"

그때 마침, 별성(別星)¹의 행차(行次)²가 있어서 문밖에서 자고 있던 지공자(支供者)³가 깜짝 놀라 일어나더니 재빨리 이렇게 대답하였다.

"여기는 천안참(天安站)⁴올시다."

그러자 주막 사람들이 모두 일어나서 웅성거리기 시작했다.

자신들의 일이 탄로날 걸 두려워한 중과 과부는 함께 어디론가 줄행랑을 놓고 말았다.

【원문】安城地 有一寡女 不勝悲懷 欲入山中削髮爲尼 着男服 作平髮兒童樣 欲免中道强劫之患 行到天安 日暮入店幕 有一過僧 同入一房 夜深人寂 僧固請北衝 抱持甚緊 寡女體弱力少 不能抵敵 且念旣變本色則 作聲無益 寧欲少許而掩迹 仍從之 其僧向後衝突 進退之際 直入當處 乃千萬意外也 大樂之 不覺失聲呼曰 此何處耶 適有別星行次 支站者宿於門外 驚覺疾對曰 此是天安站也 店人皆起 騷擾 僧與女 恐其綻露 仍與逃走 不知所向

---

1 중앙 정부에서 지방에 파견하는 대소 관원을 두루 일컫는다.
2 웃어른이 차리고 나서서 길을 가다. 또는 그때 이루는 대열.
3 음식 따위를 대접하여 받드는 사람.
4 참(站)이란, 관원이 공무로 다닐 때에 숙식을 제공하고 빈객(賓客)을 접대하기 위하여 각 주(州)와 현(縣)에 둔 객사(客舍)를 말한다.

五十八, 녹말묵 찌꺼기를 봐라

행길가 막한(幕漢)[1]의 처(妻)들 가운데는 간간이 간작(間作)[2]을 행하여 토색(討索)[3]을 하는 여자들이 있는데, 그 남편들이 그것을 유리하게 생각하여 모른 척하곤 한다.

어떤 상제(喪制)[4]가 날이 저물어서 주막집에 들었다. 한 중이 방에 먼저 들어 있음을 본 하인배들이 중을 쫓아내려고 하자 그 주인이,

"그냥 둬라. 중도 길손이니라. 중과 만나서 밤 얘기를 나누는 것도 나쁘지 않으리라."

라고 하면서 중과 함께 잠을 잤다.

한밤중 잠에 곯아 떨어졌을 때 몰래 상제(喪制)의 두건(頭巾)[5]을 뒤집어쓴 그 중은, 주인집 처(妻)가 자는 침소(寢所)로 숨어들어서

---

1 예전에 주막집에서 일을 보는 사내를 이르던 말.
2 사이짓기. 한 농작물을 심은 이랑 사이에 다른 농작물을 심어 가꾸는 일.
3 돈이나 물건 따위를 억지로 달라고 하다.
4 부모나 조부모가 세상을 떠나서 거상 중에 있는 사람.
5 상중에 남자 상제나 어른이 된 복인이 머리에 쓰는 것. 베로 위는 막고 밑은 네모가 지게 만들었다.

실컷 즐긴 다음, 그 두건(頭巾)을 그녀의 머리맡에 두고 나왔다. 그리고 닭이 울기가 무섭게 먼저 일어나서 가버렸다.

상제(喪制)는 아침에 일찍 일어나서 두건(頭巾)을 찾았다. 그런데 어디로 갔는지 보이질 않는 것이었다. 방 구석구석을 다 뒤져보고 있는데 그 여자가 벽 너머에 누워 있다가 이렇게 말하는 것이었다.

"두건(頭巾) 여기 있어요."

그러자 상제(喪制)가 이렇게 말했다.

"어째서 거기 있지?"

"두건(頭巾) 임자도 모르는 걸 내 어찌 알겠소? 그렇게 의뭉스럽게 군다고 행적이 감춰질까?"

이상하게 생각한 상제(喪制)가 그 까닭을 물었더니 여자가 이렇게 대답했다.

"밤중에 예의에 어긋난 짓을 한 뒤, 두건(頭巾)을 여기다 팽개쳐 두고 갔으면서 천연덕스럽게 모른 척하면 되겠소?"

이렇게 되자 상제(喪制)는 더 이상 변명을 해볼 도리가 없었다.

문득 그의 하인이 꾀가 많다는 사실이 생각난 그는 하인을 불러서 가만히 물어보았다.

"어찌하면 좋겠느냐?"

하인은 한동안 말이 없다가 이렇게 물었다.

"주인 어른, 혹시 요 근래에 내방(內房)에 드신 적이 있으신가요?"

"아니, 없다."

"그러면 방법이 하나 있습니다. 아랫 물건을 내보이시게 되면 틀림없이 때가 묻어 있을 겁니다. 그렇게 되면 밤에 일을 치르지 않았다는 사실을 증명할 수 있지 않을까요?"

그럴 듯한 생각이 든 상제(喪制)는 구석에 가서 살짝 살펴보았다. 그러나 때가 묻어 있지 않은 것이었다. 그래서 다시 하인에게 물어보았다.

"때가 없는데 어떡하면 좋으냐?"

하인은 다시 한참을 생각하더니 이렇게 말하였다.

"좋은 수가 있습니다. 녹말묵[6] 집에 가서 녹말묵 찌꺼기를 얻어다가 바르면 됩니다. 그러면 틀림없이 그것의 때처럼 보일 겁니다. 남의 아랫도리를 자세히 살펴보는 사람이 세상에 어디 있겠어요?"

상제(喪制)는 하인이 낸 꾀대로 녹말묵의 찌꺼기를 바른 뒤 마르기를 기다려서 밖으로 나갔다. 그러자 그 여자가 또다시 시비를 붙으려고 했다. 화가 머리끝까지 치민 상제(喪制)는 저도 모르게 큰 소리로 곧이곧대로 이렇게 말하고 말았다.

"자, 이 물건에 묻어 있는 녹말묵 찌꺼기를 보란 말이다!"

그러자 거기 모여 있던 사람들은 모두 깔깔깔 웃음을 터뜨리고, 여자는 두건(頭巾)을 그의 앞에다 집어던지면서 그의 두 뺨을 후려갈겼다.

상제(喪制)는 너무 부끄러운 나머지 지니고 있던 노잣돈을 다 준 뒤 도망치듯이 떠나고 말았다.

---

6 녹두묵의 하나. 녹두의 녹말로 쑨 묵으로 백묵과 노랑묵이 있다.

【원문】沿路幕漢之妻 間間有行間討索之女 而其夫利之 陽若不知者然 有一喪制 暮入店舍 一過僧 先入在房 僕輩欲逐之 其主曰 置之 僧亦行客 逢僧夜話 亦無妨矣 仍與同宿 方夜熟睡之際 其僧暗着喪者孝巾 潛入主人妻寢所 盡意行樂 置其頭巾於其女枕邊而出 鷄鳴先起而去 喪制早起 欲行頭巾 不知去處 遍索一房 其女隔壁而臥 徐謂曰 頭巾在此 喪者曰 何故在彼 其女曰 巾主不知 吾何知也 如是陰凶則 可以掩迹乎 喪者怪問之 女曰 暮夜行無禮之事 棄其孝巾而去 天然若不知者然耶 喪者無辭發明 素知其僕多謀 招而暗問曰 何以則明白乎 僕佇立良久曰 主公近日或入內房乎 曰否 然則 有一計 出示下物則 必有垢穢者 夜無行事 可以明之矣 喪者然之 暗處試看則 無垢着(?)痕 又問於僕曰 無垢奈何 僕又黙思久之曰 有一妙計 當往靑泡家 得其滓塗之 則與其垢無異 且誰能詳視人下物乎 喪者從其計 塗之 待乾出坐 其女又將起鬧 喪者憤急 不覺直吐大言曰 看此下物靑泡滓 衆皆大笑 其女投其巾於前 左右批頰 喪者赧然慙愧 盡給其行資而去

五十九. 네 것이 내 것보다 더 크다

호남(湖南)에 김(金) 비장(裨將)[1]이란 자가 있었다. 그는 자신이 무인(武人)임을 자시(自恃)[2]하여 평소에 걸핏하면 권변(權變)[3]을 쓰곤 했다.

한번은 길을 가다가 길을 잃고 한 주막집에 들르게 되었다. 그런데 그 집 막한(幕漢)의 처가 가위(可謂) 촌구석의 귀물(貴物)이라고 일컬어도 손색이 없을 만큼 용모가 예쁜 것이었다. 불현듯 건드리고 싶은 생각이 든 김(金)은 그녀에게 가끔씩 눈짓을 해보였다. 그러자 여자 또한 그의 뜻을 짐작하였다.

밤이 되어 다들 자는 시간이 되었다. 그러나 방이 하나밖에 없어 손님과 주인이 한 방에서 같이 섞여서 자게 되었다. 게다가 내외(內外)[4]의 분별(分別)조차 없어서 손님은 아래쪽에 눕고, 주인되는 사내는 위쪽에 누웠으며, 그 여자는 두 남자들 틈에 누워서 잠을 잤다.

---

1 감사(監司)·유수(留守)·병사(兵使)·수사(水使)·견외 사신(使臣)을 따라다니며 일을 돕던 무관 벼슬. 늑막객·막료.
2 자기 자신의 능력이나 가치를 믿다.
3 때와 형편에 따라 둘러대어 일을 처리하는 수단.
4 남의 남녀 사이에 서로 얼굴을 마주 대하지 않고 피하다.

그럼에도 그 남편은 그런 걸 별로 이상하게도 생각하지 않는 눈치였다. 손님인 김(金)은 내심 일이 잘 풀리게 된 것을 기뻐했다.

밤에 깊이 잠든 틈을 타서 김(金)이 몰래 손으로 그 여자의 아래쪽을 더듬었다. 그런데 뜻밖에도 남자의 거대한 성기(性器)가 우뚝 솟아 있는 것이었다. 화들짝 놀란 김(金)은 그제서야 속임수에 빠진 줄을 깨닫고,

"네 아랫 물건이 내 것보다 더 크구나."

라고 말하면서 천연덕스럽게 돌아누웠다.

그러자 주인이 그 처를 불러 일으키더니 이렇게 말했다.

"불을 켜고 술 좀 데워 오너라."

그런 후 김(金)을 흔들어 깨웠다.

"행차(行次)! 아직 주무십니까?"

김(金)이 잠이 덜 깬 것처럼 하면서 말했다.

"지금 막 일어났네."

"그러면 잠시 일어나 술 한 잔 하시지요."

김(金)은 영문도 모른 채 그러자고 했다. 그러자 주인이 여자를 시켜 술을 치게 한 뒤 먼저 한 잔을 마셨다. 그런 뒤 김(金)에게도 술을 한 잔 권하면서 다가와 앉으며 이렇게 말했다.

"전 상놈이 아닙니다. 이 산골짜기에서 딱히 생계를 이을 만한 것도 없고 해서 첩을 얻어 술을 팔면서 살고 있지요. 이 계집이 좀 반반하게 생기다 보니 지나가던 길손 중에 집적대는 놈들이 많습니다. 그래서 매번 한 방에서 잠을 같이 잔 다음, 모두 깊이 잠에 빠진 틈을

타서 계집과 자리를 바꿔치기했지요. 그러다가 길손이 오인(誤認)해서 수작을 걸어오면 "이렇게 무례할 수가 있느냐"고 큰 소리로 꾸짖었습니다. 그러면 길손들은 으레 부끄러워서 사죄를 한 뒤 더러는 재물도 주고 하는지라 이제는 이것이 습관이 돼 버렸답니다. '네 물건이 내 물건보다 크다'고 말함으로써 순간적으로 권변(權變)을 쓰는, 이런 것이야말로 진정한 사내대장부올시다. 그런데 사내대장부가 아녀자에게 뜻을 두었으면서도 끝내 무료(無聊)함을 면할 수 없다면 되겠습니까? 난 이제 떠날 테니 이 계집과 함께 자도록 하십시오."

그는 그 여자를 돌아다보면서 다시 이렇게 말했다.

"장부(丈夫)를 잘 모시도록 해라. 난 그만 너와 작별을 해야겠다."

그러자 김(金)이 말했다.

"그렇지 않네. 애초에 자네와 내가 아직 서로 알지 못할 때라면야 불의(不義)한 마음도 생길 수가 있는 것이겠지. 하지만 이젠 우린 서로 술잔을 교환하며 오랜 친구 같은 사이가 됐지 않나? 친구 사이에 어찌 첩을 뺏을 수가 있단 말인가."

주인이 말했다.

"그도 그렇구먼. 내가 또 실례를 했소이다."

두 사람은 다시 술을 가져오게 해서 술잔을 권커니 자커니 하면서 밤새워 이야기를 나누다가 헤어졌다.

【원문】 湖南 有金裨將 自是武人 素多權變 作行失路 入一店幕 幕漢之妻 頗
有容色 可謂山中貴物也 金欲狎之 時時目成則 女亦領會其意 方夜就寢時 房
有一間而已 主客幷寢 無內外之別 客臥於下邊 主漢臥於上邊 其女臥於兩男
之間而 其夫不爲怪 客心暗喜事必順成矣 夜深睡熟 潛潛擧手撫其女下體則
鳥大如柱 客大驚其中計 乃言曰 爾之下物 大於我物矣 天然麟臥 主人呼其妻
謂曰 引燈煖酒而來 主人搖客曰 行次未覺耶 客佯作半睡而微應曰 始覺矣 然
則 少起執盃何如 客不知其何意思而 但云好矣 主人 使其女進一盃 渠自先飮
又進一盃於客 促膝危坐曰 我非常漢 居在峽中 生活無計 卜妾賣酒久矣 此女
果非麤物 過客多有有意者 故每於一房共處 多共睡深 與女易臥 行客誤認戲
接之際 我乃厲聲叱之 不得無禮如是矣 行客慙愧 謝罪 或以物賂之 以此行習
矣 今此爾物大於我物之說 倉卒權變 眞是好男兒也 男兒有意於兒女輩 而竟
未免無聊可乎 吾則 從此去矣 與此女同枕可也 顧謂其女曰 善事丈夫 吾則 與
汝別矣 客曰 不然 當初 吾與君不知之時 或生不義之心 而到今把酒相看 便是
知舊 焉有爲知舊而汚其妾御者乎 主人曰 然矣 然矣 吾又失體也 仍又呼酒更
酌 終夜談話而散

六十. 시간 나면 한번 찾아오게

참판(參判)[1] 홍기섭(洪起燮)[2]은 서울의 이름난 집안 자손으로, 젊은 시절에 방탕했다.

하루는 어떤 이름난 기생집에 가서 서로 끌어안고 즐기고 있는데, 그 남편이 밖에 나갔다가 들어와 계집을 부르면서 문을 열라고 하는 것이었다. 그러자 기생이 깜짝 놀라면서 이렇게 말했다.

"첩(妾)의 남편은 대전별감(大殿別監)[3]인데, 성질이 포악해서 지금 붙들리게 되면 공(公)도 다치고 첩(妾)도 맞아 죽을 게 불을 보듯 뻔합니다."

그녀는 부들부들 떨면서 어찌할 줄을 모르다가 어쩔 수 없이 문

---

1 '국립도서관본'에는 '參判'이라고 되어 있으나 '고려대본'에는 '參'이라고만 되어 있다. '參奉'이 아닌가 추측된다.

2 누군지 자세하지 아니하다. 순조 때 이조참의, 대사간, 대사성, 형조판서, 예조판서 등을 지냈던 홍기섭(洪起燮, 1776~1831년)이란 인물이 있기는 하지만, 본서(本書)에서 '참판(參判)'이라고 한 것과 서로 맞지 않는다. 그러므로 순조 때의 홍기섭과 본서(本書)에서 언급된 홍기섭은 동명이인(同名異人)일 가능성이 크다고 보인다.

3 액정서(掖庭署)에 딸린 하인의 하나. 임금이나 세자가 행차(行次)할 때 호위하는 일을 하였으며, 대전 별감·중궁전 별감·세자궁(世子宮) 별감·처소(處所) 별감(別監)의 구별(區別)이 있었다.

을 열어주었다.

그 남편이 성큼성큼 들어오자, 홍(洪)은 얼른 일어나서 의복을 여미고 모자를 쓴 뒤, 단정히 앉아 이렇게 물었다.

"자네가 주인인가?"

의외의 말을 듣게 된 별감(別監)은 기가 막히다는 듯이 여자를 돌아보며 물었다.

"저 사람 대체 누구냐?"

그 말을 받아 홍(洪)이 이렇게 대답했다.

"나는 홍(洪) 아무개라는 사람이네. 저 계집과 옛날에 좀 알고 지낸 처지라 찾아온 걸세. 자넨 못 믿을지 모르지만 사실은 내가 본 남편이지. 하지만 지금은 자네가 솔축(率蓄)[4]하고 있으니 자네가 진짜 남편이구먼. 서로 안면(顔面)이 없었을 때야 예쁜 꽃을 찾아다니는 미친 마음 따위가 뭐 어떨까마는, 이젠 서로 통성명(通姓名)도 했고 아는 처지가 됐으니 앞으로는 찾아오지 않도록 함세. 자네도 언제 한 번 날 찾아오게나."

그러면서 서서히 일어나 나가버렸다.

별감(別監)은 분부를 거역하기 어려워서 얼마 후 곧바로 그를 방문하였다.

---

4 예전에 여자 종을 첩으로 맞아 동거하던 일.

【원문】 洪參判起燮 長安名族 少時放蕩 往一名妓家 抱臥方歡 其夫自外而來
呼女開門 女大驚曰 妾夫卽抪前別監也 性本悍惡 今至捕捉 公必遇害 妾亦難
免拳頭之魂矣 戰慄不知攸措 不得已開門則 其夫大踏而進 洪卽起 攝衣着冠
端坐而問曰 君主人耶 別監聞其言出其慮外 反欲無言 顧謂其女曰 彼誰也 洪
自對曰 吾卽洪某也 與彼女有舊情 故來此 君必疑之 而其實我是本夫 然君今
率畜 則君是正夫也 彼此不知之前 探花狂心 容或無怪 今旣通名識面 則便是
知舊 吾必不更來 君亦訪我 可也 仍徐起緩步而去 別監不敢犯手 後卽往訪

六十一、거수(居水)가 거산(居山)보다 낫다

여로(汝老) 이수만(李壽曼)[1]이 함경(咸鏡) 도사(都事)[2]로 있을 적에, 거산(居山)[3] 찰방(察訪)[4]도 백일장(白日場)[5] 시관(試官)의 자격으로 역시 참석을 했다.

---

1 이수만 [李壽曼, 1630~?]: 자(字)는 여로(汝老). 1665년 현종 6년 별시 병과(丙科) 9 인으로 급제하였으며 부사(府使)와 통정(通政) 벼슬을 지냈다.

2 감사(監司) 다음가는 벼슬로 지금의 부지사(副知事)와 같으며 지방관리의 비행(非行) 을 감찰(監察)하고 과시(科試)를 맡아보았다.

3 함경도 일부 지역의 역로(驛路) 및 역(驛) 관할의 최고 책임자인 찰방(察訪)이 주재한 북청(北靑)의 거산역(居山驛)을 의미한다.

4 참역(站驛)의 역마(驛馬)·역민(驛民)·사신 접대 등을 위하여 파견된 지방관의 하나. 종6품 외직(外職) 문관의 벼슬. 이들의 숫자는 대략 경기도에 6인, 충청도에 5인, 경상 도에 11인, 전라도에 6인, 황해도에 3인, 강원도에 4인, 평안도에 2인이었다. 이들의 구실은 역정(驛政)의 장(長)으로서 역의 운영을 위한 여러 가지 일뿐만 아니라 함길 도 등의 북방 지역에서는 국경 부근의 군사지의 역촌인 합배(合排) 등을 순행하는 부 방(赴防)의 일과 수령의 포폄 및 민생의 질고를 살피는 등의 일을 수행하기도 하여 사 신(使臣)으로서의 성격을 띠기도 하였다.

5 조선시대에 지방 문교진흥책의 하나로 유생(儒生)들을 모아 시문(詩文)으로써 시험 한 일. 각 지방 관청의 수령(守令) 주재하에 관할구역의 유생을 대상으로 시제(試題) 를 내걸고, 즉석에서 시문을 짓게 하여 장원(壯元)을 뽑아 연회를 베풀고 상을 주었 다. 벼슬길과는 관계가 없는 백일장은 과거 낙방생과 과거 지망생의 명예욕을 충족시 켜 주는 것이기도 해서 지방에서 성행하였다.

이튿날 아침 함흥(咸興) 판관(判官)⁶ 계상(季常) 권시경(權是經)⁷이 기생 하나를 붙잡아다 중형(重刑)에 처하려고 하였다. 그것을 이상하게 생각한 여로(汝老)가 그 까닭을 물었더니 고을 사또가 이렇게 말했다.

"어젯밤에 이 계집더러 거산(居山)의 잠자리 시중을 들게 했더니, 밤새도록 거부를 했다지 뭐요. 그래서 단단히 혼을 내주려고 하는 것이오."

그러자 여로(汝老)가 말했다.

"술객(術客)⁸과 잠자리를 같이 했거나 정(定)해진 남편이 있어서 함께 살고 있는 창녀(娼女)들에게는 종종 그런 일들이 많지요."

"이 기생년은 평소에 음탕하기로 유명해서, 수자(水者)⁹와도 함께 잠을 잔 년이랍니다."

---

6 지방 장관 밑에서 민정을 보좌하던 벼슬아치.
7 권시경〔權是經, 1625~1708년〕: 본관(本貫)은 안동(安東). 자(字)는 계상(季常). 호(號)는 칠휴(七休). 시호(諡號)는 정간(靖簡). 음보(蔭補)로 함흥판관(咸興判官)이 되고, 1675년(숙종 1년) 증광문과에 병과(丙科)로 급제하였다. 장령(掌令)·집의(執義)를 거쳐 1682년에는 경상도관찰사가 되었다. 그 뒤 승지, 함경도관찰사를 거쳐 대사간·도승지·한성부좌윤·형조판서·예조판서 직을 역임하였으며 벼슬이 돈령부판사(敦寧府判事)에 이르렀다.
8 신선·도사의 기술과 재간(의술·점성·점 따위)을 가진 사람.
9 본래는 유랑 천민의 일종으로서 양수척(楊水尺)을 말하나 여기서는 백정(白丁)을 말한다. 수척(水尺)·무자리라고도 한다. 양수척은 백제(百濟)의 유종(遺種)으로 본래 관적(貫籍)과 부역(賦役)도 없고, 즐겨 수초(水草)를 따라 옮겨 사는 것이 무상하여 오직 사냥·도우(屠牛)·유기(柳器)를 엮어 파는 것을 업으로 삼았으며, 대개 기녀(妓女)의 종족은 본래 유기장(柳器匠)의 집에서 나왔다고 한다. 양수척은 고려 말에는 화척(禾尺), 조선 세종 5년(1423년) 10월에는 재인(才人)과 함께 백정(白丁)이라 개칭했다.

여로(汝老)가 말했다.

"그렇다면 더더군다나 거산(居山)을 받드는 소임을 주시면 안 되지요! 그대는 '자언(自言)하시되, 거수(居水)가 거산(居山)보다도 더 낫다'[10]라는 말도 못 들어보셨습니까?"

그러자 좌중에 있던 사람들이 모두 크게 웃음을 터뜨렸다.

【원문】 李壽曼汝老爲咸鏡都事時 居山察訪 以白日場試官 亦來會 翌朝 本府判官權是經季常 捉致一妓 將施重刑 汝老見而怪問之 主倅曰 前宵 使此女薦枕於居山矣 終夜拒逆 不可不治 汝老曰 雖娼女 或有術客之所眄者 或有定夫而居生者 則多有如是者矣 倅曰 此妓素稱淫蕩 乃臥水者也 汝老曰 然則 必不爲居山差備矣 君不聞自言居水勝居山耶 滿座大噱

---

10 '자언(自言, 본인이 가라사대)'이란 말은 '자왈(子曰, 공자 가라사대)'이란 말을 패러디한 말이고, '거수(居水, 물에 있는 것)가 거산(居山, 산에 있는 것)보다도 더 낫다'는 말은, '수자(水者)와 함께 자는 것이 거산(居山)과 자는 것보다 더 낫다'는 뜻이다.

六十二. 땔나무감 부족할 때 마누라 갖다주려구?

　이여로(李汝老)의 아랫도리는 엄청 컸다. 여로(汝老)가 밖에서 친구들과 함께 자면서 동접(同接)[1]을 할 때, 한 친구가 이렇게 말했다.

　"자넨 병인(病人)이야. 자네와 함께 잠을 잤다간 아마 죽고 말 거야. 왜 치료를 하지 않나?"

　여로(汝老)가 말했다.

　"나도 고민일세. 어떻게 하면 고칠 수 있을까?"

　"그거야 누워서 떡 먹기지. 술이 떡이 되게 마신 후 소주(燒酒)를 게우며 인사불성(人事不省)이 됐을 때, 그 물건이 막대기처럼 꼿꼿하게 서기를 기다려서, 미리 대기시켜 놓은 능숙한 목수(木手)에게, 자귀[2]를 날카롭게 갈아 살살 다듬어서 작지도 크지도 않게 다듬어 놓게 하면, 방사(房事)할 때 엄청 편할 걸세."

　말이 채 끝나기가 무섭게 여로(汝老)가 이렇게 대답했다.

1　같은 곳에서 함께 공부하다. 또는 그러한 사람.
2　나무를 깎아 다듬는 연장의 하나.

"요새 듣자 하니, 자네 집에 땔나무가 부족해서 조석(朝夕)으로 밥을 날라다 준다고들 하던데……. 왜 땔나무감 부족할 때 내 나무밥³을 자네 마누라 갖다주려구?"

크게 낭패를 당한 친구들은 다시는 말을 붙이지 못하고 말았다.

【원문】李汝老下物過大 與其儕友出接同寢 友人曰 君卽病身也 必致殺人 何不治之 汝老曰 果是苦憫 豈可治之 友人曰 至易也 泥醉還燒酒不省人事時 虛陽大動 撑立如木强 預爲分付於善手木手 鍊磨小斤極其銛利 輕輕轍去 使之不大不小 則豈不便於房事乎 汝老應聲對曰 近見 君家乏柴 朝夕傳食 每多失時 欲得我木屑 送于嫂氏耶 諸友大敗 不復言

六十三. 내 힘이 심대재(甚大哉)라

여러 번 상처(喪妻)를 당한 경험이 있는 여로(汝老)가 또다시 복성(卜姓)[1]할 계획을 세우고 있는데, 창동(倉洞) 사는 이 진사(李進士)에게 서매(庶妹)[2]가 있다는 소식이 들려왔다. 이(李)에게 자매(自媒)[3]를 하자 이(李)가 허락을 해주었다.

혼인날이 가까워졌을 때, 이(李)의 친구인 대재(大哉) 심집(沈楫)[4]이 소문을 듣고 이(李)에게 이렇게 말했다.

"여로(汝老)는 여차여차한 병이 있어서 여러 번 상처(喪妻)를 당한 사람일세. 자네 그것도 모르고 혼인을 승낙했나?"

이 말에 깜짝 놀란 이(李)는 곧바로 퇴혼(退婚)을 하고 말았다.

그 뒤 여로(汝老)가 어떤 친구들의 모임에 갔을 때였다. 마침 심

---

1 첩을 얻을 때 동성(同姓)을 피하여 고르다.
2 아버지의 첩(妾)이 낳은 여동생.
3 중매(中媒)를 거치지 아니하고 스스로 배우자를 구하다.
4 심집〔沈楫, ?~?〕: 자세하지 않다. 다만 숙종 7년(1681년)에 전주 판관(全州判官)으로 있으면서 탐관오리로 사헌부의 탄핵을 받은 사실이 있으며, 광주 경력(廣州經歷)으로 있던 숙종 12년(1686년)에 수령 시절 아첨한 경력으로 말미암아서 집의(執義) 이이명(李頤命)의 논핵(論劾)을 받아 파직된 사실이 있다. 그의 아들 심상정(沈尙鼎, 1680~1721년)은 1710년에 급제했다.

대재(沈大哉)도 거기 와 있었는데, 좌중에 있던 친구들이 여로(汝老)에게 이렇게 물었다.

"이 진사(李進士)네 집과 약혼(約婚)한다고 하더니 대체 왜 깨졌나?"

여로(汝老)가 말했다.

"어떤 고얀 놈이 '내 힘이 심대재(甚大哉)[5]'라고 그 집에다가 고자질을 하는 바람에, 그 집에서 결혼을 취소시켜 버렸다네."

'심(沈)'과 '심(甚)'의 음(音)이 같으므로 그렇게 말한 것이다.

좌중에 있던 사람들이 뱃살을 움켜쥐었다.

【원문】汝老屢喪耦 又生卜姓之計 聞倉洞李進士有庶妹 自媒於李 李許之 婚日將迫 李之友沈大哉椙聞之 謂李曰 汝老有如此如此之病 屢經喪耦 君不知而許婚耶 李大驚 卽地退婚 其後 汝老往一親舊會集 沈大哉亦與焉 座中有問於汝老曰 君約婚於李進士家云矣 何以不諧 汝老曰 有一怪惡之物 間言於彼家曰 吾力甚大哉 彼家以此却婚矣 沈與甚音相似 座中絶倒

---

5 '엄청 세다'는 뜻.

六十四, 기왈소보지재(豈曰少補之哉)

도심(道深) 송광연(宋光淵)[1]의 그 물건은 크고 굵었다. 그 친구 정(鄭)이 그와 함께 잠을 잘 때, 그 물건을 손으로 잡으면서 이렇게 탄식했다.

"이런 물건만 있다면 아들 낳는 일쯤은 걱정할 필요도 없겠구면!"

그 뒤 과거에 급제한 정(鄭)이 괴원(槐院)[2]에서 면신(免新)[3]할 때, '정(鄭) 아무개의 처(妻)가 송(宋)의 그 물건을 빌려서 아들을 낳자고 하자, 환수자(換手者)[4]가 양두(兩頭)[5]의 허실(虛實)을 판별하

---

1 송광연 [宋光淵, 1638~1695년]: 본관(本貫)은 여산(礪山), 자(字)는 도심(道深), 호
  (號)는 범허정(泛虛亭). 1654년(효종 5년) 진사에 오르고, 1666년(현종 7년) 별시문과(別
  試文科)에 병과(丙科)로 급제, 주서(注書)·전적(典籍)·정언(正言)을 거쳐 지평(持平)
  이 되었다. 1680년 경신대출척(庚申大黜陟) 직후 부수찬(副修撰)이 되어 전국의 유생
  들을 이끌고 이이(李珥)·성혼(成渾)의 문묘종사(文廟從祀)를 상소했다. 1684년 승지
  를 지내다가 권신의 탄압으로 춘천부사로 좌천, 후에 진주목사·형조참의·개성부 유
  수·이조참판 등을 역임했다.
2 외교에 대한 문서를 맡아보던 관아로 승문원(承文院)을 말한다.
3 새로 부임한 관원이 선임자들을 청하여 음식을 대접하던 일.
4 그날 일에 서로 바꾸어 일하게 된 자.
5 두 귀두(龜頭).

지 못하다'란 제목으로 표문(表文)⁶을 쓰게 되었다. 이여로(李汝老)에게 물었더니 여로(汝老)가 이렇게 대답했다.

"豈曰少補之哉 促致大物爲也'⁷라는 말로 대답을 하는 게 어떨까?"

그러자 한때 이 말이 사람들의 입에 회자(膾炙)되었다.

【원문】宋光淵道深物麤 其友鄭與之同寢 握其物而歎曰 若得如此之物 何憂不能生子乎 其後 鄭登第 槐院免新 表題以鄭某之妻請借宋其物生子 換手者不得虛實兩頭 問于李汝老 汝老曰 何不以豈曰少補之哉 促致大物爲也 爲對乎 一時膾炙

---

6 마음에 품은 생각을 적어서 임금에게 올리는 글.

7 豈曰少補之哉 促致大物爲也: '어찌 少補之(채워 넣을 수 있는 게 별로 없다)라고 하랴? 당장 큰 물건을 잡아들여서 하도록 하라'로 번역된다. 그러나 '豈曰'은 '旣曰'과 통한다. 그러므로 이면적인 뜻은 '기왕에 少補之(소보지)라고 하니, 당장 큰 물건을 잡아들여서 하도록 하라'로 번역된다.

六十五 맨발로 뛰어 되놈의 말을 뺏어 타다

송광연(宋光淵)의 형인 광엄(光淹)은 병자호란(丙子胡亂) 때 포로로 잡혀가서, 머리털을 깎이고 의주(義州)까지 붙들려 갔다가 도망쳐왔다. 형제가 모두 과거에 급제하여 연방(蓮榜)¹에 이름을 올렸으나 친구들이 늘 '되놈'이라고 기롱하였다.

그 뒤, 형제가 별시(別試)² 초시(初試)³에 함께 합격하여 전시(殿試)⁴를 본 다음 합격자 발표를 기다리고 있을 때, 도심(道深)이 꿈을 꾸었다. 꿈에 그 부친이 은대(銀臺)⁵에 번(番)을 들어, 용마(龍馬) 한 필을 보내주면서 이렇게 말했다.

"너희 진사(進士) 형제 중에 아무나 이 말을 타고 입궐(入闕)을

---

1 소과(小科)인 생원과, 진사과의 향시(鄕試), 회시(會試)에 합격한 사람의 명부.
2 나라에 경사(慶事)가 있을 때나 또는 천간(天干)으로 병(丙)자가 든 해인 병년(丙年)마다 보이는 문무(文武)의 과거.
3 과거의 1차 시험을 말한다. 향시(鄕試)라고도 한다. 조선시대의 과거는 문과와 무과로 나뉘었으며, 문과는 다시 소과(小科)와 대과(大科)로 구분되었다. 초시는 이들 각 과의 최초의 시험으로 복시(覆試)·전시(殿試)의 전해 가을 각 지방에서 실시하였다.
4 복시(覆試)에서 선발된 사람에게 임금이 친히 보이던 과거. 문과 33명, 무과 28명의 합격자를 재시험하여 등급을 결정하였는데, 특별한 사유가 없는 한 떨어뜨리는 법은 없었다.
5 승정원(承政院)의 별칭(別稱).

하도록 해라."

그러자 그 형이 먼저 그 말에 올라탔다. 그러나 얼마 안 가 도심 (道深)이 형을 끌어내린 뒤, 자신이 그 말을 타고 입궐을 했다.

합격자가 발표되자, 과연 아우가 과거에 합격했다. 괴원(槐院)에 서 면신(免新)할 때, 여로(汝老)가 선진(先進)[6]의 자격으로 율시(律 詩)[7] 시제(詩題)를 내주기를, '맨발로 뛰어가 되놈의 말을 뺏어 타 다'라고 했다.

그러자 한때 이 말이 사람들의 입에 회자(膾炙)되었다.

【원문】宋光淵之兄光淹 丙子胡亂被虜剃頭 行到義州逃還 兄弟俱登蓮榜 儕 友每以胡人譏之 其後 兄弟同參別試初試 赴殿試 待榜時 道深得一夢 其嚴君 入直銀坮 出送龍馬一匹曰 進士兄弟中 騎此馬詣闕 其兄先乘 未離數步 道深 挽而下之 因自騎馳詣 出榜 果弟爲登第 槐院免新時 汝老以先進出律詩題曰 步行奪取胡馬騎 一時膾炙

---

6 학문·연령 등이 앞서거나 먼저 벼슬길에 나아간 사람.
7 한시(漢詩)의 한 체(體). 팔구(八句)로 되어 있으며, 그 한 구(句)가 다섯 자씩으로 되 어 있는 것을 오언율시(五言律詩), 일곱 자씩으로 되어 있는 것을 칠언율시(七言律詩) 라 한다.

六十六. 죽력(竹瀝)

계우(季羽) 이익(李翊)[1]에게는 조루증(早漏症)이 있었다. 그 물건이 섰다 하면 곧바로 설정(泄精)을 하곤 했다. 그러자 그의 친구가 이렇게 놀렸다.

"그 물건이 서지 않았을 때 대나무통에다가 집어넣어서 서지 못하게 만들면, 조루(早漏) 증세가 없어진다."

이런 까닭으로 해서 그의 친구들은 그를 '죽력(竹力)'이라고 부르며 서로 농지거리를 하곤 했다.

---

1 이익 [李翊, 1629∼1690년]: 본관(本貫)은 우봉(牛峰), 자(字)는 계우(季羽), 호(號)는 농재(農齋), 시호(諡號)는 문정(文貞). 1652년(효종 3년) 진사에 합격, 1657년 알성문과에 병과로 급제했다. 1659년 정언(正言), 1660년(현종 1년) 사간이 되어 송시열(宋時烈)을 무고하는 유세철(柳世哲) 등을 탄핵하였다. 그 후 승정원동부승지·대사간·이조참의·원양도(原襄道)관찰사 등을 역임하고, 홍문관부수찬 때 송시열이 귀양가게 되자 양덕(陽德)에 유배되었다. 이듬해 경신대출척(庚申大黜陟)으로 풀려나 동부승지로 복관, 대사헌·홍문관부제학·경상도관찰사·형조판서를 거쳐 이조판서로 있을 때 서인이 노론(老論)·소론(少論)으로 분열하자 벼슬을 버리고 고향에 돌아갔다. 그 후 강화부유수(江華府留守)·경기도관찰사 등을 거쳐 1688년(숙종 14년) 다시 이조판서가 되었으나 이듬해 기사환국(己巳換局)으로 장흥부(長興府)에 귀양가 죽었다. 청렴강직하고 문장에 능하여 《수교집록(受敎輯錄)》을 편찬하였다.

부모가 담병(痰病)[2]이 든 한 선비가 죽력(竹瀝)[3]을 애타게 구하고 있었다. 여로(汝老)가 남쪽 지방에서 돌아올 때 죽력(竹瀝)을 얻어왔단 애기를 전해들은 그는, 어렵사리 여로(汝老)를 찾아가 간청을 했다. 그러자 여로(汝老)가 '다 써버리고 남은 것이 없다'며 이계우(李季羽) 영공(令公)네 집에 가보라고 했다. 선비는 즉시 계우(季羽) 영공(令公)의 집으로 찾아가서 간청을 했다. 대개 '죽력(竹力)'이란 말을 알지 못했기 때문이었다.

이(李) 영공(令公)은 정직하게 말을 하고 싶었지만, 그렇게 하자니 부모가 아파서 약을 구하고 있는 사람에게 너무 무례한 일이었다. 그렇다고 대답을 하지 않자니 인색해서 주지 않는다고 말할 것이 뻔했다. 너무나 고민스러워 미간을 찡그리며 얼른 대답을 하지 못하자, 선비는 화가 나서 얼굴이 벌겋게 달아올랐다. 그러자 계우(季羽) 영공(令公)이 이렇게 말했다.

"누가 우리 집에 죽력(竹瀝)이 있다고 그러던가요?"

"아무개 영공(令公)이 분명히 그렇게 이야기했습니다."

이 영공(李令公)이 껄껄 웃으면서 이렇게 말했다.

"여로(汝老) 이 사람 정말 몹쓸 사람이로구먼. 다시 한 번 가서 한 번 물어보십시오. 그러면 알게 되실 겁니다."

그러나 선비는 여전히 석연치 않은 표정이었다.

---

2 몸의 분비액이 큰 열(熱)을 받아서 생기는 병을 통틀어 이르는 말. 담의 생성 원인에 따라 풍담, 열담 따위로 나눈다.

3 솜대의 신선한 줄기를 불에 구워서 받은 액즙. 중풍, 열담(熱痰), 번갈(煩渴)과 같은 병을 치료하는 데 효과가 있다.

【원문】李翊季羽 有陰虛之證 物輒起動 動輒泄精 其友戲之曰 伺其未動時 納
于竹筒 使之不起 可無虛泄矣 儕友因謂之竹力 相與諧笑 一士人以親病痰證
渴求竹瀝 聞汝老新自南中還 得竹瀝來 委進懇求 汝老曰 某已盡用無餘 李令
季羽家有之 士人卽往羽令家懇乞 蓋不知竹力之說故也 李令欲直言則人以親
患求藥 褻慢極矣 以無答之則謂以慳惜不與矣 憫蹙不能對 士人怒形於色 羽
令曰 誰言吾家有竹瀝耶 答曰 某令言之丁寧矣 李令大笑曰 汝老之人事無狀
更往問之則可知矣 士人猶未釋然

六十七、사또 안전(案前)에서 감히?

　　윤홍거(尹鴻擧)[1]와 남득붕(南得朋)[2]은 한동네 죽마고우(竹馬
故友)로 평생을 친하게 지냈는데, 평소에 서로 농지거리를 하면서 장
난을 치곤 했다.

　　윤(尹)이 양근(楊根)[3] 군수(郡守)가 되었을 때, 남(南)의 아들
운경(雲卿) 용익(龍翼)[4]이 경기도관찰사로 있었다. 남(南)이 그를

1　윤홍거〔尹鴻擧, ?~?〕: 본관(本貫)은 파평(坡平). 1600년대 초에 태어났다. 현종 12
　년(1671년) 무렵 삭녕 군수(朔寧郡守)를 지냈다. 또 이천 부사(利川府使)를 지냈다고도
　하나 자세하지 않다.
2　남득붕〔南得朋, ?~?〕: 본관(本貫)은 의령(宜寧). 남용익(南龍翼, 1628~1692년)의 부
　친. 그의 아들 남용익의 생몰연대로 보아 1600년대 초에 태어난 것으로 보이나 자세
　하지 않다. 현종 6년(1665년)에 무주 현감(茂朱縣監)을 지냈으며 관(官)이 인천 부사
　(仁川府使)에 이르렀다.
3　지명(地名). 경기도에 있다.
4　남용익〔南龍翼, 1628~1692년〕: 본관(本貫)은 의령(宜寧). 자(字)는 운경(雲卿). 호
　(號)는 호곡(壺谷). 시호(諡號)는 문헌(文憲). 1646년(인조 24년) 진사(進士)가 되고, 2
　년 후 정시 문과(庭試文科)에 급제하여 효종 초에 3사(司)의 벼슬을 두루 지냈다. 1655
　년(효종 6년) 통신사(通信使)의 종사관으로 일본에 다녀와 사가독서(賜暇讀書)하고,
　1656년 문과 중시에 장원하였다. 좌참찬(左參贊)·예문관제학을 거쳐 1683년(숙종 9년)
　예조판서에 올랐으며, 1687년 양관대제학(兩館大提學)을 지내고 이조판서가 되었다.
　1689년 기사환국으로 함경도 명천(明川)에 유배되어 그곳에서 세상을 떠났다. 문장에
　능하고 글씨에 뛰어났다.

골려주고자 하여 아들에게 윤(尹)이 연명(延命)⁵할 적에 깍듯이 위엄을 갖추게 했다.

윤(尹)이 예의를 깍듯이 갖추어 연명(延命)을 했음에도 운경(雲卿)이 그냥 앉아서 절을 받자, 윤(尹)은 이미 비위가 상할 대로 상해 있었다. 그때 문득 남공(南公)이 안에서 뒷짐을 지고 나타나, 대청마루를 왔다 갔다 하면서 윤공(尹公)을 돌아다보며 말했다.

"넌 어째서 내 아들한테만 절을 하고 나한테는 절을 하지 않느냐?"

말이 끝나기가 무섭게 윤(尹)이 이렇게 쏘아붙였다.

"이 무례한 개자식아! 사또 안전(案前)⁶에서 어찌 감히 시끄럽게 구느냐!!"

그러자 낭패(狼狽)한 운경(雲卿)은 자리를 피하고 말았다.

【원문】 尹鴻擧與南得朋同里竹蔥 友平生 平生冗言戲謔 尹爲楊根郡守時 南之子龍翼雲卿爲圻伯 南欲困之 使其子甚持體面 尹延命盡公禮 雲卿坐而受之 尹已不平 俄而 南公自內負手而出 徘徊廳事 顧謂尹公曰 汝何拜於吾兒而 不拜於我耶 尹卽應曰 無禮犬子 何敢喧聒於使道案前乎 雲卿狼狽起避

---

5 부임한 고을 수령이 감사를 처음으로 찾아가 보는 일.
6 존귀한 사람이 앉아 있는 자리의 앞.

六十八. 남인(南人) 아들과 소북(小北) 아비

　　판서(判書) 경지(敬止) 엄집(嚴緝)[1]은 소북(小北)[2]의 대가(大家)[3]였다. 그러나 그의 동생 엄찬(嚴纘)은 오지(午地)[4]에서 과방(過房)[5]을 했다. 그런 까닭으로 남인(南人)[6]들의 시비가 매우 심했고 이로 인해 소북(小北) 무리들은 모두들 마음이 편치 못했다.

1　엄집〔嚴緝, 1635~1710년〕: 1698년(숙종 24년)에 도승지, 1701년(숙종 27년)에 형조판서와 공조판서, 1702년에 좌참찬(左參贊), 1704년에 개성 유수(開城留守), 1707년에 대사헌(大司憲)을 역임하였다.

2　조선시대 붕당(朋黨)의 하나. 선조 때 사색(四色)의 하나인 북인(北人)에서 갈라진 유영경(柳永慶)·김신국(金藎國)·남이공(南以恭) 등을 중심으로 한 일파를 일컫는다.

3　전문 분야에서 뛰어나 권위를 인정받는 사람.

4　정남쪽. 여기에서는 정통 남인(南人)을 일컫는다.

5　아들 없는 사람이 조카나 같은 일가의 소목(昭穆)이 맞는 사람을 양자로 삼는 것. 또는 그 양아들.

6　조선 중기 동인의 분파로 성립된 붕당으로서 4색 당파의 하나. 남북분당은 서인인 정철(鄭澈)의 처리 문제를 둘러싼 강경파 이발(李潑)과 온건파 우성전(禹性傳)의 대립에서 비롯되었다. 남인은 주로 이황(李滉) 계열의 사림으로, 유성룡(柳成龍)·김성일(金誠一)이 주축이 되어 이루어졌다. 남인은 임진왜란 때 명나라 원군을 불러들이는 데 성공하여 한때 정권을 잡기도 했으나, 광해군 때 북인에게 실각하였다. 인조반정 때에는 서인과 협력하여 정권을 잡았고, 현종 때에는 송시열(宋時烈) 중심의 서인과 예송 논쟁을 벌이기도 하였다. 숙종 때 허목(許穆)·허적(許積)·윤휴(尹鑴) 등의 남인이 정권을 잡기도 하였으나, 척신세력과 서인세력에 밀리어 재야에서 학문과 교육에 전념하여 많은 학자를 배출하였다.

경지(敬止)가 송도(松都)[7] 유수(留守)[8]가 되어 갔을 적에, 찬
(纘)도 따라서 갔다. 윤심(尹深)[9]의 동생 원(源)이 같은 당색(黨
色)의 친구로서 어렵사리 찾아가 자리에 앉아 있는데, 마침 절사(節
祀)[10] 제사상을 차리고 있는 중이었다. 유수(留守)는 동생을 시켜 제
사상 차림을 감독하게 했다. 그런데 제물(祭物)이 너무 사치스러운
걸 본 그의 동생이, 제물(祭物)을 다소 간소하게 줄여버리고 말았다.
단자(單子)[11]를 살펴본 그 형이 왜 그렇게 했느냐고 물었더니, 그가
채 대답도 하기 전에 윤원(尹源)이 대뜸 이렇게 대답을 했다.

"남인(南人) 아들이 소북(小北) 아비의 제물(祭物)을 차리는데,
무슨 성의(誠意)가 있겠소이까?"

그 말을 들은 찬(纘)은 얼굴이 빨개지고 말았다.

---

7 개성(開城).
8 수도 이외의 요긴한 곳을 맡아 다스리던 정2품의 외관(外官) 벼슬. 개성·강화·광주·
  수원·춘천 등지에 두었다.
9 윤심 [尹深, 1633~1692년]: 본관(本貫)은 파평(坡平). 자(字)는 현통(玄通). 호(號)
  는 징암(懲庵). 1660년(현종 1년) 문과에 급제하여 삼사와 이조의 청요직을 두루 거치
  고 경기도관찰사·강화유수·개성유수를 지냈으며, 1689년 이후 공조판서·병조판서·
  돈령부지사에 이르렀다. 숙종 초년에는 남인의 입장에서 허적(許積)·권대운(權大運)
  등과 함께, 송시열이 현종(顯宗)대에 왕실 예제(禮制)를 그르친 죄를 다스리자고 주장
  하였다. 1780년 경신환국 때 파직되었다가 1789년 기사환국으로 재기하였다.
10 절기나 명절을 따라 지내는 제사.
11 물건의 수량(數量)과 품목을 적은 종이.

【원문】 判書緝敬止 乃小北大家而 其弟纘 過房於 故南論甚峻 本地儕輩心皆 不平 敬止爲松留時 纘亦往 尹深弟源 以同色友 委訪在座 適封節祀祭物而 留 守使其弟監封 祭需太侈 其弟頗有裁减 其兄見單子 問其故 未對之前 尹源先 謂曰 南人子 封小北父祭物 有何誠意乎 纘有慙色

六十九、신창(新昌)을 만들 생각이다

김세보(金世輔)[1]가 신창 군수(新昌郡守)로 있을 때 곽창징(郭昌徵)[2]은 예산(禮山) 사또로 있었다. 두 사람이 한 곳에서 만났는데 당시 김(金)은 담배를 안 피웠고, 곽(郭)은 담배를 엄청 좋아했다. 방 안이 온통 담배 연기로 가득 차자, 김(金)이 고통스러워하며 이렇게 말했다.

"도대체 생살에다 연기를 빨아들여 그렇게 익히고 또 익혀서, 어디다 쓰실 작정이오?"

그러자 곽(郭)이 이렇게 대답하였다.

"신창(新昌)을 만들 작정이오."

'신창(新昌)'과 '신 밑창'이란 말은 서로 음(音)이 같기 때문에 그렇게 말을 한 것이다.

---

1 김세보(金世輔, ?~?). 성천 부사(成川府使) 김언(金琂)의 아들. 숙종 16년(1690년) 무렵, 공조 정랑(工曹正郎)을 지냈다. 그러나 상세한 이력은 알 수 없다.
2 곽창징(郭昌徵, ?~?). 상세한 이력 미상.

【원문】金世輔爲新昌守 郭昌徵爲禮山倅 同會一處 金則不吸南草 郭則嗜之
太過 煙氣滿室 金甚苦之曰 生皮入烟 熟而又熟 將焉用哉 郭曰 欲造新昌矣
與履底同音故也

七十. 아직 위문(慰問)도 드리지 못했는데

    김세보(金世輔)가 신창(新昌)을 맡고 있을 때, 승지(承旨) 조세환 (趙世煥)[1]이 홍주(洪州)에서 이곳을 거쳐 가다가 병으로 죽었다. 그 리고 승지(承旨) 이동로(李東老)[2]가 홍주 목사(洪州牧使)가 되어 시 관(試官)으로 신창(新昌)에 왔다가 역시 병으로 죽었다. 그러자 이 (李) 영공(令公) 희룡(喜龍)이 그 후임으로 홍주 목사(洪州牧使)가 되어 공사차(公事次) 신창(新昌)에 오게 되었는데, 세보(世輔)가 이 렇게 말했다.

    "문관(文官) 당상관(堂上官)으로 홍주(洪州)에서 이리 온 분들이 잇달아 죽음을 당했으니 부디 조심하십시오. 영공(令公), 빨리 가세

---

1 조세환〔趙世煥, ?~?〕: 《조선왕조실록》에 숙종 29년(1703년)에 조세환이 송시열을 적소(謫所)로 방문한 기록이 나오는 것을 보면 그의 몰년(沒年)은 1703년 이후가 될 듯하다. 그의 중요한 약력을 살펴보면, 숙종 즉위년(1674년)에 사간(司諫), 숙종 7년 (1681년)에 전라도관찰사, 숙종 8년(1682년)에 승지(承旨), 숙종 9년(1683년)에 병조 참 의의 벼슬을 지냈다.

2 이동로〔李東老, ?~?〕: 인조 27년(1649년)에 무과에 급제하였고, 현종 1년(1660년) 에 정언(正言), 현종 6년(1665년)에 성주 목사(星州牧使), 현종 14년(1673년)에 집의(執 義), 현종 15년(1674년)에 사간(司諫), 숙종 즉위년(1674년)에 우부승지(右副承旨)를 거 쳐 좌승지(左承旨)를 역임했다.

요, 빨리."

그러자 이(李)가 이렇게 대답했다.

"신창(新昌)이 잇달아 상(喪)을 당한 것도 몰랐습니다 그려. 그러
나 아직 위문(慰問)도 드리기 전에 그런 말씀을 하시다니 참 부끄럽
고 한(恨)스럽기 그지 없습니다."

김(金)은 크게 낭패하여 아무 말도 하지 못했다.

【원문】 金世輔新昌時 趙承旨世煥 自洪州經過病死 李承旨東老爲洪州 以試
官往新昌 亦病死 李令喜龍代爲洪州牧 以公事往新昌 世輔曰 文官堂上之自
洪州來此者 相繼身死 誠甚可畏 令公 須速去速去 李對曰 不知新昌遭連喪 未
及慰問 今聞此言 愧恨愧恨 金大敗 不能對

七十一、너희 관아 생원은 '맹상군'이로다

김세보(金世輔)가 신창(新昌) 통인(通引)[1]에게 사략(史略)[2] 초권(初卷)을 가르쳤다. 그때 글 뜻을 전혀 모르는 한 아이가, 김(金)이 언제나 낮은 소리로 "개자식, 개자식" 하는 소리를 듣고, '개자식'이란 말을 글의 뜻으로 오해하게 되었다.

맹상군(孟嘗君)[3]의 사적(事跡)에 이르러서 김(金)이, "맹상군은 어떤 사람이냐"고 물었더니, 아이가 한참 동안을 끙끙대다가 낮은 소리로, "개자식"이라고 대답했다. 그 말을 들은 김(金)은 포복절도(抱腹絶倒)하고 말았다.

그 뒤로 그는 사람들을 만날 때마다 그 이야기를 해주곤 했으며, 그 말을 들은 사람들도 모두 웃음을 참지 못했다. 그래서 그 당시 사람들은 남을 욕할 때면 으레껏 '맹상군'이라고 부르곤 했다.

---

1 경기·영동 지역에서 수령(守令)의 잔심부름을 하던 구실아치. 이서(吏胥)나 공천(公賤) 출신이었다.

2 《십팔사략(十八史略)》을 말한다. 중국 원나라의 증선지(曾先之)가 '십팔사'를 요약하여 초학자용(初學者用)으로 편찬한 책. 중국 태고(太古)에서 송말(宋末)까지의 사실(史實)을 압축하여 기록하였다. 원간본(原刊本) 2권.

3 중국 전국 시대 제나라의 재상(?~B.C. 278). 초나라의 춘신군, 조나라의 평원군, 위나라의 신릉군과 더불어 전국(戰國) 말기 사군(四君)의 한 사람으로 불린다.

이동로(李東老)가 죽었을 때, 그의 영구(靈柩)가 신창(新昌)에 있었다. 그래서 홍주(洪州)의 하인이 제물(祭物)을 들고 줄창 왔다 갔다 하곤 했다. 동로(東老)의 아우 동기(東耆)는 술꾼이었다. 그는 길에서 하인을 만나자 술병을 빼앗아 모조리 마셔버린 뒤 이렇게 말했다.

"돌아가신 형님의 영혼이 아시면 반드시 기뻐하실 게다."

결국 빈손으로 오게 된 하인은 신창(新昌) 사또를 찾아와 제사상에 놓을 술을 좀 달라고 애걸을 했다. 그러자 사또가 크게 꾸짖으며 말했다.

"고을 목사(牧使)가 돌아가셨는데도 그곳 관청의 술을 올리지 않고, 다른 관청의 술을 빌려서 올리겠다는 말이냐?"

그러자 하인이 이렇게 아뢰었다.

"어찌 그럴 리가 있겠습니까? 술을 가져오는 도중에 관아(官衙)의 생원(生員)이 뺏어서 다 마셔버리셨습니다."

한참 동안 말이 없던 김(金)은 웃으면서 이렇게 말했다.

"너희 관아(官衙)의 생원(生員)은 정말 '맹상군'이로다."

【원문】金世輔 敎新昌通引史略初卷 一小童全不曉文義 金常低聲謂曰 犬子犬子 小童以犬子爲文義 至孟嘗君事 金問曰 孟嘗君何物 小童沈思良久 低聲對曰 犬子 金絶倒 逢人則說 聞者莫不解頤 時人凡辱人 必曰孟嘗君 李東老喪柩在於新昌 洪州下人 持祭物連續往來 東老之弟東耆 以酒客 遇諸道 奪酒壺盡飮曰 亡兄主靈若有知 必喜也 下人空手而來 乞得奠酌於新昌守 守大叱曰

主牧新喪 不進官酒一盃 反借於他官耶 下人曰 寧有是理 衙生員奪取盡飲於
中路矣 金黙然良久笑曰 汝之衙生員 可謂孟嘗君矣

七十二, 여기 맹상군네 집 아냐?

이군서(李君瑞)[1]가 홍주 목사(洪州牧使)로 있을 때였다. 얼방촌 (乻方村)[2]을 지나다 갑자기 평소 잘 알고 지내는 사대부네 집에 들 이닥쳤다. 그러자 마침 30여 명이 모여서 쑥전을 부쳐서 밥을 먹고 있다가 우루루 도망을 가고, 대청마루에는 아직 치우지 못한 밥상이 그대로 남아 있었다.

한참 동안을 이리저리 살펴보던 이(李)가 이렇게 말했다.

"여기 혹시 맹상군네 집 아냐? 왜 이렇게 식객(食客)들이 많은 거지?"

주인(主人)은 부끄러워서 어쩔 줄을 몰라 했다.

【원문】李君瑞洪牧時 過乻方村 猝然馳入於相知士夫家 適會三十餘人持飯煮 艾 一時奔避 留食案於廳事 未及撤 李周行良久曰 此無乃孟嘗君家耶 何其食 客之多耶 主人大不堪

---

1 이희룡(李喜龍)을 말한다. 전주(前注) p.199 각주 16 참조.
2 미상.

七十三, '법칙 여(呂)'자(字)를 봐라

직강(直講)[1] 남궁 옥(南宮鈺)[2]은 우스갯소리를 곧잘 했다. 젊어서 반관(泮館)[3]에서 남궁(南宮)과 함께 공부를 했던 정승(政丞) 희천(希天) 여성제(呂聖齊)[4]는, 남궁(南宮)이 우스갯소리를 할 때면 늘 그걸 들으며 깔깔깔 웃곤 했다.

---

1 성균관(成均館)에 소속된 정5품 벼슬의 이름. 박사(博士)와 더불어 강수(講授)의 임무를 맡고 있었다.
2 전주(前注) p. 198 5 참조.
3 성균관(成均館).
4 여성제 [呂聖齊, 1625~1691년]: 본관(本貫)은 함양(咸陽). 자(字)는 희천(希天). 호(號)는 운포(雲浦). 시호(諡號)는 정혜(靖惠). 1650년(효종 1년) 생원이 되고, 1654년 참봉(參奉)에 임명되었으나 사퇴하고 정시문과(庭試文科)에 장원, 검열(檢閱)이 되었다. 1665년(현종 6년) 북평사(北評事)·호조참의 등을 거쳐 대사간을 지내고 함경도관찰사로 나갔다. 1678년(숙종 4년) 강릉부사(江陵府使)에서 예조판서로 특진되었으며, 1681년 현종의 국상 때 도감(都監)으로 공로가 커 숭정대부(崇政大夫)가 되고, 의금부판사를 지낸 뒤 좌참찬(左參贊)이 되었다. 1684년 병조판서·이조판서를 지낸 뒤, 1688년 우의정에 올라 동평군(東平君) 항(杭)에 대한 왕의 지나친 총애를 간하다가 경원(慶源)에 위리안치(圍籬安置)되었으나 곧 풀려나, 1689년 다시 우의정이 되고 영의정에 이르러 사직, 행중추부판사(行中樞府判事)로 전임했다. 이때 남인(南人)들이 성혼(成渾)·이이(李珥)를 무고하고 문묘(文廟)에서 출향(黜享)하려 하자 그 관계관으로서 스스로 청죄(請罪)한 뒤 낙향하였다가, 인현왕후(仁顯王后)의 폐위(廢位)를 반대하는 상소를 위해 상경하였으나 받아들여지지 않자 그 울분으로 발병, 고향에서 죽었다.

뒤에 두 사람은 모두 과거에 급제했다. 그러나 하나는 승승장구(乘勝長驅)를 했으나 또 다른 하나는 침체(沈滯)가 되는 바람에 그만 길이 서로 엇갈리고 말았다.

천관랑(天官郎)[5]이 된 여(呂)가 암행어사(暗行御史)로 관서지방(關西地方)[6]에 갔을 때, 남궁(南宮)은 마침 은산(殷山)[7] 현감(縣監)으로 있었다. 그러자 옛정이 그리워진 여(呂)가 밤에 몰래 남궁(南宮)을 찾아가 유숙(留宿)을 하게 되었다. 유숙(留宿)을 하면서 여(呂)가 남궁(南宮)에게 이렇게 말했다.

"형(兄)의 골계(滑稽)를 들은 지도 퍽 오래됐습니다. 천리 타향에서 우리 둘이 이렇게 호젓이 만났으니 어디 우스갯소리나 해서 객회(客懷)나 좀 풀어주시구려."

남궁(南宮)이 말했다.

"소싯적 재미있는 얘기들을 이젠 죄다 잊어버렸네."

그래도 여(呂)가 계속 졸라대자 남궁(南宮)이 이렇게 말했다.

"그럼, 이 고을에 고담(古談)[8] 잘하는 명기(名妓)가 하나 있으니, 차라리 그의 얘길 들어보는 게 어떻겠나?"

그런 뒤 안으로 들어간 그는 그 기생을 불러다가 여(呂)를 욕보이는 이야기들을 이리저리 가르쳐준 다음, 그 얘기들을 여(呂)에게 얘기해 주라고 했다.

---

5 이조판서(吏曹判書)를 말한다.
6 마천령의 서쪽 지방. 곧 평안도와 황해도 북부 지역을 이르는 말.
7 평안남도 대동강 중류에 있는 고을 이름. 지금은 순천군(順川郡)으로 합쳐졌다.
8 옛날 이야기.

그 첫 번째 얘기는 이러했다.

옛날에 어떤 선비가 살고 있었는데, 그에게는 아들은 없고 딸만 셋이 있었습니다. 그는 딸들을 매우 사랑하여 딸들과 한집에서 살았습니다. 매일 아침에 딸들이 들어와 문안 인사를 드리는데, 한번은 그 아버지가 이렇게 말했습니다.

"너희들도 이미 문자(文字)를 깨쳐서 알고 있으니, 문자(文字)를 써서 창락(唱諾)[9]하면서 한 명씩 문안 인사를 드리도록 해라."

먼저 장녀(長女)가 삿갓을 쓰고 와서 인사를 드리며 말했습니다.

"'편안할 안(安)' 자(字)로 문안 인사 여쭙습니다."

"오냐, 오냐."

이번에는 차녀(次女)가 아들을 안고 와서 인사를 드리며 말했습니다.

"'좋을 호(好)' 자(字)로 문안 인사 여쭙습니다."

"오냐, 오냐."

그러자 좋은 생각이 떠오르지 않은 셋째 딸이, 바지를 벗고 서서 입을 벌리고 다리를 쩍 벌린 다음, 이렇게 인사를 했습니다.

"'법칙 려(呂)' 자(字)로 문안 인사 여쭙습니다."

이야기를 듣고 있던 희천(希天)은 이 대목에 이르자 말을 중지시키면서 말했다.

"다른 얘기를 하도록 해라."

그 두 번째 얘기는 이러했다.

---

9 옛날 사람들이 어른들을 뵐 때 절을 하며 송축(頌祝)의 말을 드리던 예절법.

옛날에 소경 남편과 벙어리 처가 같이 잠을 자고 있었습니다. 밤이 깊었는데 이웃집에서 시끄럽게 떠드는 소리가 났습니다. 그 소리에 깜짝 놀라 잠이 깬 소경이 그 처에게 이렇게 물었습니다.

"대체 무슨 일이냐?"

그 처가 나갔다 들어와서 보고를 했습니다. 그러나 말을 못하는지라 남편의 손가락을 잡아당겨 자신의 양 유방 사이에다가 '사람 인(人)' 자(字)를 썼습니다. 한참 동안 생각을 하던 그 남편은 이렇게 말했습니다.

"유방 두 개를 두 점이라고 치면, '사람 인' 자가 그 사이에 있으니까 필시 불이 난 게로구나."

그러더니 누구네 집에서 불이 났냐고 물었습니다. 그 처가 가까이 다가와 입을 맞추며 남편의 아랫도리를 만졌습니다. 그러자 그 남편이 이렇게 말했습니다.

"입이 서로 맞닿아 있으니까 여가(呂哥)네 집이 틀림없는데, 기둥 하나밖에 남질 않았단 말이로구나."

이야기가 이 대목에 이르자 희천(希天)이 다시 얘기를 중지시켰다.

"다른 얘기를 하도록 해라."

그 세 번째 얘기는 이러했다.

옛날에 어떤 촌부(村婦)가 일곱 아들을 낳고 상부(喪夫)를 했습니다. 그런데 일곱 아들들이 효성스럽게 잘 봉양(奉養)을 했음에도 불구하고 촌부(村婦)가 굳이 개가(改嫁)를 하려고 했습니다. 그래서 일곱 아들들이 울면서 간언(諫言)을 했습니다. 그랬더니 그 어미가 이렇게 말했습니다.

"윗 입을 봉양(奉養)하기는 쉬워도 아랫 입을 봉양(奉養)하기는 어렵느니라. '법칙 여(呂)' 자(字)를 봐라. 아랫 입이 윗 입보다 더 크지 않더냐?"

이 대목에 이르자, 듣고 있던 희천(希天)이 손사래를 치면서 말했다.

"됐다, 됐어. 난 이제 자야겠다."

이튿날 아침에 남궁(南宮)이 찾아와서 이렇게 물었다.

"어젯밤에 그 기생한테 재미있는 고담(古談)을 많이 들으셨는가?"

그러자 희천(希天)이 정색(正色)을 하며 이렇게 말했다.

"관두시오. 사또가 장난친 걸, 누가 모를 줄 아시오?"

【원문】南宮直講鈺 善諧 呂政丞聖齊希天 少時同遊畔中 每聽俳語以笑 其後 兩人登第 升沈路殊 呂爲天官郎 以暗行御史往關西 南宮時爲殷山縣監 呂以 故舊之情 乘夜投宿 呂謂南宮曰 兄之滑稽久不聞矣 千里他鄕 從容相遇 願以 俳話消遣客懷 南宮曰 少日奇談 盡爲忘却 呂固請 南宮曰 此邑有一名妓 善爲 古談 勝於此矣 因起入內 招其妓 敎以侵呂之語 使之一一進呈 其一 古有士人 無子而有三女 甚愛之 同居一室 每朝入謁 其父曰 汝之兄弟 稍解文字 各以文 字 唱諾進謁 可也 長女 着笠而拜曰 以安字見謁 其父曰 唯唯 次女抱子而來 拜曰 好字見謁 其父曰 唯唯 第三女思之不得 脫袴而立 張口引本而拜曰 法則 呂字見謁 希天聽之 至此 命止之曰 更進他語 其二 古有盲夫啞妻同宿 夜半 聞隣家喧噪 盲人驚起 問其妻曰 誰某之家耶 其妻出見 還報 不能言 引其夫手 指 書人字於渠兩乳之間 其夫沈思曰 兩乳作兩點 人在其中 必火也 因問 火出 誰家 其妻進前 接口撫其夫下物 其夫曰 兩口相連 呂家也 但餘一柱矣 希天至

此 又止之曰 更進他語 其三 古有村婦 生七子而喪夫 七子孝養備至 猶欲改適
七子泣諫 其母曰 上口易養 下口難養 汝等不見呂字乎 下口大於上口也 希天
聽之 至此 揮之曰 我欲眠矣 勿復言 翌朝 主倅出見問曰 昨夜 厥妓古談果聽
之否 希天正色曰 君勿言矣 吾知主倅作俑耳

七十四. 아무리 부소(浮疏)라 해도

성격이 사나워 백성들을 매우 가혹하게 다스린 어떤 읍(邑) 사또
가 있었다. 임기를 마치고 돌아오자, 그의 친구가 찾아와서 이렇게
놀려댔다.

"듣자 하니, 자네가 관직에 있을 때, 그곳 백성들이 자넬 진시황
(秦始皇)[1]이라고 했다던데 대체 왜 그런 건가?"

그러자 그 사람이 정색(正色)을 하며 이렇게 대답했다.

"아무리 부소(浮疏)[2]라고 해도, 네가 어떻게 날 진시황(秦始皇)
이라고 부르느냐?"

대개 '부소(浮疏)'란 말과 '부소(扶蘇)'[3]란 말은 그 음(音)이 서로

---

1 중국 진(秦)나라의 제1대 황제(B.C. 259~B.C. 210). 이름은 정(政). 장양왕 자초(子
楚)의 아들이라고 하나, 사실은 조(趙)나라의 큰 부자인 여불위(呂不韋)의 아들이라
는 설(說)이 있다. 장양왕 자초(子楚)의 뒤를 이어 13세의 어린 나이로 왕이 되었고 모
후(母后)인 선태후의 섭정을 받다가 20세(B.C. 238)에 친정(親政)하여 왕의 자리에 25
년, 황제의 자리에 12년간 있었으며, 49세에 병으로 죽었다. B.C. 221년에 중국을 통
일하고 스스로 시황제(始皇帝)라 칭하였다. 중앙 집권을 확립하고, 도량형·화폐의 통
일, 만리장성의 증축, 아방궁의 축조, 분서갱유 따위로 위세를 떨쳤다. 재위 기간은
B.C. 247~B.C. 210년.
2 희롱, 장난.
3 부소 [扶蘇, ?~B.C. 210]: 진시황(秦始皇)의 장자(長者). 어려서부터 총명했던 부소

같은 까닭에, 은근히 아비를 자처(自處)한 것이다.

크게 낭패를 당한 그의 친구는 물러가고 말았다.

【원문】有一邑宰 性酷暴 臨民甚虐 遞歸之後 其友人往見而戲之曰 聞君在官 人謂之秦始皇 是何故也 其人正色答曰 雖浮疎 君何以我爲秦始皇耶 蓋扶蘇 音同 隱然以父自處 其友大敗而退

는 진시황의 사랑을 많이 받았지만, 진시황과는 달리 따뜻한 심성의 소유자였다. 이런 연유로 성인(成人)이 되고 나서 부친과 정치적으로 충돌하는 일이 잦았다. 두 사람이 가장 크게 충돌했던 것은 유명한 '분서갱유(焚書坑儒)' 사건 때였다. 이 때문에 진시황의 노여움을 사게 된 부소는 북쪽 변방 지방으로 쫓겨나 대장군 몽염(蒙恬)을 도와 만리장성 축조하는 일에 종사하게 된다. 그 뒤 진시황이 천하를 순행하다가 갑자기 죽음이 임박하자 그 후사를 장자인 부소(扶蘇)에게 잇도록 하는 유서를 남겼으나, 부소가 즉위할 것을 두려워한 환관 조고(趙高)가 조서를 날조하여, 불효와 공이 없다는 이유로 자살을 강요해 결국 죽음을 당하게 된다.

七十五、방상시(方相氏)는 저런 모양이면 된다

갑인년(甲寅年)[1] 국상(國喪)[2] 시(時)에, 민정중(閔鼎重)[3] 공(公)과 김수항(金壽恒)[4] 공(公)이 산릉도감(山陵都監)[5]의 제조(提

---

1 1674년(현종 15년)을 말한다.
2 임금, 왕후(王后), 왕세자(王世子) 등(等)의 죽음. 여기서는 현종(顯宗)이 승하한 일을 말한다.
3 민정중〔閔鼎重, 1628~1692년〕: 본관(本貫)은 여흥(驪興). 자(字)는 대수(大受). 호(號)는 노봉(老峯). 시호(諡號)는 문충(文忠). 관찰사 광훈(光勳)의 아들. 1649년(인조 27년) 정시(庭試) 문과에 장원, 호남어사(湖南御史)를 지낸 뒤 대사헌을 거쳐 이조·공조·호조·형조 판서를 역임하였다. 1675년 남인이 득세하자 서인으로서 장흥부(長興府)에 유배되었다가 1680년 풀려나 좌의정이 되었다. 1689년 기사환국(己巳換局) 때 남인이 다시 득세하자 벽동(碧潼)에 유배되어 그곳에서 죽었다.
4 김수항〔金壽恒, 1629~1689년〕: 본관(本貫)은 안동(安東). 자(字)는 구지(久之). 호(號)는 문곡(文谷). 시호(諡號)는 문충(文忠). 1646년(인조 24년) 사마시(司馬試)를 거쳐 1651년에 알성문과(謁聖文科)에 응시하여 장원(壯元)으로 급제하였다. 1656년(효종 7년) 문과중시(文科重試)에 을과(乙科)로 급제하고 정언(正言)·교리(校理) 등 청환직(淸宦職)을 거쳐 이조정랑(吏曹正郎)·대사간(大司諫)에 올랐다. 1659년(현종 즉위) 승지(承旨)가 되었고, 1661년(현종 2년) 이조참판(吏曹參判)이 되었으며, 이듬해 대제학(大提學)에 특진하였다. 1675년(숙종 1년) 좌의정에 임명되었으나 윤휴(尹鑴)·허적(許積)·허목(許穆) 등의 공격으로 관직이 삭탈되고, 원주(原州)에 부처(付處)되었다. 이듬해 풀려나왔다가 다시 영암(靈岩)에 부처되었다. 1680년 영의정이 되고, 1681년 《현종실록(顯宗實錄)》편찬 총재관(摠裁官)을 지냈으며, 1689년 기사환국(己巳換局)으

調)를 맡고, 조가석(趙嘉錫)·이화진(李華鎭)[6]·이인혁(李寅爀)·이형직(李亨稷) 등이 낭청(郎廳)[7]의 자격으로 한데 모이게 되었다.

예법(禮法)을 책임진 김(金)·민(閔) 양공(兩公)은 우스갯소리를 금지시켰다. 그러나 여러 낭청(郎廳)은 서로 농담을 주고받으며 킥킥대곤 했다. 장난이 너무 지나치자 김(金)·민(閔) 양공(兩公)이 서리(書吏)를 보내 이렇게 힐문(詰問)했다.

"인산(因山)[8]이란 망극(罔極)[9]한 이와 같은 때를 당해서, 무슨 즐거운 일이 있다고 웃고 떠드는가?"

여러 낭청(郎廳)이 어떻게 대답할 바를 몰라 쩔쩔매고 있는데, 조가석(趙嘉錫)이 빙그레 웃으며 이렇게 대답했다.

로 남인이 재집권하게 되자 진도(珍島)에 유배된 후 사사(賜死)되었다.

5 조선시대 왕이나 왕비가 졸(卒)한 직후부터 왕릉이나 왕비릉을 조성하기 위해 능이 완성될 때까지 존속하였던 한시적인 기구.

6 이화진 [李華鎭, 1626~1696년]: 본관(本貫)은 여주(驪州). 자(字)는 자서(子西). 호(號)는 묵졸재(默拙齋). 1648년(인조 26년) 진사가 되고 1673년(현종 14년) 정시문과에 병과로 급제하였다. 1677년(숙종 3년) 동지사(冬至使)의 서장관으로 청(淸)나라에 다녀와 같은 해 실시된 과거의 부정이 탄로되자 시관(試官)으로서 논죄(論罪)되어 홍천(洪川)에 도배(徒配)되었다. 곧 용서되어 1679년 사은사(謝恩使)의 서장관으로 청나라에 다녀온 뒤 병조참의를 거쳐 우부승지에 이르렀다.

7 낭관(郎官)이라고도 한다. 육조(六曹)에 설치한 각 사(司)의 실무 책임을 맡은 정랑(正郎)과 좌랑(佐郎)의 합칭어. 육조에는 각각 3, 4개의 속사(屬司)를 설치하고 그 실무를 책임 맡은 정5품의 정랑과 정6품의 좌랑을 두었는데, 이들을 합칭하여 낭관 또는 조랑(曹郎)이라 하였다. 특히 이조·병조를 합칭하여 전조(銓曹)라고 하고 그곳의 낭관은 전랑(銓郎)이라 하였다. 육조 이외에도 낭관은 의금부(義禁府)·대성(臺省) 등의 여러 기관에도 설치되었다.

8 태상황(太上皇) 및 그 비, 임금과 그 비, 황태자(皇太子) 부부(夫婦), 황태손 부부(夫婦)의 장례. 늑국장(國葬).

9 어버이나 임금에게 상서롭지 못한 일이 생기게 되어 지극히 슬프다.

"장인(匠人)¹⁰을 시켜서 방상시(方相氏)¹¹를 만드는데, 장인(匠人)이 어떤 모양으로 만들어야 하느냐고 묻기에, 생등(生等)이 이화진(李華鎭) 낭청(郞廳)을 가리키며, '저런 모양이면 된다'고 했습니다. 그러자 사람들이 모두 저도 모르게 웃음을 터뜨린 것입니다."

대개 붉은 얼굴에 자줏빛 수염, 매부리코에 움푹 들어간 눈을 가진 이(李)의 모습이 괴상했기 때문이었다.

서리(書吏)가 돌아가서, 웃으며 감히 사실대로 아뢰지를 못하자, 김(金)·민(閔) 양공(兩公)은 더욱 화가 났다.

"낭청(郞廳)들의 웃음소리는 힐문(詰問)하지 않고 너까지 웃고 말을 안 하는 이유가 대체 뭐냐?"

이렇게 꾸짖으며 벌을 내리려고 하자, 서리(書吏)는 할 수 없이 사실대로 아뢰었다. 그러자 김(金)·민(閔) 양공(兩公) 또한 웃으며 더 이상 죄를 묻지 않았다.

---

10 손으로 물건을 만드는 일을 업으로 하는 사람.
11 귀신을 쫓는 의식에 쓰이는 나자(儺者)의 하나. 곰의 가죽을 쓰고 금빛 눈을 2~4개 달았으며, 붉은 옷에 검은 치마를 둘러쓰고 창과 방패를 들었다. 옛날부터 굿을 하는 목적이 귀신의 덕으로 잘 살자는 데 있는 것이 아니라, 악귀를 구축하여 재화를 방지하자는 데 있었다. 그리하여 악귀를 쫓는 방법이 수없이 나타났는데, 방상시도 그 소산이라고 할 수 있다. 궁중의 나례 의식에 방상시를 사용했다는 것은 《문헌비고(文獻備考)》에 나오는 "기일 방상시(其日方相氏) 착가면(着假面) 황금사목(黃金四目)"이라는 기록으로 뚜렷하지만, 그 밖에 임금의 거동, 중국 사신의 영접 등에도 악귀를 쫓는다는 뜻으로 사용되었다고 한다. 그 후 차차 용도가 변하여 장례 때 광중(壙中)의 악귀를 쫓는다는 목적으로 상여 앞에 방상시를 세우기도 한다. 방상시가 붉은 옷을 걸치고 4개 눈을 가진 것은 비정상적인 면모를 나타내어 잡귀를 쫓고자 한 것이다.

【원문】 甲寅國恤時 閔公鼎重金公壽恒爲山陵都監提調 趙嘉錫李華鎭李寅嫌
李亨稷諸人以郎廳齊會 金閔兩公持禮法 禁止笑語 諸郎廳每相詼諧 微微出聲
諸笑過度 金閔兩公送書吏言曰 當此因山罔極之時 有何樂事而笑耶 諸郎無言
可答 趙嘉錫率爾對曰 使匠人造方相氏 匠人問作何貌樣 故生等指示李華鎭郎
廳曰 如彼狀貌則好矣 座中不覺失笑 蓋李赤面紫髥 蝎鼻深目 形容怪詭故也
書吏含笑而回 不敢直告 金閔兩公尤怒曰 以郎廳之笑聲爲非詰問 汝亦含笑不
言 何也 欲治之 書吏不得已以實告之 兩公亦笑而不問矣

七十六、목덕(目德)으로 왕(往)하노라

여러 벼슬아치들에게 궁(宮)에 들어가 윤대(輪對)[1]를 하는 일
은, 비단 행동거지가 껄끄러워서뿐만 아니라, 걸핏하면 웃음거리가
되기 때문에 모두들 싫어하고 피했다. 그러나 문관(文官)이 됐건 무
관(武官)이 됐건, 일단 순서가 돌아오게 되면 회피할 방법이 없었다.

남궁(南宮) 직강(直講)은 생긴 모습도 변변치 못했을 뿐만 아니
라 게다가 눈병으로 눈까지 벌겋게 충혈되어 있어서, 도저히 들어가
임금을 알현하기가 어려웠다. 그러나 바꾸고 싶어도 바꿀 길이 없었
다. 할 수 없이 그는 대궐로 따라들어가 승정원(承政院)[2]에다가 통
사정을 했다.

"눈병이 심해서 정말 입시(入侍)[3]하기 어렵습니다."

승정원(承政院)에서는 자신들이 본 바를 가지고 탈계(頉啓)[4]를
했다. 임금의 윤허(允許)가 떨어지자 신바람이 나서 재빨리 궁궐을

---

1 백관(百官)이 차례로 임금에게 정치에 관한 의견을 아뢰던 일.
2 왕명을 맡아보던 관청으로, 오늘날의 대통령 비서실과 같다.
3 대궐에 들어가서 임금을 뵙던 일.
4 사고(事故) 때문에 명령을 시행할 수 없다는 뜻을 임금에게 보고하던 일. 또는 그런
   보고.

빠져나오던 남궁(南宮)은 금천교(禁川橋)⁵ 부근쯤에서 입궐(入闕)
하던 친한 친구와 만나게 되었다. 친구가 깜짝 놀라서 이렇게 물었다.

"자네, 이번에 윤대(輪對)할 차례 아닌가? 근데 왜 나왔나?"

말이 떨어지기가 무섭게 남궁(南宮)이 이렇게 대답했다.

"목덕(目德)으로 왕(往)하노라.⁶"

대개 '목덕(目德)으로 왕(往)하다'는 말과 '목덕(木德)으로 왕(王)
이 되다'는 말의 음(音)이 서로 같기 때문에 그렇게 말을 한 것이다.

그 말은 들은 자들이 배를 움켜쥐었다.

【원문】庶官之入輪對 非但行止齟齬 且多取笑之端 人皆厭避 而勿論之文與
武 當次則 無回避之勢 南宮直講形體不腆 且以目患赤爛 誠不堪入對 然無路
圖遞 隨行詣闕 懇乞於政院曰 目病若此 決難入侍云云 政院以所見頉啓 蒙允
南宮喜疾步趨出 禁川橋邊逢親友之入去者驚問曰 君以輪對當次 還出何也 南
宮應聲曰 目德往 蓋目德往與木德王 同音故也 聞者絶倒

---

5 창덕궁 안 진선문 밖에 있는 금천(禁川)에 만들어진 돌다리.
6 '눈 덕으로 집에 가게 됐다'는 뜻.

七十七、그럼, 좌수(左手)로 하게

이희룡(李喜龍)이 영광 군수(靈光郡守)로 있을 적에, 어떤 향소(鄕所)[1]가 별감(別監)이 되었다. 하루는 오른손에 문제가 생겨 문서에다 착압(着押)[2]하는 일을 할 수가 없게 되자, 관정(官庭)에 나아가 소임(所任)을 바꿔달라고 발괄(白活)[3]을 하였다.

자세히 살펴보던 이(李)는 이렇게 말했다.

"그럼, 좌수(左手)로 하지."

좌수(左手)라는 말과 좌수(座首)라는 말의 음(音)이 같기 때문에 이렇게 말한 것이다.

머쓱해진 별감(別監)은 조용히 물러나고 말았다.

【원문】李喜龍 爲靈光郡守時 一鄕所爲別監 適病右手 不得爲文簿着押之事 乃立庭 白活請遞 李注目視之曰 何不爲左手 左手與座首 同音故也 別監羞愧 無言而退

---

1 좌수(座首) 이하의 향임(鄕任)을 가리킨다.
2 자기의 성명이나 직함 아래에 도장 대신 일정한 자형(字形)을 쓰다.
3 일반 서민이나 이서배(吏胥輩)들이 이두(吏讀)로 상급기관에게 진정서(陳情書)를 올려 하소연하다.

七十八, 십년공부 나무아미타불

척당(倜儻) 민영견(閔永肩)[1] 공(公)은 해학(諧謔)을 좋아했다.

성주 목사(星州牧使)로 있을 적에 가야산(伽倻山) 꼭대기의 암자(庵子)에 수좌승(首座僧)[2] 30여 명이 살고 있었다. 그들은 하산(下山)하는 일이 매우 드물었고 또한 고승(高僧)이란 핑계로 승역(僧役)[3]도 지지를 않았다. 하루는 민공(閔公)이 얼굴 예쁜 관기(官妓) 30명을 곱게 단장을 시켜 각각 술 수십 병을 머리에 이게 했다. 그리고 매방울[4] 30개를 만들어서 그 끝에다 가죽끈을 매달았다. 그런 뒤, 고승(高僧)들이 살고 있는 암자로 곧바로 찾아가 목사(牧使)가 참선을 왔노라고 통지를 하였다. 그러나 중들은 별로 놀라거나 당황하는 기색도 없었다. 중들이 앞에 늘어서서 인사를 올리자 공(公)이 이렇게 말했다.

---

1 민영견〔閔永肩, ?~?〕: 성종 시절에 인천 부사(仁川府使), 공조 참판(工曹參判), 동지 돈녕부사(同知敦寧府事) 등을 역임했다.
2 선원(禪院)에서 참선(參禪)하는 중.
3 중들이 지는 요역(徭役).
4 매사냥 할 때 매가 있는 곳을 쉽게 알 수 있도록 매의 꽁지에 다는 방울.

"듣자 하니, 장로(長老)[5]들께서 다년간 도(道)를 닦으며 염불하느라 고생이 많다고들 고을에서 칭찬이 자자하더구먼. 그래서 오게할 수도 없는 노릇이고 해서, 내가 친히 찾아온 거라오."

그러나 중들은 그냥 두 손을 모아서 공경의 뜻을 표할 뿐이었다.

30명의 기생들을 시켜 소주(燒酒) 두어 잔을 권하게 했더니, 중들이 감히 사양하질 못하고 받아 마셨다. 평소 푸성귀만 먹던 위장(胃腸)에 독한 술이 들어가게 되자, 그들은 금세 취하여 눈이 게슴츠레해졌다. 게다가 꽃 같은 기생들이 좌우로 늘어서서 그 요염한 자태를 한껏 뽐내면서 춤도 추고 노래도 부르며 웃고 떠들자, 처음에는 서먹서먹하던 중들도 취흥(醉興)이 도도해지자 자연 성욕이 생기게 되었다.

공(公)이 아랫것들에게 분부를 내려 서른 중의 양경(陽莖)[6]에다 각각 매방울 한 개씩을 매달아서 양경이 일어나 움직일 때마다 방울 소리가 나도록 해놓자, 삽시간에 방울소리가 낭자(狼藉)했다. 사람들은 모두 입을 가리고 웃음을 터뜨렸다.

흔히 애기하는 '십년공부 나무아미타불'이란 것은, 바로 이런 것을 두고 하는 말이었다.

공(公)은 즉시 관아(官衙)로 돌아가며 여러 중들에게 이렇게 분부를 내렸다.

"내일 아침에 한 놈도 빠지지 말고 와서 사죄하도록 하거라."

---

5 배움이 크고 나이가 많으며 덕이 높은 중을 높여 이르는 말.
6 남성의 성기.

이튿날에 과연 모두 와서 알현을 하자, 공(公)이 이렇게 말했다.

"너희가 진실로 선정(禪定)[7]의 경지에 들었다고 하면, 어찌 주색(酒色)으로 인해 번뇌가 일어날 것인가? 너희는 단지 헛된 이름을 팔아 요역(徭役)을 피하고자 한 것이었을 뿐이다."

그런 다음, 중들에게 죗값을 치르게 하고, 그들을 강제로 환속(還俗)시켜버렸다. 사람들이 모두 고소해 하였다.

【원문】閔公永肩偶儻好諧 爲星牧時 伽倻山絶頂庵子 有首座僧三十人 下山甚稀 以高僧稱之 不入於僧役之中 閔公一日粧出有容色官妓三十 各載酒數十壺 又造鷹鈴三十介 各繫皮條 直到高僧所住之庵 傳呼曰 牧使參禪 僧徒不甚驚惶 羅拜於前 公曰 聞長老輩 修道多年 苦心念佛 一鄉稱之 不可坐屈 躬自來訪 諸僧又手頂禮而已 仍令三十妓各勸還燒酒二三盞 諸僧不敢辭 蔬腸毒酒一飮輒醉 醉眼朦朧 花叢肉屛 羅列左右 曲盡其妖冶之態 或歌或舞 歡笑戲謔 僧徒初以羞澁 醉興旋發 安得無雲雨之念乎 公分付下輩 各繫鷹鈴一介於三十僧陽莖 陽莖自然起動 動輒搖鈴 鈴音狼藉 衆皆掩口而笑 俗所謂十年工夫阿彌陀佛也 公卽還衙 分付諸僧曰 明早無遺一人 來謝可也 翌日 果皆現謁 公曰汝輩若眞入定 豈爲酒色所惱乎 只盜虛名 欲避實役也 各治其罪 使之還俗 人皆快之

七十九. 관찰사 밥상의 매구이

성주(星州)와 개령(開寧)은 서로 이웃해 있다. 개령(開寧) 사또가 사람이 좀 모자란지라, 성주(星州) 목사(牧使)는 매번 그를 속여 먹으면서 웃음거리로 삼곤 했다.

개령 사또에게 좋은 매가 한 마리 있었다. 민공(閔公)이 좀 빌려서 매사냥을 하고 싶어하는데도 끝내 빌려주질 않자, 민(閔)이 그를 함정에 빠뜨릴 계획을 세웠다.

마침 성주(星州)에 와 있는 감사(監司)가, 이튿날에는 개령(開寧)으로 갈 차례였다. 그러자 개령(開寧)에서 염탐을 나온 아전(衙前)이 성주(星州)에 와서 감사(監司)의 식성(食性)을 자세히 살폈다. 이에 앞서 민(閔)은 미리 매를 잡아 발을 잘라 구운 다음, 하인에게 이러저러하게 하라고 분부를 해두었던 터였다. 개령(開寧) 아전(衙前)이 그 구이를 보고 물었다.

"이건 대체 뭐요?"

그러자 성주(星州)의 아전(衙前)이 대답했다.

"매구이라오. 사또의 식성이 하도 괴상망측하여 글쎄 이것만 잡수신다오. 그래서 비싼 값에 사다가 구이를 만들었지요."

그러면서 매의 발을 보여주었다.

개령(開寧)에서 염탐 나온 아전(衙前)은 돌아가서 자기네 사또한 테 그 사실을 아뢰었다. 사또는 매 있는 곳들을 찾아다니면서 매를 구했지만 백성들은 모두 감추고 내주려고 하질 않았다.

다급해진 그는 자신이 아끼는 매를 잡아서 바치기로 했다. 관찰 사가 밥상을 마주하고 살펴보니, 고배(高排)[1]로 담아놓은 구운 물 건이 하나 있는데, 보니까 꿩고기도 아니고 닭고기도 아니었다. 감 상(監嘗)한테 물어보았더니 다름 아닌 매구이였다. 이상하게 생각한 감사(監司)가 그 까닭을 물었더니 감상(監嘗)이 이렇게 대답했다.

"성주(星州)로 염탐 나간 아전(衙前)이 '사또께서 다른 건 다 안 좋아하시고 이 구이만 잡수신다'고 하기에, 딱히 구할 만한 곳도 없 고 해서 관응(官鷹)[2]으로 구이를 만들게 되었습니다."

감사(監司)가 웃으면서 이렇게 말했다.

"성주(星州) 목사(牧使)가 너희 고을 관응(官鷹)을 빌려달라고 했 는데도, 안 빌려준 적이 있느냐?"

"네, 있사옵니다."

관찰사는,

"너희 사또가 이번에도 또 성주(星州) 목사(牧使)한테 속아 넘어 갔다."

고 하면서 한바탕 크게 웃고 돌아갔다.

---

1 음식을 그릇에 높이 괴어 담다. 또는 그렇게 괴어 담은 그릇.
2 관(官)에서 키우는 매.

대개 성주(星州) 목사(牧使)가 개령(開寧) 사또를 놀려먹는 일을, 감사(監司) 또한 익히 알고 있었던 것이다.

【원문】星州與開寧爲隣 開倅愚騃 星牧每每瞞過 以爲笑資 開倅有良鷹 閔公 欲借獵 終不許 閔欲中之 適巡部到星 明當抵開 開寧探候來到 詳察巡使食性 閔預捕鳶子 割脚作炙 分付下人如此如此 開吏見其炙問曰 此何物耶 星吏對 曰 鷹炙也 使道食性異哉 偏嗜此物 故重價買得 作炙耳 因示鳶足 開寧探吏還 白其倅 倅訪求有鷹之處 則民皆藏匿 不肯出 事甚急迫 殺其所愛之鷹以供焉 方伯對案見 有高排炙物 非雉非鷄 扣問監嘗 乃鷹炙也 監司驚怪 詰其所以 答 以探候往星州 聞使道不嗜他物 唯進此炙故 無處措備 以官鷹作炙矣 監司笑 曰 星牧曾借汝官鷹 而不給乎 對曰 然矣 曰 汝倅今又見瞞於星牧也 絶倒而退 蓋星牧之瞞侮開倅 道伯亦已稔知也

八十, 수염이 적다마(赤多馬)
털처럼 붉어지다

늘 속고만 지내던 개령(開寧) 사또가 보복할 결심을 했다. 이를 눈치챈 민공(閔公)은 꼭두서니[1] 뿌리를 진하게 삶아서 백반(白礬)을 섞은 뒤 작은 단지에다 담았다. 그리고 그것을 다시 기름종이로 단단히 싼 다음, 영리한 하인에게 주면서 이리저리하라고 지시를 내렸다.

하인은 어스름을 틈타 거짓으로 서울에서 돌아오는 길에 개령현(開寧縣)을 지나치는 것처럼 꾸미며, 일부러 어린아이들에게 소문을 냈다. 그 말을 들은 개령(開寧) 사또는 '옳거니 이번에야말로 갖고가는 물건을 뺏어 일전에 속아 잃은 물건을 보상할 수 있겠다' 하고는 그 하인을 즉시 불러들여 싼 물건을 뒤졌다. 과연 단단히 봉한, 정묘(精妙)하게 만든 하얀 단지가 들어 있었다. 당장에 뺏어서 책상 아래 놔두고, '이게 무슨 물건이냐'고 캐묻자 하인이 이렇게 애걸복걸했다.

"이 물건을 잃었다 하면, 소인(小人)은 당장에 곤장에 맞아 죽게

---

1 여러해살이 덩굴풀. 줄기는 높이가 1미터 정도이며, 모가 지고 속이 비어 있다. 어린 잎은 식용으로 쓰고 그 뿌리는 진홍색 염료의 재료로 쓰인다.

될 겁니다요."

그러면서 울며불며 하소연을 했다. 그러자 개령 사또가 말했다.

"이게 뭐가 그렇게도 귀중하다고 그러느냐?"

"중국 연경(燕京)[2]에 갔다온 역관(譯官)[3]이 머리에 염색하는 약물을 새로 사왔는데, 백발(白髮)에 물을 들이게 되면 새까맣게 된다고 해서 저희 사또께서 머리에 물을 들이려고 사오신 겁니다. 이걸 잃어버리면 다른 데서는 구할 수도 없습니다. 제 목숨을 내놓았으면 내놓았지, 절대로 빈손으로 돌아갈 수 없습니다."

개령 사또는 속으로 쾌재를 부르며 이렇게 생각했다.

'이 늙은이, 이번엔 나한테 옳게 한번 당해봐라.'

그는 그 하인을 큰 소리로 꾸짖어 쫓아낸 다음, 몰래 그 물을 따뜻하게 데워서 밤새도록 수염에다 물을 들였다. 날이 밝기를 기다려 거울을 봤더니 수염이 온통 적다마(赤多馬)[4]의 털처럼 붉게 물들어 있는 것이었다. 아무리 씻어도 물이 안 빠지자 녹의(綠衣)[5]를 시켜서 칼로 벗겨내게 하는데 아파서 견딜 수가 없었다. 그는 하인(下人)들이 있을 때는 밖으로 나가질 못하다가, 수염이 차츰 제 색깔을 되

---

2 중국 북경(北京)의 옛 이름. 옛날 연나라의 도읍이었으므로 이렇게 부른다.
3 통역을 맡아보는 관리. 중인(中人) 신분으로 이들은 중국·왜·몽골·여진과의 외교에서 주로 통역 업무를 맡아 하였는데, 사행을 따라가 통역을 하거나 외국 사신이 방문하였을 때 통역을 맡아 외교 관계에서 중요한 역할을 하였다. 잡과(雜科)의 하나로 역관을 선발하는 역과가 따로 있었으며, 이들은 중국 등을 내왕하면서 밀무역에 손을 대어 적지 않은 이익을 남겼다. 조선시대의 무역 활동에서도 큰 비중을 차지하였다.
4 털빛이 붉은 말.
5 녹색 옷. 예전에 천한 사람이 입던 옷이다. 여기서는 하녀를 일컫는 듯.

찾은 뒤에야 비로소 밖에서 사무를 보았다. 그 뒤로는 다시는 성주
(星州) 목사(牧使)를 속일 생각을 하지 못하게 되었다.

【원문】開寧倅 每每見瞞 思所以報之 閔公預知之 濃煎茜根 和以白礬 盛於小
缸 以油紙緊封 授伶俐下人曰 如此如此 下人乘暮 過開縣 佯作自京還來樣 故
故使小童輩知之 開倅聞 知以爲必有持去之物 可以奪取以充前日瞞奪見失 卽
招其下人 搜索封物 則果有精妙白盂 封裹甚密 掠置案下 問以何物 則下人哀
乞曰 小人若失此物而去 必不免杖下之魂 且泣且訴 開倅曰 此何貴物而如是
耶 對曰 赴燕譯官新得染色藥水而來 染於白髮 變爲蒼黑色 官主欲染白髮而
買來者也 若失此 更無可得之處 寧死實難空還 開倅大樂竊言曰 老漢今番則
大爲我所瞞矣 叱退其下人 密溫其水 終夜漬染鬢髮 待朝對鏡 則鬢髮染赤如
馬騂毛 雖百洗不能去 遂使綠衣削剪 痛不可忍 下人所視不得出頭 稍稍色變
後 始開座 自此以後 不復生意於瞞星矣

원본 이재영 장(原本 李在暎 藏)

소화 16년 11월일 등사(昭和十六年十一月日謄寫)

맺음말

―'리야기책' 소고(利野耆册 小攷)―

1. 들어가는 말

〈리야기책(利野耆册)〉은 아직 학계에 널리 소개되어 있지 않은 책으로, 현재까지 필자가 발굴한 국립도서관본과 원광대 정명기 교수를 통해 입수한 고려대본 등 두 종류의 이본이 알려져 있다. 17세기 무렵의 이야기들을 집중적으로 싣고 있는 점으로 보아 본서(本書)는 상당히 오래된 책으로 판단된다. 모두 80개의 이야기들이 수록되어 있는데, 그중에서 총 수록(收錄) 화수(話數)의 3/4에 해당하는 60개의 이야기가 순수한 골계담(소화류 이야기)으로 되어 있다.

소화류 이야기들은 한데 모아서 집중적으로 수록하는 형식을 취했으며, 소화류 이야기들 앞에다는 따로 서문(序文)을 붙여서 역사적으로 골계에 능하였던 중국과 한국의 이름 있는 인물들을 사적으로 개관하였다. 이 점은 본서의 편저자가 소화류 이야기와 비소화류 이야기를 의식적으로 구분하려고 한 사실을 엿볼 수 있게 해주는 것으로서, 본서의 특징적인 점 중의 하나라고 하겠다.[1]

현전하는 조선시대 소화집 11편 중에서 수록 화수가 70개를 넘는 것들로는 〈태평한화골계전〉, 〈어면순〉, 〈명엽지해〉, 〈어수신화〉, 〈성수패설〉, 〈교수잡사〉 등이 있다. 그러나 이것들을 제외한 나머지의 경우, 모두 많게는 66화에서 적게는 10화의 이야기들로 구성되어 있

---

1 고려시대 이제현(李齊賢)의 〈역옹패설(櫟翁稗說)〉이 이와 흡사한 형식을 보여주고 있다. 그러나 〈역옹패설(櫟翁稗說)〉 이후 이와 같은 형식을 가진 패설집은 극히 이례적인 경우에 속한다고 할 수 있다.

다.[2] 이를 고려할 때, (좀 더 상세한 내용 분석과 연구가 뒷받침되어야 하겠지만) 총 60개의 소화를 싣고 있는 本 〈리야기책(利野耆册)〉의 등장은, 순수하게 소화사적인 맥락에서만 살핀다면 그 사적인 의미와 가치가 결코 작지 않으리라고 판단된다. 즉 본서(本書)의 등장은 현재 학계에서 연구대상이 되고 있는 조선시대 소화자료의 외연의 폭을 한층 넓혀주었다는 점에서 그 사적인 의미와 가치가 자못 클 것으로 예상되며, 개별 소화의 변천과정을 연구함에 있어서도 모종의 기여를 할 수 있을 것으로 판단된다.

본고는 〈리야기책(利野耆册)〉의 본격적인 연구를 위한 사전 정지 작업의 성격을 지닌 것으로서 주로 본서(本書)의 체재(体制) 및 이본(異本)의 성격, 성립연대와 편저자의 사회적 신분 추정 등에 관심의 초점을 맞추었다.

---

2 민속학자료간행회간본 〈고금소총〉을 토대로 이야기하면, 현전하는 소화집 11편 중에서 80편 이상의 소화를 싣고 있는 소화집은 총 6종뿐-〈태평한화골계전〉에 145화, 〈어면순〉에 88화, 〈명엽지해〉에 80화, 〈어수신화〉에 130편, 〈성수패설〉에 80편, 〈교수잡사〉에 86편-이고, 이들을 제외한 나머지 소화집들에는, 〈촌담해이〉에 10화, 〈속어면순〉에 32화, 〈파수록〉에 63화, 〈진담록〉에 49화, 〈기문〉에 66화의 이야기들이 실려 있다.

2. 이본(異本)의 성격과 체재(體裁)

현전하는 이본 중 국립도서관본은 李在暎藏本을 저본으로 하여 昭和十六年(1941년) 十一月에 등사(謄寫)된 본으로 서·발문(序·跋文) 없는 낱권으로 된 64장본(張本)이다. 시종 동일한 글자체로 매 쪽 24자(字) 10줄씩 기록하였다. 전체적으로 체재(体制)가 상당히 정비되어 있다는 인상을 주고 있다. 앞 부분에는 주로 야담류의 이야기들을 집중적으로 실었고 이야기마다 제목을 붙여놓았다. 뒷 부분에는 소화류의 이야기들을 집중적으로 수록해 놓았는데 소화류의 이야기들 앞에는 특별한 제목을 붙이지 않고 붓 대롱으로 구분 표시만 해두었다. 이 책의 모본(母本)인 李在暎藏本은 현재 발견되고 있지 않다.

고려대본은 52장본(張本) 낱권으로 역시 서·발문(序·跋文)이 붙어 있지 않다. 책의 말미에 "庚午市肆(?)買得"이라고 기록되어 있는 것으로 보아 경오년(庚午年) 이전에 성립된 本이다. 위의 경오년(庚午年)은 이 책 편찬 후의 경오년(庚午年)을 의미할 것이므로 1930년, 1870년, 1810년, 1750년 등을 고려해볼 수 있다. 그러나 그것이 이 중에서 구체적으로 어느 해를 가리키는 것인지는 알 수 없다.[3] 국립도서관본에 비해서 체재(体制)가 상당히 산만하고 중간 중간에 글씨체가 종종 바뀌고 있는 것을 볼 수 있다. 야담류의 이야기들을 앞 부분

---

3 책 중간에 "帖政元年 太歲正月"이라고 누군가 낙서를 해놓은 부분이 있는데 혹 이것이 어떤 실마리를 제공해줄 수 있을 것으로도 보이나 아직 자세히 조사할 수 없었다.

에다 몇 개 수록해놓은 후 이어서 소화류의 이야기들을 집중적으로 실었으며 다시 그 뒤에다 나머지의 야담류 이야기들을 수록하는 형식을 취하였다. 또 야담류의 이야기들 가운데 반 수 가량이 제목이 붙지 않은 상태로 소개되고 있는 점도 국립도서관본과 차이가 나는 점이다.[4]

　　양본은 이야기의 구체적인 내용상에 있어서는 내용의 변개라든지 이야기의 첨삭과 같은 큰 편차를 보여주고 있지 않다. 차이가 있다면 그것은, 예컨대 昨日過客聲音 ↔ 過客聲音[5]에서와 같이 몇 글자가 빠져 있는 차이거나, 드문 예이기는 하지만 "客怪之必辱我也 少焉 果持酒而來"[6]와 같은 구절이 송두리째 빠진 것과 같은, 다분히 비의도적인 등사상(謄寫上)의 실수이거나, 혹은 不知東西 ↔ 不到東西[7], 咫尺 ↔ 七尺[8], 命奴 ↔ 命好[9], 作行失路 ↔ 作行實路[10]……에서 보는 바와 같은 간단한 표기상의 실수에 가까운 것들이 대부분이다. 또 총 이야기 수에 있어서도 완전히 일치된 모습을 보여주고 있다. 이런 점에서 양본은 모두 비교적 충실한 전사본(轉寫

4　'신형전(申熒傳)'을 제외하고는 국립도서관본에서 '전(傳)'의 명칭을 가진 것들은 모두 제목을 붙여 수록하였고, 반면 국립도서관본에서 '전(傳)'의 명칭을 갖지 않은 것들— '소사(小史)'의 명칭을 가진 것들이나 기타—은 제목 없이 수록하였다.

5　〈감여기응전(堪輿奇應傳)〉

6　소화류 39화

7　소화류 5화

8　소화류 6화

9　소화류 15화

10　소화류 39화

本)이란 성질을 갖는다.

다만 양본 사이에 존재하는 큰 차이점이 있다면 그것은 체재면(体制面)에서의 차이다. 앞에서도 언급했듯이 국립도서관본은 상당히 정비된 체재(体制)를 지니고 있는 반면, 고려대본은 상당히 산만한 체재(体制)를 보여준다. 이를 도표를 통해서 제시해 보이면 다음과 같다.

국립도서관본	중심인물	시기	고려대본	시기
1. 洪相國傳	洪彦弼(1476-1549)	15C-16C	1. 洪相國傳	15C-16C
2. 張順孫傳	張順孫(1453-1534)	15C-16C	2. 張順孫傳	15C-16C
3. 孫舜孝傳	孫舜孝(1427-1497)	15C	20.(宰相狂蕩)	16C-17C
4. 安尙書傳	安汝式(?) 萬曆 (1573-1620)末	16C-17C	①	16C-17C
5. 蔣都令傳	蔣都令(中宗-明宗)	16C	②	〃 〃
6. 李道令傳	李道令 (崇禎丙子十月(1636))	17C	③	〃 〃
7. 崔文潏傳	崔文潏(?)	17C	④	16C-17C
8. 白居秋傳	白居秋(國朝中葉人)	16C?	⑤	〃 〃
9. 堪輿奇應傳	長湍李生員 〈萬曆年中(1573-1620)〉	16C-17C	⑥	〃 〃
10. 李內翰小史	李嵘(1560-1582)	16C	⑦	17C
11. 李相國小史	李廷龜(1564-1635)	16C-17C	⑧	〃 〃
12. 洪南原小史	洪柱一(1604-1662)	17C	⑨	〃 〃
13. 尹尙書小史	尹堦(1622-1692)	17C	⑩	〃 〃
14. 金監司小史	金構(1649-1704)	17C	⑪	〃 〃
15. 申䔲傳	申䔲(?), 其子伯周(1646-?)	17C	⑫	〃 〃
16. 河西先生小史	金麟厚(1510-1560)	16C	⑬	〃 〃
17. 車滄洲小史	車雲輅(1559-?)	16C-17C?	⑭	17C
18. 南內翰小史	南省身(1567-1623)	16C-17C	⑮	〃 〃

국립도서관본	중심인물	시기	고려대본	시기
19. 半鄕半京	權擘(1520-1593)	16C	⑯	17C
20. 宰相狂蕩	沈喜壽(1548-1622)	16C-17C	⑰	〃 〃
①	李恒福(1556-1618)	16C-17C	⑱	〃 〃
②	〃 〃	〃 〃	⑲	〃 〃
③	〃 〃	〃 〃	⑳	〃 〃
④	趙緯韓(1567-1649)	16C-17C	㉑	16C-17C?
⑤	〃 〃	〃 〃	㉒	
⑥	〃 〃	〃 〃	㉓	
⑦	南老星(1603-1667)	17C	㉔	
⑧	〃 〃	〃 〃	㉕	
⑨	〃 〃	〃 〃	㉖	
⑩	〃 〃	〃 〃	㉗	
⑪	〃 〃	〃 〃	㉘	
⑫	〃 〃	〃 〃	㉙	
⑬	〃 〃	〃 〃	㉚	
⑭	李穆(1589-?)	17C	㉛	
⑮	〃 〃	〃 〃	㉜	
⑯	裵幼華(1611-1673)	17C	㉝	
⑰	〃 〃	〃 〃	㉞	
⑱	〃 〃	〃 〃	㉟	
⑲	〃 〃	〃 〃	㊱	
⑳	〃 〃	〃 〃	㊲	
㉑	邊應璧(1562-?)	16C-17C?	㊳	
㉒	原州 朴生		㊴	
㉓	一儒生		㊵	18C-19C
㉔	一宰相		㊶	17C
㉕	一士人		㊷	〃 〃
㉖	一儒生		㊸	〃 〃
㉗	一座首		㊹	〃 〃
㉘	一人		㊺	〃 〃
㉙	一村女		㊻	〃 〃
㉚	一邑宰		㊼	17C

국립도서관본	중심인물	시기	고려대본	시기
㉛	一雇工		㊽	17C~18C
㉜	一新嫁女		㊾	17C
㉝	一新婦		㊿	〃 〃
㉞	一塩商		51	〃 〃
㉟	全羅監司 夫人		52	17C
㊱	一村女		53	17C
㊲	一寡女		54	
㊳	幕漢		55	17C
㊴	金裨將		56	17C
㊵	洪起燮(1776-1831)	18C~19C	57	17C
㊶	李壽曼(1630-?)	17C	58	15C~16C
㊷	〃 〃	〃 〃	59	〃 〃
㊸	〃 〃	〃 〃	60	〃 〃
㊹	〃 〃	〃 〃	9. 堪輿奇應傳	16C~17C
㊺	〃 〃	〃 〃	3. 孫舜孝傳	15C
㊻	〃 〃	〃 〃	4. 安尙書傳	16C~17C
㊼	尹鴻擧	17C	5. 蔣都令傳	16C
㊽	嚴緝(1635-1710)	17C~18C	6. 李道令傳	17C
㊾	金世輔	17C	7. 崔文潑傳	17C
㊿	〃 〃	〃 〃	10.(李內翰小史)	16C
51	〃 〃	〃 〃	11.(李相國小史)	16C~17C
52	李喜龍(1639-1697)	17C	12.(洪南原小史)	17C
53	南宮鈺(1620-1699)	17C	13.(尹尙書小史)	17C
54	一邑宰		14.(金監司小史)	17C
55	閔鼎重(1628-1692)	17C	15.(申癸傳)	17C
56	南宮鈺(1620-1699)	17C	16.(河西先生小史)	16C
57	李喜龍(1639-1697)	17C	8. 白居秋傳	16C?
58	閔永肩(?)	15C~16C	17.(車滄洲小史)	16C~17C?
59	〃 〃	〃 〃	18.(南內翰小史)	16C~17C
60	〃 〃	〃 〃	19.(半鄕半京)	16C

표 중에서 원 문자로 표시한 숫자는 소화류 이야기를, 원 문자 아닌 숫자로 표시하고 음영 처리한 것들은 야담류 이야기를 각각 나타낸다. 또 고려대본의 이야기 중에서 괄호 표시가 있는 것은 원화에 제목이 없음을 나타내고자 한 것이다.

국립도서관본의 이야기 배열방식을 분석해보면 그것이 나름대로 뚜렷한 편집 원칙에 따른 배열방식임을 볼 수 있다. 수록된 전체의 이야기들을 크게 야담류의 이야기와 소화류의 이야기로 구분하여 제시하는 가운데, 앞쪽에다 20개의 야담류의 이야기를 배치하고 뒤쪽에다 60개의 소화류의 이야기들을 배치하였다. 그리고 야담류 이야기들은 다시 '전(傳)'의 명칭을 붙인 이야기들과 '소사(小史)'란 명칭을 붙인 이야기들, 기타의 명칭을 붙인 이야기들로 구분한 후 순서대로 나열하였다.[11]

이와 같은 질서는 더욱 세부적인 수준에서도 다시금 반복된다. 이것을 '전(傳)'의 이름을 가진 이야기들에 한정해서 고찰해보면 1~3까지는 주로 15세기 무렵의 인물들에 관한 이야기를 실었고, 4와 5는 16세기 및 16세기~17세기에 걸쳐 있는 인물들에 관한 이야기를, 6과 7은 17세기 인물들에 관한 이야기들을 주로 배치하였다. 그리고 맨 마지막 8과 9는 보수적(補遺的)인 성격이 짙은 이야기들로서 생존연대가 16세기~17세기에 걸쳐 있는 인물들에 관한 이야기

---

11 물론 '신형전(申瀅傳)'이라는 예외가 있기는 하지만 커다란 맥락에서 무시해도 좋은─그와 같은 예외의 존재가 전체의 질서를 크게 훼상할 정도로 심각한 문제라고는 판단되지 않는다.

들을 다시 첨가하였다. '전(傳)'의 이름이 붙지 않은 '소사(小史)' 혹은 기타 명칭을 가진 이야기들의 경우에도 동일한 질서를 보여준다. 즉 10과 11은 16세기~17세기 인물들 이야기이고, 12~15는 17세기 인물들 이야기이며, 16~20의 이야기는 보수적(補遺的) 성격이 짙은 것으로 다시 16세기~17세기 인물들에 관한 이야기들을 실었다.

소화류 이야기들은 동일 인물에 관한 이야기의 집중 배치라는 원칙하에 이야기를 배치하되 전체 이야기가 대략 ①~㉑, ㉒~㉟, ㊵~㉠과 같이 20여 개씩, 크게 세 부분으로 구분되는 특징을 보여준다. ①~㉑은 유명씨 소화를, ㉒~㉟는 무명씨 소화를, 그리고 ㊵~㉠은 다시 유명씨 소화를 실었다. 여기서 유명씨 소화를 앞세우고 무명씨 소화를 뒤세우려 한 편저자의 애초의 의도를 자연스럽게 읽을 수 있다. 다만 무명씨 소화군 뒤에 재등장하는 ㊵~㉠의 유명씨 소화들은 다시금 보유(補遺)의 성격이 짙은 이야기들이라고 하겠다.

한편 무명씨 소화를 제외한 두 부분은 앞서 예시한 '이야기의 시대별·인물별 배치 후(後), 필요에 따라 보유항(補遺項) 첨가'라고 하는 편집상의 원칙이 철저히 지켜진다. 즉 ①~㉑의 경우, ①~⑥은 16세기~17세기의 유명씨 소화를, ⑦~⑳은 17세기의 유명씨 소화를, ㉑은 보유(補遺) 소화를 순서에 따라 배치했다. ㊵~㉠의 경우에도 역시 ㊵ 화(話)의 예외적 경우를 제외한다면[12] 대체적으로 17세기의 유명씨 이야기들을 집중적으로 실은 후 끝부분에다가 ㊽~㉠의 민영견(閔永肩)에 대한 3개의 보유 소화를 첨가하였다.

---

12 ㊵話 홍기섭(洪起燮) 이야기의 문제는 뒤에 항을 달리하여 자세히 언급하고자 한다.

이밖에도 국립도서관본은 야담류 이야기들을 배치할 때 이야기의 성격에 따라 비슷비슷한 이야기끼리 묶어서 배치하는 치밀함을 보여주기도 한다. 20개의 야담류 이야기들 가운데 앞의 네 개의 이야기는 재상급(宰相級) 유명 인물들에 얽힌 일화들을 실었다. 다만 4화는 조선에 망명한 중국의 안상서(安尙書)의 파란만장한 생애와 이인적(異人的) 풍모를 다루고 있다는 점에서 다소 예외적이다. 5, 6, 7화는 모두 선유(仙遊) 모티프를 가진 이야기란 점에서 공통된다. 10, 11, 12와 14, 15는 모두 이인(異人)이 등장하거나 이인적(異人的) 풍모를 지닌 사람이 등장하는 이야기라는 공통점이 있다. 그리고 16, 17, 18, 19는 모두 시감(詩鑑) 모티프를 가진 이야기들이란 점에서 같다. 이제 위의 논의에서 빠진 것들은 8과 9, 13, 20 등이다. 이 중에서 제8화 〈백거추전(白居秋傳)〉은 호협(豪俠) 모티프를 지닌 이야기이기는 하지만, 세상과 외따로 떨어져 있는 으리으리한 도적굴의 성격이 도적굴이란 사실만 빼면 영락없이 다른 이야기의 선계(仙界)와 흡사한 측면을 갖고 있으므로 앞 그룹인 선유(仙遊) 모티프군의 예외적 이야기로 볼 수 있는 가능성이 있다. 9화 〈감여기응전(堪輿奇應傳)〉은 후기(後記)에 "지사(地師)의 말이 마치 신표를 맞추듯 들어맞고 있다. 比輿(?)의 술법이란 과연 이렇듯 귀신같이 들어맞는 것일까? 내가 마침내 그 시종(始終)을 기록한 다음 '감여기응(堪輿奇應)'이라고 이름하였다."[13]라고 돼 있음으로 보아 지사(地師)의 감여술(堪

---

13 地師之言 若合左契 比輿之術 果若是神應耶 余遂記其始終 名之以堪輿奇應云
　　〈堪輿奇應傳〉

興術)을 통한 귀신같은 예언 능력에 작품의 초점을 맞추고 있음을 짐
작할 수 있다. 13의 〈윤상서소사(尹尙書小史)〉도 작품 서두에 "尹尙
書墀 善推數"라고 하여 이야기의 초점이 윤상서(尹尙書)의 미래에
대한 예지 능력에 있음을 짐작케 한다. 남들이 흉내내기 어려운 귀
신같은 예지 능력을 가졌다는 것도 따지고 보면, 그러한 능력을 가
진 자의 '이인적(異人的)인 풍모'로 보아서 꼭 안 될 것은 없다. 그러
므로 두 작품은 앞뒤의 이인(異人)들의 이인적(異人的) 풍모를 담고
있는 다른 이야기들과 맥을 같이 하는 얘기로 간주해도 좋으리라고
본다. 20의 〈재상광탕(宰相狂蕩)〉이란 이야기는 그 앞에 있는 이야기
들과 관련하여 앞의 이야기들처럼 한시에 얽힌 이야기를 다루고 있
는 점이 주목된다. 다만 앞의 이야기들에서는 특정인의 시감(詩鑑)
에 이야기의 초점이 맞추어져 있는 반면, 이 이야기에서는 다소 엉뚱
하게도 피장(皮匠)의 전지 능력(前知 能力)과 심희수(沈喜壽)의 여
색에 빠져 체통을 돌아보지 않는 듯한 행동을 서로 대비시키는 가운
데 상대적으로 피장(皮匠)의 전지 능력(前知 能力)에다 작품의 초점
을 둔듯한 인상이 강하다. 바로 이러한 점이 앞의 이야기들과의 차이
점이라면 차이점이겠다.[14] 그러나 이 경우에도 다소 예외적인 것이기

---

14 이 점에 관하여는 다음과 같은 편저자의 後記 내용이 참고가 될 수 있을 것이다.
　　"噫 彼賤人 先知此日之相逢耶……斷曰 甚矣 女色之移人也 相國乃文章博學
　　之名宰也 仕進之初 尤當謹身而 遇人妾而不能却之 且以大臣之尊 追悼娼妾
　　對年少名士而 說其夢 自不覺爲一世笑資 甚矣 女色之移人也 凡百男子 可不
　　戒哉 楚莊王五覇之一也 絶纓高義 能使蔣雄報德 袁絲豪傑之士也 出給侍妾
　　亦使從史酬恩 若使楚王袁絲重色妬悲則 蔣雄從史皆死而已 日後窘厄 誰復救
　　之 皮匠以一賤流 能行楚莊袁絲之事 竟得生於死中 人之賢不肖 豈以貴賤而

는 하지만 한시를 둘러싼 이야기란 공통점을 중시하게 되면 큰 맥락에서 앞의 얘기들과 전혀 무관하다고는 볼 수 없다.

이렇듯이 국립도서관본은 결코 후대의 등사자(謄寫者)의 손으로 쉽게 조작되거나 흉내내기 어려운 원 편저자의 강한 편집상의 의지가 책 전반에 걸쳐서 고스란히 간직된 모습을 지니고 있음이 단연 돋보인다. 그런 의미에서 그 체재면(体制面)에서만 따진다면 고려대본보다는 국립도서관본이 훨씬 원형에 가까운 선본(善本)임을 확신해도 좋으리라고 본다.

한편 고려대본의 경우, 전체적으로 볼 때 소화류 이야기에 있어서는 국립도서관본과 큰 차이가 발견되고 있지 않으나 야담류 이야기의 경우에 있어서는 몇 가지 두드러진 차이점을 보여준다.

먼저, 모든 야담류 이야기에 일률적으로 제목이 붙어 있는 국립도서관본과는 달리 고려대본에서는 총 20화 중 9화에만 제목이 붙어 있다. 제목이 있는 이야기들은 모두 '전(傳)'의 명칭을 가진 것들뿐이다. 제목이 붙어 있지 않은 나머지 11화는 '신형전(申熒傳)'을 제외하고는 모두 국립도서관본에서 '전(傳)'의 명칭을 갖지 않은 이야기들에 국한된다.[15]

有殊乎 余不爲沈相多之 爲皮工多之"〈宰相狂蕩〉

15 '신형전(申熒傳)'은 원본에서는 원래 제목이 붙어 있지 않았을 가능성이 많다. 왜냐하면 국립도서관본의 경우를 보면 '전(傳)'의 명칭을 가진 것들이나 그렇지 않은 것들이나 모두 제목이 붙어 있는 반면 고려대본의 경우에는 '전(傳)'의 명칭을 가진 것들은 제목이 붙어 있고 그렇지 않은 것들은 거의 예외 없이 제목이 붙어 있지 않음을 볼 수가 있는데 이는 원본의 모습에 근거했을 가능성이 크기 때문이다. 다시 말하면, 양본은 모두 '전(傳)'의 명칭을 가진 것들을 가능한 한 앞쪽에 제목을 붙인 상태

그러나 국립도서관본의 체재(体制)를 설명할 때에도 하나의 예외적 현상에 속했던 '신형전(申熒傳)'에 관한 문제는 여기에서도 역시 예외적인 취급을 하기로 양해를 구하고 여기에서 잠시 다음과 같은 의문을 제기해볼 필요가 있다. 만일에 국립도서관본의 경우처럼 원본에서도 모든 얘기들에 제목이 붙어 있었다고 한다면 고려대본에서는 무슨 까닭으로 '전(傳)'의 명칭을 가진 이야기들에 대해서는 예외없이 제목을 붙인 반면 그렇지 않은 이야기들에 대해서는 제목을 삭제해야만 했던 것일까? 과연 고려대본은 원본의 모습에 상관없이 문제의 11개의 이야기 제목을 일률적으로 삭제해야 할 어떤 특별한 사정이 있었던 것일까? 그러나 이것을 설명해줄 수 있는 적절한 해답은 아무래도 있을 것 같지 않다. 그러므로 있을 수 있는 가능성은 오직 원본의 모습이 그러했기 때문이라는 설명방식뿐이다. 그렇다면 국립도서관본에 원본에는 없었던 제목이 붙어 있는 까닭은 어떻게 설명할 수 있는가? 그것은 원본의 체재상(体制上)의 결함이라고 생

로 한데 모아서 수록하는 특징을 보여준다. 그런데 고려대본에 보면 '신형전(申熒傳)' 외에도 '백거추전(白居秋傳)'이 '전(傳)'의 이름을 가진 것이면서도 다른 것들과 달리 취급되고 있음이 발견된다. 그러나 심지어 이러한 경우에서조차도 '백거추전(白居秋傳)'은 제목이 붙지 않은 다른 것들 가운데서 유독히 자신의 제목을 그대로 유지하고 있는 모습을 보여준다. 이는 원본에서 '전(傳)'의 명칭을 가진 것들만이 제목이 붙어 있었을 가능성을 강력하게 시사하는 것이며 '백거추전(白居秋傳)'과는 달리 그 제목을 상실한 '신형전(申熒傳)'은 본래 제목이 없는 이야기였을 가능성을 강력하게 시사하는 것이다. 물론 '신형전(申熒傳)'의 이야기에다 '소사(小史)'의 명칭 대신 하필 '전(傳)'의 명칭을 붙인 까닭에 대해서는 더욱 깊이 있는 연구를 필요로 할 것이나 필자의 견해로는 그의 낮은 관직과 낮은 지명도가 '소사(小史)'의 명칭을 붙이기에 적절치 않다고 보고 보다 일반적인 명칭인 '전(傳)'을 붙이게 된 데서 이런 결과가 생겨난 것이 아닐까 생각한다.

각되는 부분을 후대의 전사자(轉寫者)가 인위적으로 보완적 차원에서 첨가시킨 결과일 가능성이 많다고 할 것이다.

둘째로, 고려대본의 야담류 이야기 배열방식은 앞서 설명했던 국립도서관본의 정연한 편집의 질서를 크게 깨뜨리고 있다. 전체 20개의 이야기 중에서 3개는 골계류 이야기 앞에다 배치하고 나머지 17개는 뒤에다 배치한 불균형이나, 제목이 없는 20화 심희수(沈喜壽) 이야기를 '전(傳)' 제목이 붙은 얘기들 사이에 끼워넣은 대신에, '전(傳)'의 제목을 가진 '백거추전(白居秋傳)'은 제목이 없는 얘기들 사이에 끼워넣는 등 편집의 일관성이 크게 깨져 있는 사실이 바로 그것이다. 그리고 '전(傳)' 제목이 붙은 얘기들의 배열방식에 있어서도 15～16세기 2화, 16～17세기 2화, 15세기 1화, 17세기 1화, 16세기 1화, 17세기 2화, 16세기 1화와 같이 배열함으로써 국립도서관본에서 야담류 및 소화류 이야기들을 배치할 때 일반적인 편집의 기준으로 삼고 있었던 '이야기의 시대별·인물별 배치 후(後), 필요에 따라 보유항(補遺項) 첨가'라고 하는 편집상의 엄격한 원칙이 심각하게 훼손되고 있는 모습을 살필 수 있다. 이를 보면 고려대본은 그 체재면(体制面)에서 원형에서 상당히 멀어진 本일 가능성이 많다고 하겠다.

이상의 논의를 종합해보면, 국립도서관본과 고려대본은 그 전체 화수(話數)나 내용면에 있어서 큰 차이를 보여주지 않는다는 점에서 비교적 원본에 충실한 전사본(轉寫本)이란 성격을 띠고 있다. 그러나 양본은 체재면(体制面)에서 상당히 큰 차이점을 보인다. 국립도서관본은 후대의 전사자(轉寫者)가 함부로 조작하기 어려운 '이야기의 시대별·인물별 배치 후(後), 필요에 따라 보유항(補遺項) 첨가'라는 엄격한 편집 원리 아래 편술된 本이다. 그런 의미에서 체재(体制)가 상당히 흐트러져 있는 고려대본에 비하여 훨씬 원본의 모습에 가까운 이본으로 판단된다. 다만 야담류 이야기에 붙은 제목 문제에 있어서만큼은 국립도서관본보다는 고려대본이 원형에 훨씬 가까운 모습을 지니고 있을 가능성이 높다. 아울러 국립도서관본의 '소사(小史)'가 붙은 제목이나 기타 '전(傳)'의 이름을 갖지 않은 제목들은 후대의 전사자(轉寫者)가 인위적으로 첨가한 제목일 가능성이 많다고 하겠다.

3. 편찬연대(編纂年代) 및 편저자(編著者)의 생몰년대(生沒年代)

〈리야기책(利野耆册)〉 전편을 통하여 편저자에 관한 정보나 본서의 편찬연대를 구체적으로 밝혀줄 수 있는 부분은 존재하지 않는다. 그러므로 부득이 이를 살피기 위해서는 본문 여기저기에서 산견되는 단편적인 단서와 제반 정황적 증거를 토대로 그것을 추정해 나가지 않으면 안 된다.

먼저, 편저자의 생몰연대 및 본서의 편찬연대 추정과 관련하여 주목되는 작중 언급들을 제시해보면 다음과 같다.

① 공의 외가 쪽 자손인 盧東萊惕甫가 자세하게 그 내막을 이야기하므로 기록해둔다.[16]

---

16 公之外裔 盧東萊惕甫 詳言始終故 記之云耳 〈孫舜孝傳〉

②辛卯年 봄에 權佽이 공무차 淸風郡에 갔다. 安의 아들인 天命을 酒甁院에서 만나게 되었는데 그 사람됨을 기이하게 여겨 방을 함께 사용하였다. 비 때문에 여러 날을 머물게 되자 權에게 앞서와 같은 이야기를 해주었다.[17]

③내가 己亥年 여름에 宋子恭의 집에서 洪을 만나 그 애기를 자세히 들었다. 매우 기이하게 생각하여 마침내 기록해둔다.[18]

④甲戌年 가을에, 가평 사람이 산중에서 우연히, 흰 사슴에 올라타 깃털부채를 손에 쥐고 지나가는 이생을 만났다. 그 사람이 '이군 별래 무양한가?' 하고 물으니 '잘 있다'고 대답하였다. 다시 사는 곳을 물었더니 말없이 가는데 그 종적을 알 수 없었다. 그가 신선이 되었음을 알 수 있다.[19]

⑤그 후에 金은 庭試에 장원하여 화려한 관직을 두루 거쳐 벼슬이 정승에 이르렀다. 권은 과거를 폐하고 낙향하여 實地에 힘을 쏟아 세상을 위하는 큰 선비가 되었다. 여러 차례 부르는 어명이 내려 벼슬이 正卿에 이르렀으나 끝내 나아가지 않았다. 윤공의 推步는 可謂 신묘하다고 할 만하다.[20]

---

17 辛卯春 權佽 以官事 到淸風郡 見安之子天命于酒甁院 異其爲人 與之同宿 以雨留數日 爲權道之如右〈安尙書傳〉

18 余於己亥之夏 遇洪於宋子恭家 詳聞之 甚異之 遂記之云耳〈洪南原小史〉

19 甲戌秋 加平人 偶於山中見李生 身騎白鹿 手持羽扇而過 其人問曰 李君別來無恙乎 答曰 好在耳 更問所住 不答而去 不見其處 可知其爲仙人也〈李道令傳〉

20 其後 金則魁庭試 歷敭華貫 位至政丞 權則廢科下鄕 用力實地 爲世大儒 召命屢降 位至正卿 終不出 尹公推步 可謂神妙矣〈尹尙書小史〉

⑥ 辛巳年 여름에 내가 順陵寢郎으로 齋所에 入直할 때다. 인근
　선비들과 모여서 이야기를 나누었는데 좌중에 申君의 일을 아
　주 자세하게 말하는 사람이 있었다. '신군 또한 예전에 이 陵의
　능관으로 있었는데 入直할 때 우리와 夜話를 나누었다……'[21]

⑦ 그밖에도 기이한 일들이 퍽 많았다. 申은 과연 옥잠 선생에게
　서 得道한 것일까? 다만 그가 생을 짧게 마감했던 것은 尸解
　하여 갔기 때문이 아닐까? 신군은 또 風水術에도 능하여 집
　앞 가까운 땅에 卜葬하였는데 그 아들 伯周가 과거에 급제하
　여 지금 해남倅가 되어 있다고 한다.[22]

　자료 ①②③은 저자의 생존연대와 관련하여 비교적 이른 시기
의 일들을 기술한 것들이라는 점에서 저자의 대략적인 생년을 추정
하는 데 도움이 된다. 단, 자료 ①②③ 중에서 자료 ②의 내용은 자
료 ①③과는 달리 문면에 직접적인 교유의 징후를 내포하고 있지 않
으므로 2차적인 자료의 가치밖에는 지니지 못하는 것으로 보인다.
　자료 ①과 ③은 각각, 명상 손순효(名相 孫舜孝)의 취첩담(娶妾
談)과 출세담, 피화담 등을 내용으로 하는 〈손순효전(孫舜孝傳)〉 후
기의 일부분과 홍남원일지(洪南原一之)가 만났다는 삼재(三才)의 이

21　辛巳夏 余以順陵寢郎 入直齋所 與隣近士人會話 座中 有言申君事甚詳者 申
　　君亦曾爲此陵陵官 入直時 與吾輩夜話…… 〈申檠傳〉
22　外此異事亦多有之 申果得道於玉岑先生耶 但其得年不長無乃尸解而逝耶 申
　　君又善於堪輿之術 卜葬於家前至近之地而 其子伯周 登第 方爲海南倅云耳
　　〈申檠傳〉

치에 통달한 이인(異人)에 관한 이야기를 담은 〈홍남원소사(洪南原小史)〉의 후기 부분인데, 우선 여기에 등장하는 인물들의 대체적인 이력을 소개하면 다음과 같다.

먼저, 자료 ①에서 손순효의 외가 쪽 자손이라고 언급하고 있는 盧東萊惕甫는 1644년(인조 22년, 58세) 무렵에 성천부사(成川府使), 그리고 1648년(인조 26년)경부터, 표류 한인(漢人)의 문제로 외교적인 문제를 일으켜 삭탈관작당하는 1652년(효종 3년, 66세) 무렵까지 동래부사를 지냈던 인물로서 본명은 노협(盧協). 몰년(沒年)은 자세치 않으나 1587년(선조 20년)에 태어났다. 그리고 자료 ③에서 홍(洪)이라고 한 인물은 본문의 주인공인 홍남원일지(洪南原一之)을 말하는 것으로, 〈신형전(申熒傳)〉에 등장하는 '洪令柱一'과 동일 인물이다. 인조 12년(1634년, 30세)에 정언(正言), 인조 15년(1637년)에 持平正言白川郡守를 거쳐 인조 20년(1642년)에 해운판관(海運判官), 인조 22년(1644년, 41세)에 봉산현감(鳳山縣監), 현종 1년(1660년, 57세)에 남원부사(南原府使)를 각각 역임했으며 벼슬이 수찬(修撰), 목사(牧使), 통정(通政)에 이르렀다.[23] 주일(柱一)이 본명이고 일지(一之)는 그의 자(字)다. 1604년(선조 37년)에 태어나서 1662년(현종 3년)에 사망하였다.

그런데 자료 ③을 보면 저자는 홍주일(洪柱一)을 직접 만났다고 증언한다. 또 그가 홍(洪)을 만난 해가 기해년(己亥年)이라고 하였

---

23 본문에서 노협(盧協)과 홍주일(洪柱一)을 각각 "노동내(盧東萊)" 혹은 "홍남원(洪南原)"이라고 호칭한 것으로 보아서 본서의 저작 시기는 1660년 이후의 일이 될 것이다.

다. 홍주일(洪柱一)의 활동 기간 중에서 기해년(己亥年)에 해당하는 해는 홍(洪)이 사망하기 3년 전인 1659년(효종 10년)이다. 따라서 본 서의 저자는 17세기 중반경에는 벌써, 사회적 신분과 나이가 지긋한 두 사람–1659년 당시 56세의 나이인 홍주일(洪柱一)과 홍(洪)보다 다시 17년이 연상이었던 자료 ①의 노협(盧協)과도 이야기 상대가 될 정도의 나이와 사회적 처지에 있었음을 짐작할 수 있다.[24]

한편, 자료 ④⑤⑥⑦은 본서(本書) 저자의 몰년과 본서(本書)의 편찬연대를 추정하는 데 도움이 될 수 있다. 우선 자료 ④에서 말한 갑술년(甲戌年)은, 앞의 자료 ①~③의 내용에서 얻은 결론에 비추어 볼 때 1634년이거나 혹은 1694년을 지칭했을 가능성이 있다. 그리고 자료 ⑥에서 말한 신사년(辛巳年)은 역시 같은 이유로 1641년이나 1701년, 둘 중에 하나를 지칭한 것일 가능성이 있다. 그러나 자료 ⑤의 내용을 보면 자료 ④의 갑술년(甲戌年)은 1694년, 자료 ⑥의 신사년(辛巳年)은 1701년일 가능성이 많다.

좀 더 구체적으로 설명하면 이러하다. 자료 ⑤는 윤계(尹堦)의 지감(知鑑)을 애기한 〈윤상서소사(尹尙書小史)〉의 뒷 부분으로, 〈윤상서소사(尹尙書小史)〉는 다음과 같은 내용을 담고 있다. 권상하(權尙夏)와 김구(金構)가 아직 젊었을 적에 추수(推數)에 능한 상서 윤계

---

24 ②에서 언급된 권칙(權伩)은 1641년에 정시(庭試)에 급제하여 군수의 벼슬과 정3품인 통정(通政)의 벼슬을 지냈다. 1599년에 태어나 1667년에 사망하였다. 이로 미루어볼 때 여기서 신묘(辛卯)라고 말한 것은 1651년을 가리키는 것으로 생각된다. 그러나 단순히 문면의 내용만으로는 본서의 저자가 해당 이야기를 권칙(權伩)으로부터 직접 들은 것인지 어떤지 알 수 없다.

(尙書 尹堦)가, 친구의 아들들이기도 한, 두 사람의 관상을 봐준 적이 있었다. 윤(尹)은 당시 선술(仙術)에 심취해 있는 김(金)에게는 '부귀 상이며 재상이 될 것'이라고 말한 반면, 세상을 멀리할 뜻을 전혀 갖고 있지 않았던 권(權)에게는 오히려 '산림지기(山林之氣)가 있으며 재상의 반열에 오를 것'이라고 말하였다. 당시엔 아무도 그 말을 믿지 않았다. 그런데 뒤에 과연 그의 말과 같이 되었다.

이 이야기 중의 윤계(尹堦)는 호조판서를 지낸 인물로 1622년에 태어나 1692년에 사망했다. 권상하(權尙夏)는 몰년(沒年)은 알 수 없으나 1643년에 출생했다. 또 김구(金構)는 1649년에 출생하여 1704년에 사망하였다. 그런데 이 이야기의 뒷 부분인 자료 ⑤에 보면 '其後 金則魁庭試 歷敭華貫 位至政丞'이라고 하였다. 사료에 의하면 김구(金構)가 춘당대방(春塘臺榜)에 장원 급제한 것이 숙종 8년의 일이므로 위 인용문 중의 '괴정시(魁庭試)'는 1682년의 일을 가리킨 것이 된다. 또 인용문에서 '위지정승(位至政丞)'이라고 한 것은 김구(金構)가 정승(政丞)의 벼슬-우의정 벼슬에 나아간 것이 숙종 29년의 일이므로 이것은 1703년 무렵의 일을 가리킨 것이라 할 수 있다. 그렇다면 본서의 집필연대 및 본서 편저자의 몰년은 아무리 빨리 잡아도 1703년 이후의 일이라고 할 것이며 이에 따라 앞서 제기한 바 있는 자료 ④와 ⑥에서 언급된 갑술년(甲戌年)과 신사년(辛巳年)의 연도 또한 각각 1703년에서 보다 가까운 1694년과 1701년으로 보는 것이 합당하다고 보인다.

자료 ⑦의 내용은 이와 같은 추정을 더욱 확실하게 해준다. 먼저

자료의 성격부터 소개하면 자료 ⑥과 ⑦은 모두, 자칭 연산조 망명학사 옥잠의 제자라는 신형(申熒)의 기이한 사적을 다룬 〈신형전(申熒傳)〉의 후기 부분들이다. 그런데 자료 ⑦의 마지막 부분에 보면 '其子伯周 登第 方爲海南倅云耳'라고 한 언급이 보인다. 신백주(申伯周)는 몰년(沒年)은 알려져 있지 않으나 1646년에 태어난 인물이다. 문과방목(文科榜目)에 의하면 그가 과거에 급제한 해는 그의 나이 54세에 해당하는 숙종 25년(1699년)의 일이다. 또 부사(府使)와 정3품인 첨지(僉知)의 벼슬을 지낸 것으로 기록되어 있음을 보아 여기서 말하는 海南倅〔종6품 현감(縣監)의 벼슬〕라는 관직은 그의 비교적 초기의 관직임을 알 수 있다. 그리고 이와 더불어 '方爲海南倅云'이라고 한 것은 본서 집필 당시의 시점에서의 현재를 말한 것이므로 자료 ⑦에서 언급된 시기는 1699년에서 그리 멀지 않은 시기로 볼 수 있고 본서의 집필연대 또한 1699년에서 그리 멀지 않은 시기임을 짐작할 수 있다. 이상으로 보아서 본서의 성립연대는 1699년에서 그리 멀지 않은 1703년 이후의 일로, 대략 1704년에서 1710년 사이의 일이 아닐까 추측된다.

한편 필자의 생존연대와 관련하여 앞서 도달했던 결론, 즉 "본서의 저자가 17세기 중반경에 벌써, 1659년 당시 56세에 다다랐던 홍(洪)이나 홍(洪)보다 다시 17년이 연상인 노협(盧協)과도 친분관계를 맺을 정도의 나이였을 것"이라는 결론 및 지금 도달한 결론, 즉 "본서의 성립연대가 1699년에서 그리 멀지 않은 1703년 이후의 일로, 대략 1704에서 1710년 사이의 일"일 거라는 결론을 서로 비교해보면 본서 저자의 나이는, 1659년에 56세인 홍주일과 교유할 당시의 나이가 25세 전후였다고 가정하더라도 1705년경에는 벌써 70 전후의 나이에 도달해 있었을 것이다. 그렇다면 본서 편저자의 생존연대는 넉넉잡아 1635년 전후에서 1705년 전후까지로 잡아볼 수 있지 않을까 한다.[25]

그러나 한 가지 이 문제와 관련하여 짚고 넘어가지 않을 수 없는 문제가 남아 있다. 그것은 소화 부분 ㊵번째의 이야기-참판 홍기섭(參判 洪起燮)에 관한 이야기의 시기 설정의 문제이다. 참판 홍기섭(參判 洪起燮)의 이야기는 홍(洪)이 일명기(一名妓)를 끼고 자다가 대전별감(臺前別監)인 기부(妓夫)가 나타나자 기지를 발휘하여 위기를 모면했다는 내용을 담은 이야기다. 그런데 국립도서관본 〈리야기책(利野耆冊)〉에서는 이 이야기의 주인공을 '홍참판기섭(洪參判起燮)'이라고 기술하였다. 그러나 필자가 과문한 탓인지는 모르겠으나 16세기 이후 참판 벼슬을 역임했음직한 인물로 홍기섭(洪起燮)이란 이름을 가진 인물은 1776년에 출생하여 1831년까지 생존하였고 대사간, 대사성, 이조참의, 예모관, 한성부판윤, 형조판서, 예조판서, 대호군 등의 벼슬을 지낸 바 있는 순조 연간의 인물이 유일한 인물이다. 만일 본 이야기 중의 홍기섭(洪起燮)이란 인물이 순조 연간의 바로 그 홍기섭(洪起燮)이란 인물을 가리킨 것이라고 하면 18세기

---

25 이 말은 전후 사정으로 볼 때 본서의 편저자가 최소한 1635년에서 1705년까지는 생존해 있었다고 보는 것이 옳다는 의미이며 그 이상에 대해서는 현재로서는 뭐라고 말하기 어렵다는 의미이다.

초반에 저술된 책 속에 19세기 초엽의 인물에 관한 이야기가 들어 있는 것은 모순이 아닐 수 없다. 그런데 똑같은 내용의 이야기가 고려대본에서는 '홍참판기섭(洪叅判起燮)'이라고 되어 있는 대신 '홍참기섭(洪叅起燮)'으로 기록되어 있는 사실이 눈길을 끈다. 얼핏 보기에는 흔히 있을 수 있는 오기(誤記)나 실수로 보일 수도 있으나 문제의 '홍참(洪叅)'을 '홍참판(洪叅判)'의 오류로 보느냐 그러지 않느냐에 따라 전혀 상이한 결론에 도달한다는 사실에 생각이 미칠 때 세밀한 고찰이 필요하다.

양본 사이에 이와 같은 기록상의 차이가 생겨난 까닭에 대해서는 대략 다음과 같은 두 가지 설명 방식이 가능할 것으로 보인다.

우선은, 국립도서관본의 '홍참판기섭(洪叅判起燮)'이란 기록을 맞는 것으로 보고 고려대본의 '홍참기섭(洪叅起燮)'이란 기록을 틀린 것으로 보는 방식이다. 이것이 사실이라면 고려대본의 '홍참기섭(洪叅起燮)'이란 기록은 전사(轉寫) 과정에서 나타난 오류—등사자(謄寫者)가 실수로 '홍참판기섭(洪叅判起燮)'의 '판(判)'이란 글자를 빠뜨렸기 때문에 생겨난 표기상의 오류로 볼 수 있다. 그러나 만일 그렇다고 한다면 앞에서 제시한 자료 ①~자료 ⑦의 언급 내용과, 시기적으로 볼 때 이보다 1세기 정도 뒤진 시기의 내용을 담은 '홍참판기섭(洪叅判起燮)' 이야기 사이의 시대적인 당착은 어떻게 해석해야 할까? 또 총 80개의 이야기 속에 등장하는, 이름이 알려진 대부분의 인물들이 모두 17세기 이전의 인물임에 비해 유독 이 이야기에 등장하는 '홍참판기섭(洪叅判起燮)'만큼은 19세기의 인물이라는 사실에 대해서는 어떤 설명이 가능할까?

　이 경우, 있을 수 있는 가능성은 한 가지뿐이다. 즉 책을 전사(轉寫)할 때 누군가가 '홍참판기섭(洪叅判起燮)'의 이야기를 원래의 이야기들 속에 작위적으로 끼워넣었을 가능성이다. 그러나 그럴 가능성을 인정한다고 하더라도 의문점이 완전히 해소된 것은 아니다. 〈리야기책(利野耆册)〉은 그 체재면(体制面)에서 어느 모로 보나 체재(体制)가 상당히 정비되어 있다는 느낌을 갖게 하는 책이다. 예컨대 소화류의 이야기와 야담류의 이야기들을 엄격하게 구분해 수록하고 있는 점이라든지 사회적 신분이나 처지가 비슷한 인물들의 이야기를 가능한 한 한데 모아놓고 있다든지, 무명씨의 이야기들을 의식적으로 유명씨의 이야기들과 구분하여 수록하고 있는 점이라든지, 가능한 한 비슷한 시기의 인물들의 이야기를 시대적으로 구분하여 나열하려고 한 점, 그리고 소화류의 이야기를 따로 수록함에 있어서 그 서두에 멀리는 중국으로부터 가깝게는 16세기 말에서 저자가 생존하던 시기에 이르기까지 골계적 인물들을 시간 순으로 일별하고 있는 학구적인 태도 등등…… 본서가 풍기는 특징적인 인상은 한결같이 다른 비슷한 종류의 책들과는 달리 어느 정도 그 체계가 정비되어 있는 책이라는 점에 있다고 하겠다.

　이런 전후의 사정을 충분히 고려하여 생각할 때 홍기섭(洪起燮) 이야기를, 바로 뒤에 이어지는 이야기들의 시기와 비슷한 시기의 이야기로 생각하는 대신, 누군가의 작위적인 의도에 의해서 책의 맨 끝부분도 아닌 한 중간 지점-전체 60개의 소화 가운데서 40번째의 이야기로 불쑥 끼워놓은 이야기로 간주한다는 것은 쉽게 납득하기 어려운 점이 있다. 따라서 이 문제는, 문제의 홍기섭(洪起燮)이 뒤에 이어지는 이야기들에 나오는 인물들과 비슷한 시기의 인물이라고 했을 때만 그 의문이 해소될 수 있을 것이다.

두 번째로 가능한 설명 방식은 '홍참기섭(洪叅起燮)'을 원본에 보다 근접한 기록으로 보고 '홍참판기섭(洪叅判起燮)'을 잘못된 기록으로 보는 방식이다. 이러한 해석이 옳다면 국립도서관본의 '홍참판기섭(洪叅判起燮)'이란 기록은 본서를 전사(轉寫)하는 과정에서 생겨난 오류일 수 있다. 즉, 19세기 이후에 등장한 등사자(謄寫者)가 그것을 동명이인(同名異人)인 순조 때의 유명인물 홍기섭(洪起燮)의 이름과 혼동하였거나 착각함으로써 이와 같은 결과에 도달했을 가능성이다. 그러나 이 경우에는 '홍참기섭(洪叅起燮)'의 '참(叅)'이 과연 무엇을 의미하는 것인지가 불분명해지는 난점이 있다. 이 경우, 있을 수 있는 가능성은 '참(叅)'이 홍기섭(洪起燮)의 자(字)나 호(號)일 가능성과 관직을 의미할 가능성이라 하겠다. 두 가지 중 어느 것이 되었든 한 글자가 누락됐을 가능성을 배제할 수 없다. 그러나 자(字)나 호(號)에 '참(叅)'을 쓰는 일이 흔치 않은 일이므로 '참(叅)'이 관직을 의미하는 것으로 본다면 참판(종이품)〔叅判(從二品)〕이나 참의(정삼품 당상)〔叅議(正三品 堂上)〕, 참지(정삼품 당상)〔叅知(正三品 堂上)〕, 참봉(종구품)〔叅奉(從九品)〕과 같은 관직명이 물망에 오를 수 있다. 그러나 실록이나 문과방목(文科榜目) 그 어느 곳에도 이 시기에 참판(叅判), 참의(叅議), 참지(叅知)를 지낸 자로서 홍기섭(洪起

燮)이란 이름을 가진 자는 발견되지 않는다. 따라서 '참(叅)'이 참판
(叅判), 참의(叅議), 참지(叅知)의 오기(誤記)일 가능성은 상대적으
로 적은 것으로 판단된다.

최종적으로 남는 가능성은 참봉(叅奉)이다. 그렇다면 국립도서관
본에서 '홍참판기섭(洪叅判起燮)'이라고 한 것과 고려대본에서 '홍참
기섭(洪叅起燮)'이라고 한 것은 혹시 '홍참봉기섭(洪叅奉起燮)'의 오
류는 아닐까?

그러나 이 문제는 이것저것 오자와 오류가 많은 양본의 비교만으
로는 선뜻 단정할 수 없는 문제라고 보인다. 차후 원본에 보다 가까
운 이본이 발견되어야 명백한 시비가 가려질 수 있을 것이다.

4. 편저자(編著者)의 교우관계(交友關係) 및 신분(身分)

위에 얘기한 바와 같은 생몰연대를 가진 〈리야기책(利野耆冊)〉
의 편저자가 과연 어떤 인물이고 어떤 생애를 살았는지에 대해서는
아직 구체적으로 알 수 없다. 다만 앞서 제시한 후기(後記) 자료들을
분석함으로써 뭔가 의미있는 결과에 도달하기를 기대하는 방법 이외
에는 없다. 그런 속에서도 이 문제와 관련하여 가장 주목되는 분명한
작중 언급은 자료 ⑥의 '辛巳夏 余以順陵寢郎 入直齋所'라고 한 편
자의 언급이다. 여기서 말하는 순릉(順陵)은 경기도 파주(坡州)에 있
는 성종비(成宗妃)의 릉(陵)을 지칭함인데 저자는 자신이 신사년(辛
巳年)에 이 릉(陵)의 침랑(寢郎)이었다고 증언한다. 신사년(辛巳年)

은 앞에서 이미 언급하였듯이 숙종 27년-1701년을 말한다. 그렇다면 본서의 편자는 대략 1701년 육순을 훨씬 넘긴 나이에 순릉침랑(順陵 寢郎)의 벼슬을 지내고 있었던 것이 된다.

침랑(寢郎)은 조선조 당시 종묘(宗廟)나 릉(陵), 원(園)의 일을 맡아보는 관원을 그 품계에 관계없이 두루 지칭하던 말이다. 조선조의 관제를 살펴보면 릉(陵)의 중요도에 따라 소속 관원들의 수와 품계에 다소 편차가 있기는 하지만, 문제의 순릉(順陵)에는 종7품인 직장 1원(直長 1員)과 종9품인 참봉 1원(參奉 1員) 등 2員의 관료만을 둔 것으로 되어 있다. 이를 보면 본서(本書)의 저자는 신사년(辛巳年)-1701년 현재, 참하(參下)의 벼슬-종7품 혹은 종9품의 낮은 품계의 하급관리의 신분이었음을 알 수 있다.

그러나 이것만 가지고는 그의 사회적 신분이 구체적으로 어떠하였는지를 가늠하기 쉽지 않다. 따라서 그의 사회적 처지와 신분을 보다 자세히 가늠하기 위해 앞 자료들에서 언급된 내용들을 중심으로 그의 교유의 폭을 살펴볼 필요가 있다.

우선 물망에 떠오를 수 있는 인물들로는 자료 ①의 노동내척포(盧東萊惕甫)와 자료 ②의 권칙(權伬), 자료 ③의 홍주일(洪柱一)과 송자공(宋子恭)과 같은 인물들이 있다.[26] 앞에서도 자세히 밝혔듯 자료 ①의 노동내척포(盧東萊惕甫)는 1587년생으로 동래부사(종3품)에 재직 중이던 1652년 무렵 환갑을 훨씬 넘긴 66세에 달한 인물이었

---

26 다만, 본문 중의 송자공(宋子恭)만큼은 그것이 구체적으로 누구를 가리키는 것인지 조사하지 못하였다.

다. 그와 같이 상당한 신분과 적지 않은 연령의 인물에게서 자신의 가계에 대한 상세한 이야기를 들을 정도라면 최소한 그 가계나 학식, 사회적 처지가 그와 등등한 수준에 있었다고 보지 않을 수 없을 것이다. 현종 1년(1660년)에 57세의 나이로 남원부사(종3품)를 지낸 바 있는 자료 ③의 홍주일(洪柱一)의 경우도 마찬가지다.

한편 자료 ②의 권칙(權伏)은 겉으로 드러난 문면을 통해서는 편저자와의 구체적인 친분이나 교유의 흔적을 발견하기 어렵다. 그런데 편자는 처음 등장하는 권칙(權伏)이란 인물에 관하여 아무런 부대 설명도 주지 않은 채 그냥 그 이름만 거명한 후 곧 바로 그가 '공무차 청풍군에 갔을 때'의 일이라고만 언급한다. 이와 같은 태도는 노협(盧協)을 '노동내척포(盧東萊惕甫)'로 칭한다든지 홍주일(洪柱一)을 '홍남원일지(洪南原一之)' 내지는 '洪令柱一'로 소개하는 것과는 차이가 난다. 인물을 소개함에 있어서 이와 같은 기술상(記述上)의 차이가 생겨난 것은 과연 무엇 때문이었을까?

우선 권칙(權伏)의 이력을 살펴볼 필요가 있다. 권칙(權伏)은 1599년에 태어나 1667년에 사망하였다. 1641년에 과거에 급제하여 군수(郡守)와 통정(通政, 정3품 당상관)의 벼슬을 지냈다. 그러나 문과방목에 보면 그는 서자(庶子) 출신으로 되어 있다. 이항복(李恒福)의 서녀(庶女)와 혼인했다고 한 것으로 보아 출신 성분에 관계없이 일찍부터 그 재주를 널리 인정받았던 것으로 짐작된다. 그러나 아무튼 본서의 편자가 그를 소개할 때 아무런 설명도 없이 권칙(權伏)이라고만 한 것은 그가 다른 인물들과는 달리 서얼 신분이었기 때문이었다고 보인다. 그렇다면 그는 권칙(權侙)을 다른 인물들과 차별적으로 다룸으로써 은연중에 자신의 신분이나 처지가 서얼들과는 그격(格)이 다름을 과시하고자 했던 것은 아닐까?

5. 맺음말

이상의 논지를 요약하면 다음과 같다.

국립도서관본 〈리야기책(利野耆冊)〉과 고려대본 〈리야기책(利野耆冊)〉은 그 전체 화수(話數)나 내용면에 있어서 큰 차이를 보여주지 않는다는 점에서 비교적 원본에 충실한 전사본(轉寫本)이란 성격을 띠고 있다. 그러나 양본은 체재면(体制面)에서 상당히 큰 차이점을 보인다. 국립도서관본은 후대의 전사자(轉寫者)가 함부로 조작하기 어려운 '이야기의 시대별·인물별 배치 후(後), 필요에 따라 보유항(補遺項) 첨가'라는 엄격한 편집 원리 아래 편술된 本이다. 그런 의미에서 체재(体制)가 상당히 흐트러져 있는 고려대본에 비하여 훨씬 원본의 모습에 가까운 이본으로 판단된다. 다만 야담류 이야기에 붙은 제목 문제에 있어서만큼은 국립도서관본보다는 고려대본이 원형에 훨씬 가까운 모습을 지니고 있을 가능성이 높다. 아울러 국립도서관본의 '소사(小史)'가 붙은 제목이나 기타 '전(傳)'의 이름을 갖지 않은 제목들은 후대의 전사자(轉寫者)가 인위적으로 첨가한 제목일 가능성이 많다고 하겠다.

한편 〈리야기책(利野耆冊)〉의 편저자는 사대부 출신으로 노년에 순릉침랑(順陵寢郎)의 관직을 지냈던 인물이며 17세기 초·중엽(1630년~1640년 무렵)에 태어나서 18세기 초까지 생존했던 인물로 생각된다. 그리고 본서의 성립연대는 편저자의 말년에 해당하는 18세기 초–1704년~1710년 사이의 일로 판단된다.(「한국문학논총」 제26집, 2000. 6.)

조선 팔도를 웃긴 이야기판
리야기책

초판 1쇄 발행일 2013년 5월 8일

옮긴이 김영준
펴낸이 박영희
편집 이은혜·유태선·김미령·박희경
인쇄·제본 태광인쇄
펴낸곳 도서출판 어문학사
　　　　서울특별시 도봉구 쌍문동 523-21 나너울 카운티 1층
　　　　대표전화: 02-998-0094 / 편집부1: 02-998-2267, 편집부2: 02-998-2269
　　　　홈페이지: www.amhbook.com
　　　　트위터: @with_amhbook
　　　　블로그: 네이버 http://blog.naver.com/amhbook
　　　　　　　다음 http://blog.daum.net/amhbook
　　　　e-mail: am@amhbook.com
　　　　등록: 2004년 4월 6일 제7-276호

ISBN　978-89-6184-296-9　03380
정가 18,000원

이 도서의 국립중앙도서관 출판시도서목록(CIP)은 e-CIP홈페이지(http://www.nl.go.kr/ecip)와
국가자료공동목록시스템(http://www.nl.go.kr/kolisnet)에서 이용하실 수 있습니다.
(CIP제어번호: CIP2013002951)

※잘못 만들어진 책은 교환해 드립니다.